中國有哲學嗎？

NO！中國只有為政治服務的漢字忽悠術！

張喚民 著

目次

【三】儒家

儒家的所謂「概念」幾乎無不屬於倫理學範疇，即使有一些對「認識」或「本體」的討論，也都屬於神話語言或宗教語言；至於科學語言，在中國往往被視作異端而遭到鏟除。相較於此，王陽明「心外無物」的必然結果就是「知行合一」，反倒成了照妖鏡，是中國思想史上最偉大的貢獻。

「吾嘗終日而學矣，不如須臾之所思也。」

——張喚民

前言

作為一門科學，哲學之「難」在於它是用哲學概念——簡單說就是「專門術語」——來探討問題的。這些概念有它們自身的邏輯和體系，即使出現在日常語言之中，也會多少失去它們抽象的內涵，就像肉體失去了血液。這是因為「部分」和「全體」，處於相輔相成的關係之中：不瞭解部分就不可能瞭解全體，而不瞭解全體也不可能對部分作出綜合的判斷。

打個比方：這就像芯片和手機的關係。你甚至可以說作為「部分」的芯片就是作為「全體」的手機，因為手機的藍圖已經存在於芯片的設計之中。對於不瞭解這些哲學概念的人來說，入門之前就彷彿吃了閉門羹。這對於中國人來說更是如此，因為古人並沒有給使用漢字的我們提供這些經過界定的清晰的哲學概念——當然也包括這些概念所需的邏輯思維方法，我們現在所使用的「哲學概念」大多是隨著近代的到來而逐漸仿造、或說生造出來的，就像中國人仿造名牌錶和名牌包一樣；其中大多沒有經過、或說有待嚴謹而細緻的界定，有些甚至不倫不類，令人無所適從，而這就是哲學的真髓離中國尚且遙遠的原因。

無需贅言，在討論所謂「中國哲學」之前，首先要瞭解「什麼是哲學」。中國近現代的很多「專家、學者」大多把次序搞顛倒了，甚至在不瞭解「什麼是哲學」的情況下就開始「中國哲學」、「中國哲學史」的研討，進而製造出一套有中國特色的「理論」。他們把大量的時間都花費在無止無休的版本考證和解開古漢語之謎——注疏上，對於那些「中國思想家」是否有什麼可以稱作哲學的概念或思想卻語焉不詳、一筆帶過，甚至毫不涉及。（事實表明，他們這樣做與其說是為了追求真理，不如說是為了以此謀求一份職業。）而當他們之中的某些人終於感到徬徨、無助，為了尋找出路，才想到借助西方哲學的某些概念、某種方法。談何容易！這是兩種完全不同的追求，因而也是兩種完全不同的體系和思維方式。他們沒有意識到：那些優秀的方法都是建立在哲學家的批判精神之上，這種精神正巧與只見樹木不見森林的中國思想研究者的初衷相悖！在這種情況下，他們只能製作出一些不土不洋的半成品，簡言之：文化垃圾！

根據他們的理論，從中國古代開始，不單孔子，數不清的形形色色的人物，甚至他們自己，都被扣上了哲學家的帽子，這種操作手法頗似聲稱：我們雖然沒有自主研發的芯片，卻有自主研發的手機，甚至宇宙飛船。隨之，是哲學的庸俗化：任何分野或領域，甚至行業，都有了它們自己的「哲學」。確切地說，這些做法從根本上就違背了「哲學精神」。

「哲學」這一概念的原文出自古希臘，經日本哲學家西周（1829-1897年）譯作「哲學」，於十九世紀末傳入中國。但是問題不在這裡，即我們不能因為中國古來沒有「哲學」一詞，或單單因為孔子說：「名不正則言不順，言不順則事不成」（《論語・子路》）就認為中國從來就沒有什麼哲學思想；當然，也不能把什麼想法都扣上哲學的帽子、把什麼人都稱作哲學家。我們需要討論的是：哲學的構成要件是什麼，什麼思想能夠滿足這些條件。

在討論問題的時候，最要避免的就是魯迅嘲諷的那種「阿Q精神」，因為這種精神——或說「國民性」——在學術界由來已久、根深蒂固。比如，動不動先給別人扣上一頂「西方中心論」、甚至「白人中心論」的帽子，並因此逃避對具體問題的分析。這就好像看到別人不戴中國手錶、甚至認為中國手錶不是手錶而是「玩具」，因而責怪他們「瑞士中心論」一樣。領域不同，「精神」一樣。再比如，強調某某觀點的提起先於西方某某哲學家若干年，而無視這個觀點是否建立在一個相對科學的理論基礎之上，就好像說「老子先前比你闊多了！」。實際證明，這種預設立場不單是自悲且缺乏學術涵養的表現，更悲慘的是阻礙了反思——即反思所謂「中國哲學」是不是經得住批判。

【一】什麼是哲學？

哲學是人的哲學，離開「人」，一切都無從談起。對真、善、美的嚮往出自人的生存本能，真之所以排在首位，是因為真甚至為善與美提供了可靠的依據；沒有真的支撐，善與美都是虛妄的。最好的例子是尼采，他甚至從道德的立場來判斷真理的標準，因此，他的哲學也是行動的哲學、審美的哲學。

「中國有哲學嗎？」這個問題由來已久，是因為中國人基本上搞不清何謂哲學，更因為中國人的一般性格——這個性格的養成來自懼怕有一個明確的答案，導致這個問題最終不了了之。

必須有一個「起點」，否則一切將無從開始。當然，這個起點也不能逃脫被懷疑的命運。幾乎所有的哲學家都用他們的著述為哲學準備了一個他們認為恰當的定義，那麼，究竟誰說了算呢？

可以肯定的是，這種狀況今後也不會改變。因為哲學是一個「生命體」，隨著人類精神的成長而成長。儘管哲學家們的出發點、視角和手段各不相同，我們還是可以從五花八門的定義中找到他們的理論在哲學中所處的位置。

假如「瞎子摸象」這個成語同時帶有貶義與褒義的話，我們不妨用它來比喻哲學家們如何定義哲學。這並不是說我們因此就失去了定義哲學的座標，我們可以暫且選擇那些經過時間考驗，被後來的哲學家們公認為哲學做出巨大貢獻、影響深遠，並且風格截然不同的哲學家作為參考。

例如考察認識能力的康德（Immanuel Kant，1724-1804 年），還有找尋失去的哲學精神的尼采（Friedrich Wilhelm Nietzsche，1844-1900年）。

「尼采用解釋、價值判斷代替認識的理想、真實的發現。」（參見筆者所譯《解讀尼采》都魯茲著，百花文藝出版社，二〇〇〇年。）順便說一下，之所以引用都魯茲（Gilles Louis René Deleuze，1925-1995年，又譯：德勒茲）的一些說法，是因為筆者認為他的解釋簡明扼要，非常到位。如果說康德用他的「三大批判」[1]來界定哲學，與其對照的便是尼采。尼采不但不會給哲學下一個永恆的定義，甚至會反對這樣做；他對「體系」毫無興趣（晚期有用「向力意志」〔Wille zur Macht〕統一歷史，並以此實現歷史轉折的傾向），因為根據「重估一切價值」，在尼采看來，哲學是一個推倒、重建、推倒、重建的過程，這或許更接近尼采「永遠回歸」的本意：「重估」的「永遠回歸」。在這個過程中，只有「哲學精神」（「向力意志」）是永存的。在尼采看來，哲學是精神的表現，精神隨時隨地都處在浴火重生的可能之中，就像「永遠回歸」這一靈感會突然降臨一樣。在這個推倒、重建的過程之中——我甚至

1 「三大批判」指的是德國哲學家康德的著作系列，包括《純粹理性批判》（一七八一年）、《實踐理性批判》（一七八八年）和《判斷力批判》（一七九〇年）。

懷疑加繆（Albert Camus，1913-1960年，又譯：卡繆）的「西西佛斯的神話」（又譯：薛西弗斯的神話）是否受到了尼采的啟發？儘管兩者的視角不盡相同——只有哲學精神是永存的「本體」，是「向力意志」，它體現在不斷的反思和批判之中。

◎插話：尼采

有人說：不知道尼采說的是什麼。公說公有理、婆說婆有理。其實不然，因為尼采十分清澈，像溪水，儘管在不同文脈中會有似乎相互矛盾的說法。然而，「難於理解」只是託詞，是自己給自己設置的一道屏障；只要你想去理解，還是可以像尼采那樣思考，至少八九不離十。理解尼采的「訣竅」在於你必須站在和尼采一樣、至少是相近的立腳點上。

首先是站在世界之上，或世界之外（就像審美那樣）來看待世界——具體說：宗教式世界觀和思考方式中的世界。這可不是說你要從「神」或這類虛無主義「預言者」的角度出發，這正是尼采所反對的，因為你總還要腳踏實地、「回歸」世界（大地）。這也是一種循環——「永遠回歸」吧；而是說你要身置其外，「高瞻遠矚」，從一個冷靜而客觀的立場或角度來看待世界和整個西方文明：「如果我是預言者，充滿著漫遊在兩海之間的山梁上的預言精神，——像漫遊在過去和未來之間的烏雲……」（《扎拉圖示特拉這樣說》第三部〈七個封印〉）

其次，要知道尼采的比喻，特別是對《扎拉圖示特拉這樣說》（《查拉圖斯特拉如是說》）而言。因為尼采反對黑格爾（Georg Wilhelm Friedrich Hegel，1770-1831年）的辯證法（請參考《反時代的考察》〔*Untimely Meditations*，又譯：《不合時宜的考察》〕第二篇關於「民族精神的辯證法」的論述），什麼「對立統一」、「否定之否定」都是「忽悠」，因此，比起使用那種閹割過了的概念不如使用比喻，例如：駱駝、獅子、孩子……令人想起莊子。舉個例子：黑格爾認為歷史是在不斷否定的過程中呈螺旋式上升，但這並不符合中國的情況。因此只好說中國本質上是沒有歷史的，只有原地不動的改朝換代、換湯不換藥。而其實歷史是時間的具體化，有時間的地方就有歷史。「奴隸—奴隸主」並不是對立的概念，而是一個「概念」，既在奴隸心中，也在奴隸主心中。「革命」或許可以顛倒二者的位置，即奴隸變成奴隸主、奴隸主變成奴隸，但如果沒有觀念（「奴隸—奴隸主」、「專政」等）的轉換，最多，生產工具雖有了一些改進，情況也許更糟。這也是一種歷史。

不妨就拿這個據說分歧最多、最難把握的概念——「永遠回歸」來說事。讓我們試著用最淺顯的日常用語來描繪尼采的思想。這樣做也許會限制了讀者的豐富想像和美感享受，但是容易把握。前面引用的「如果我是預言者，充滿著漫遊在兩海之間的山梁上的預言精神，——像漫遊在過去和未來之間的烏雲……」乍一看，多麼美麗的想像和詩句！然而這不僅是詩，還確有其事。這個「山梁」就在瑞士邊陲的希爾斯—瑪利亞（Sils-Maria，又譯：錫爾斯瑪利亞）地區。這個地區（標高六千英尺）以湖光山色、旅遊勝地、滑冰滑雪、自行車賽事而享譽世界，也以尼采的滯留而聞名於世。在小鎮的一幢二層小樓的牌匾上寫著「尼采在此思考和寫作」。一八八一年八月的一天，尼采記下了他的靈感降臨的故事：「我要開始講述扎拉圖示特拉的歷史。這本書的根本構想：永遠回歸的思想、這個基本上可以到達的最高肯定的形式出現在——一八八一年八月。我把它們疾書在紙片上，並附上落款：『超越人和時間的六千英尺』。那天，我沿著基爾瓦布拉納湖（Silvaplanersee，又譯：席爾瓦普拉納湖）在林中散步。在離斯魯萊村不遠的一座高聳的、金字塔形的岩山山腳站住了。就在這時，這個思想浮現在我的腦海……」（摘譯自《瞧！這個人》

（*Ecce Homo: Wie man wird, was man ist*））尼采把自己想像為繚繞山巒的雲，而環繞岩山的湖泊就象徵著過去和未來……靈感給了尼采新的立腳點……「每一部分大約各用了十天。它是『靈感』的完美記述。全書是在急速的漫步中構思而成的：千真萬確，它的每一句話都像是被射入我的耳中。」（《尼采》，勃蘭兌斯〔Georg Morris Cohen Brandes〕〈尼采致勃蘭兌斯的信〉，一八八八年四月十日）

「過去」，在幾乎整個西方文明史中——其實東方也一樣，人（或說一般意義上的「意志」）都處於在世界（天、地）的夾縫中生存的狀態。有一個至高無上、被尼采稱之為「瘋狂」（神、上帝、理念世界、絕對精神）的東西，構想了一個「虛構之歌」：人被塑造成終生處於「原罪」或「苦海」（煉獄）之中，無處遁逃。意志在追求解放的同時，懷著對「過去」（「曾在」，法文 es war）、也懷著對周圍的怨恨、不滿、憤怒、報復的心理。這些東西令人窒息，卻也是意志的「宿命」。這是一個「惡性循環」（否定的永遠回歸）：「因為要求者的痛苦是他不能要求過去——所以要求本身和所有的生存都必將——是懲罰。」也就是「活受罪」。因此尼采說：「真的，在我們的意志之中有一個大愚昧；這個愚昧一旦掌握了精神，便成為全人類的災難！」（《扎拉圖示特拉這樣說》第二部〈拯救〉）這個惡性循環是「永遠回歸」

的「常態」，就如春夏秋冬、日出日落、生老病死、好人壞人、戰爭和平一樣，循環往復，是世界萬物的「宿命」。「大愚昧」還有另一種似乎與上述說法相反的表現——虛無主義：抹殺意志。「還有預言者的預言：一切都一樣，一切都沒有價值，知識令人窒息。」（第三部〈病癒者〉）難免不令人想起老子，還有「知識越多越反動」之類的說法。其實，一切否定人的價值的觀念都出自虛無主義：「在某種特定的世界解釋，即基督教的道德解釋中潛藏著虛無主義。」（《尼采遺稿》）不但基督教，甚至還包括啟蒙主義。在尼采看來，遠古把自然奉為神與近代啟蒙主義的「理性萬歲！」只是程度上的差別，本質一樣，都是造神。當然，另一方面，也都是嘗試解釋世界、為道德行為尋求根據的努力、「向力意志」的表徵。

我們知道《扎拉圖示特拉這樣說》講的是「永遠回歸」的故事。但是，一定不要把「永遠回歸」想像成一種形式、一成不變；「回歸」雖然是事物運行的圖式，它還有「良性循環」（肯定的永遠回歸）。扎兄先是聽到否定的「永遠回歸」的說教，因此痛苦不堪，還得了病：

「最偉大的人太渺小了！——這就是我對人的厭倦！最渺小的人也要永遠回

歸！——這就是我對一切生存的厭倦！

「啊，厭惡！厭惡！厭惡！扎拉圖示特拉這樣說，嘆息著，戰慄著；因為他想起了自己的病。」（《扎拉圖示特拉這樣說》第三部〈病癒者〉）

但並非到此為止，尼采還賦予了「病癒者」扎兄一個嶄新的形象：「當我教導你們：『意志是創造者』時，我便帶領你們遠離了虛構之歌。」（第二部〈拯救〉）創造的意志（向力意志）造就了「超人」，而「超人」正是扎兄的理想：

「我告訴你們超人。人是某種應該被超越的東西。……

「在人的眼中，猿猴是什麼呢？……

「在超人的眼中，人也應當是這樣：是被嘲笑者或令人痛心的羞恥。

「你們打通了從蟲到人的路，但你們多數還是蟲。你們從前是猿猴，現在仍然比任何猿猴都更是猿猴。……

「看，我在告訴你們超人！

「超人就是大地的意義。讓你們的意志說：超人就是大地的意義！

「我請求你們，我的兄弟，忠於大地，但不要相信那些對你們講述超脫塵世的希望的人。不管有意無意，他們是下毒者。

「他們是蔑視生存者、垂死者、給自己下毒者。大地對他們感到厭煩：那麼就讓他們逝去吧！」（《扎拉圖示特拉這樣說》〈前言〉第三節）

說起來挺簡單，大地就是「塵世」，生命的意義在於腳踏實地。不要相信忽悠，不管他是上帝，還是希特勒或馬克思。但是清楚地認識到這一切及其所有變種並不容易，特別是在尼采的那個年代；不過，今天也一樣——一切都在永遠回歸。這裡需要避免的是用達爾文的生物進化論的角度來看待「超人」，因為超越不是在「物種」的意義上，而是在精神層面；也應該避免從「英雄崇拜」的角度出發，因為誰都可能是「超人」；更不能說尼采反對「保護動物」，例如歧視猿猴之類；最後，避免把扎拉圖示特拉想像成一個超然物外的、不接地氣的幻影，他的痛苦和憤怒都是出於對塵世的愛。如果知道了魯迅的「哀其不幸，怒其不爭」（《摩羅詩力說》，一九〇七年），理解這一點並不困難。據說魯迅在日本留學期間受到了一些尼采思想的影響，不過他終生都沒搞懂尼采。

應該把「永遠回歸」、「超人」和「向力意志」放在一起來考慮：「向力意志」造就了「超人」，「超人」實現了肯定的「永遠回歸」。只要不根據偏見、成見和道聽途說地把「向力意志」理解為「權力意志」，理解成爭權奪利的意志；不把「超人」理解為有權有勢，或有超能力者；不把「永遠回歸」想像成宗教的「輪迴」、「萬物歸一」；最後，不要以為尼采只有否定，沒有肯定，那麼離理解尼采就不遠了。「超人」肯定「永遠回歸」，但不止於肯定，還要超越。「超人」並不是神話，他就在生活之中。說難很難，說不難，也很容易。人人都有超越的可能，也是因此，尼采把此書稱作「獻給萬人的書」。首先是認識，然後是行動。比如有的人出國了，但是還是老一套，他就不可能有新的開端。尼采自己也借扎兄之口，描繪了肯定的永遠回歸的景象：「如果在你想做的一切事情之中，你首先自問：『它確實是我想做無數次的事情嗎？』那麼它就成了你最堅實的重心。……我的教導是：過你必然希望重過的生活，這就是義務——因為在任何情況下，你都要重過！把努力看作最高的快樂的人就努力吧！最喜歡休息的人就休息吧！最喜歡順從、服從和追隨的人就服從吧！但是要清楚地知道你想要去哪兒，不論有什麼理由都不後退，永遠走下去！」（一八八一年〈遺稿〉筆者譯，《尼采遺稿》，卡爾漢澤出版社，慕尼黑，一九九五年）尼采在「要清楚地知道」、「什麼理由」、「永遠」的下面都加了重點符號，強調的是真的喜歡（例如喜歡追求也包括喜歡追求所帶來的挫折），並承擔後果，無愧無悔。比如說中國的犯罪分子一被抓到就表示後悔；或者一邊貪汙腐敗，一邊燒香拜佛，那就不行。尼采並不教導人們要當「聖人」，而是強調個人的生存價值，它是多樣化的。這個生存價值首先在於領悟，這對中國人來說最難理解，因為韭菜很難理解什麼是韭菜。中國人總是從相反的角度考慮問題，喜歡「偶然」：喜歡當官不一定會成為貪官，貪官不一定都會出問題。即使出了問題，下輩子還要當官，沒準這次……當韭菜的、搶銀行的、當官的、做二奶的……都是這麼個思路。所以中國沒什麼尼采意義上的「超人」。

在尼采那裡，「必然」和「永恆」和「愛」和「個人」存在著這樣的關係：

「必然性的盾牌啊！

永恆的浮雕！

——但是你是知道的：

人們憎恨什麼，

我一個人愛什麼：

——愛你是永恆的！

愛你是必然的！

——我的愛永遠
只向著必然性燃燒。
必然性的盾牌啊！
存在的最高星座啊！
——它不實現任何願望，
——它不玷汙任何否定，
存在的永恆的肯定，
我永遠是你的肯定：
因為我愛你，哦，永恆！——」（《狄奧尼索斯的酒神頌·名聲和永恆》第四節，一八八八年）

還有：

「哦，我怎能不渴求永恆，不渴求戒指中的結婚戒指（Ring）——回歸的圓環（Ring）呢！

「我還沒有找到為我生育的女人，除非她是我愛的女人。因為我愛你，哦，永恆！

「因為我愛你，哦，永恆！」（〈七個封印〉）

當時，確有一個「女人」的形象還時常縈繞在尼采的心間：露．安德烈亞斯．莎樂美（Lou Andreas-Salomé，1861-1937年），一位天分頗高的俄羅斯才女，出身高貴，魅力十足。尼采三十八歲，莎樂美二十一歲。在相遇瞬間，尼采彷彿就感到了命運的安排，但他更多的是愛上自己的理想：唯一的知己、孤獨中的伴侶、靈感的源泉……而莎樂美卻像是一隻飛來飛去採集花蜜的蜜蜂。一個外向，要去體驗現實中的一切精華；一個內向，一切「精華」都是內心價值判斷的對象、材料。大概是「永遠回歸」吧，尼采再一次陷入了與愛戀瓦格納夫人柯西瑪一樣的三角關係之中。除了現實問題，最要命的是尼采還把莎樂美帶回家，進而爆發了嫉妒心和占有欲強烈的妹妹伊麗莎白、母親與莎樂美之間不可調和的戰事。這裡對莎樂美到底是自由女神還是附庸風雅，或是兩者兼備，不置一詞。只是想指出失戀固然給尼采帶來了病痛折磨，但確實也激發了尼采的想像力，特別是在《扎拉圖示特拉》寫作期間。按照弗洛伊德（莎樂美後來也成為了他的女弟子）的說法，可以將藝術看作欲望的「昇華」。「女人」是一種命運（「永恆」），「戒指中的結婚戒指」，「永遠回歸」中的永遠回歸：「為我生育的女人」一定要是如果我有來生，一定還會娶你為妻的女人。

這是否也是尼采的婚戀觀？是否是他終生未娶的原因？他是否要全方位地挑戰不可能？……不過這種「婚戀觀」不適合中國人。在中國，首要的是先得結婚，「不孝有三，無後為大」（《孟子．離婁上》）。（如同古代漢語的幾乎所有詞彙一樣，『無後』的解釋也是眾說紛紜。）其次要看雙方的條件，至少「郎才女貌」、「門當戶對」——這是婚姻得以延續的保障。因為嫌貧愛富的「本能」很容易造成家庭內的不平等，乃至紛爭。至於愛不愛，再說。愛情多少錢一斤？可以「先結婚再戀愛」……這樣的婚戀觀是「包辦婚姻」的變種或延續，它帶來不少副產品：「湊乎著過」、「吵歸吵、幹歸幹」（床頭吵架床尾和）、二奶、小三……扯遠了，插一句，在很多地方看到「尼采名言」中有這麼一句：「要到女人們那裡去嗎？別忘了帶上鞭子。」並以此斷言尼采有歧視女性的嫌疑或「厭女症」。這種解讀純屬中國式的狗戴嚼子，繼而以訛傳訛。確實有這麼句話（第一部〈關於年老和年輕的女人〉），但不是出自尼采之口，而是一位老婦人對扎拉圖示特拉的警告。當然，不排除尼采擔心婚姻會妨礙一個獨立思想家的自由，就像教職那樣。

在尼采看來，肯定的永遠回歸便是使生命成為永遠，便是「永恆」（我愛的女人），它源自「愛」，並到達「幸福」（尼采沒有談到「她」是不是愛我）。或許還有一種可能：「重估一切價值」是哲學的任務，也是尼采的所愛。如果他有來世，一定還會重操舊業。就是說，尼采用自己肯定了「永遠回歸」，也用「永遠回歸」肯定了自己。「人們應該把扎拉圖示特拉全篇看作音樂。」（《瞧！這個人》）那麼，這段在多處作為結尾的段落「回歸的圓環」應該就是合唱的部分。有人認為尼采的一生都在否定（其實否定就是一種肯定，相反，有些「肯定」卻是虛假的肯定，以尼采寓言中「驢」為其代表），其實不然，尼采一直、特別是後期，都在為肯定而努力，這首樂曲就是證明。如果不是精神疾病終止了他的創作，也許我們會得到更清晰的關於肯定的圖像。都魯茲大概是為了方便理解，把尼采眼中的「價值轉換」分為四個方面、形象、或說進行的階段，而實際上，在《扎拉圖示特拉這樣說》和遺稿《向力意志》中，它們是混在的、處於有機的關係之中的：

一，否定了上帝……用什麼代替上帝……徹底否定虛無主義（甚至應該包括我將要提到的海德格〔Martin Heidegger〕的「存在」和維特根斯坦〔Ludwig Wittgenstein，1889-1951年，又譯：維根斯坦〕的「邏輯」：「『存在』與『虛無』類似，就像兄弟一樣。」〔都魯茲，《解讀尼采》〕）；二，狄奧尼索斯（又譯：戴歐尼修斯）對生命（「生存」）的肯定，也是扎拉圖示特拉開始向狄奧尼索斯的肯定轉向；三，「存在」是多樣的，也是生成、即變化的，因此超越了虛無主義的「對立統一」概念：「一」就是多。「存在」就是生成，偶然就是必然。這是尼采對狄奧尼索斯的超越。創造性的、肯定的、希望能夠「永遠回歸」的「生成」的意志必定淘汰那些否定的、會日久生厭的東西；四，握有選擇權利、掌控自己命運的人——超人。為了說明，這裡使用了一些非尼采的詞彙，甚至宗教詞彙來做比喻，這並不是說尼采認同它們的原理。另外，盡量簡化尼采思想也是為了不至於偏離主題。

《扎拉圖示特拉這樣說》的意義還在於：正如尼采所說，如果說未完成的《向力意志》（又譯：《權力意志》）是「主體建築」，《扎》就是「門廳」。也就是說「向力意志」為他「最重要的著作」、他的成體系的哲學提供了入口和通道。因此，我們也可以把他之前的所作的批判看作通向門廳而開闢出的道路。最後加一句，中國人對尼采的誤解在很大程度上源於這個「權力意志」（Wille zur Macht），或者這麼說，「權力意志」是尼采所有概念中最容易被誤解的一個概念。有語言的問題，也有理解的問題。這兩者常常是一回事。「權力意志」的說法與日譯「権力への意志」雷同，但是日本人在解釋這個概念時會注明：「Macht」並不等同於漢字「權力」，而具有更廣泛、深刻的含義，是一種不斷克服阻力、日益強大的生命、生命力的成長過程。以「向力意志」為主題的尼采的遺稿《向力意志》的副標題為「一切價值的價值轉換的嘗試」（Versuch einer Umwertung aller Werte）就是明證（參見《哲學事典》，平凡社）。

話說回來，康德和尼采的這種表面的對立，或說差異，當然不能否定康德哲學本身體現了哲學精神，也不否定尼采作為哲學家正是因為他所討論的問題也處於康德為哲學界定的框架之中，儘管他對康德的先驗觀念抱著尖刻的批判態度。就是說，反對傳統的偽善也應屬於善的領域，反對迄今為止的偽真也應屬於真的領域。

廣義地說，哲學以「真、善、美」為其領地；狹義地說，哲學以「真」為其目的，並且探索通向「真」的道路。

這樣的說法是根據一個前提：因為人有理性、感性，和與他人交往並共存的需求（這裡暫且擱置精神分析學對精神的界定）。可以這樣說：哲學是探討理性的科學，美學是探討感性的科學，而倫理學則是探討人類共存的手段的學問。當然，這三者並不孤立存在。

說康德是畫時代的哲學家，正是因為他為哲學做出了清晰的界定，並寫下了三大批判，試圖解讀哲學的這三個課題：真、善、美，或者說為真、善、美的判斷尋找可靠的根據。如果可以使用詩的語言來描述，我們可以把康德哲學看成粗壯的樹幹，在他之前的哲學是盤根錯節的樹根，在他之後則是枝葉繁茂的樹冠。那麼尼采呢？尼采更關注的是這棵大樹的生命。比喻或許簡陋，是為了容易把握。

歸根結底，哲學是人的哲學，離開「人」，一切都無從談起。對真、善、美的嚮往出自人的生存本能：求知、行動、感知和情感（生存和繁衍的需求），即所謂「知、情、意」（儘管順序不同）。在三者之中，真之所以排在首位，是因為真甚至為善與美提供了可靠的依據；或者這麼說：沒有真的支撐，善與美都是虛妄的。有人喜歡把倫理學稱作「道德哲學」、把美學稱作「藝術哲學」，也是源於這個原因。美學和倫理學獨立於哲學是由於「細分化」的需要。實際上，從「人」的角度出發，三位是一體的。最好的例子是尼采，他甚至從道德的立場來判斷真理的標準，因此，他的哲學也是行動的哲學、審美的哲學。

從哲學角度看，哲學也可以稱為「知識的知識」。現代把科學分為自然科學和社會科學、人文科學，這是一種把知識「平面化」的做法。實際上，自然科學、人文科學、社會科學也源自對真理的追求，是哲學（科學）精神在某一領域的體現。

從科學角度看，科學訴諸理性，其內容雖包羅萬象，手段各不相同，但卻專注於事物的性質、法則或說規律——這就是廣義的科學。在此意義上，哲學屬於科學。後來又有了狹義的科學，專指自然科學。

也是根據如上界說，哲學起源於古希臘的說法至今無人能夠否定，甚至有哲學家認為古希臘哲學是其後來的哲學的胚胎，或者這樣說，其後的哲學所討論的所有根本問題都已經在古希臘哲學中顯露過。好像過譽，但卻有一定的根據。

哲學令人眼花繚亂是因為哲學的命題繁多，流派紛呈，即因為哲學家關注的領域（認識、本體），以及為達到目標所採用的手段（語言學、邏輯學）各不相同。正所謂萬變不離其宗，我們還是可以將它們分門別類。順便說一句：把哲學家分為「唯心」與「唯物」是一種簡單粗暴的做法，這種貼標籤的做法不但妨礙認識哲學思想的價值，也違背了哲學的基本精神。哲學也經過了漫長的去偽存真、從摒棄神話語言、宗教語言而向科學語言進化的過程，在這個過程中，概念和命題像生命一樣經歷著生死存亡，有些概念和命題逐漸隱退、消失，有些卻迎來了新生或獲得了新鮮的血液。這也可以幫助我們識別什麼是「偽哲學」。

正如我們可以把宗教、政治、倫理、法律歸在「善」的名下，我們也可以把形而上學、認識論、語言哲學、邏輯學、科學哲學歸在「真」的名下。有了這個大致的「坐標」，或說有了如上的界說，我們再來討論中國是否有哲學這一問題。

幾點說明：

第一、這裡不可能、也沒必要面面俱到，因為本文的目的不是記述思想史（實際上思想史也不可能面面俱到），而是說明一個問題。如果在「中國思想史」代表人物的中心思想裡找不到滿足哲學所必備條件的論述，再多的討論也無濟於事。

第二、不同於中國傳統的考據、訓詁，這裡省卻對著作權及其年代的討論，也就是說只關注著作的內容，不管它出於何人之手、何種年代，只希望能找到中國的「哲學」。

第三、最基本，也是最重要的方法是：如果把哲學作為一門科學，那麼它必須滿足作為科學的最基本條件：概念的界定和邏輯的合理，因為試圖用概念和邏輯來解讀真理是哲學的初衷。這也是哲學和中國傳統的「忽悠」的本質區別。打個也許過於簡單的比方：如果說哲學是一座大廈，那麼磚瓦便是概念，而組建就是邏輯。磚瓦和組建是實現設計思想的最基本的條件。如果在磚瓦的質量或是尺寸、組建的嚴謹合規方面出現了問題，這座「大廈」是否雄偉、美觀，是否可以使用，甚至是否可以稱作大廈，就都因此毋庸置疑了。進一步來說，磚瓦材質的改變會導致組建程序的改變，進而導致大廈這一觀念或說概念的不同。像是試圖用土坯，即使只是建造二層小樓，在防震方面必然存在隱患。

最後，關於「原創性」。翻譯、介紹、注釋、編纂、借鑒乃至模仿和改造，都不能說是原創，毋庸置疑。說德國有哲學是因為德國有康德、黑格爾、尼采、海德格……他們有著不同於前人和他人的哲學思想，也正是這些不同於前人和他人的地方構成了他們獨特的哲學思想。這便是原創的本意。

【二】

諸子百家

為什麼在中國歷史上，春秋戰國時代的諸子百家顯得光彩奪目？道理很簡單：因為自商鞅變法以後，中國再也沒有獨立思考的空間。如同儒家的「非哲學」是用「禮教」泯滅中國人的思維和判斷能力，法家用的是「法治」。在精神上，中國人成為了「閹人」，不論統治者，還是被統治者。

◎先說《易經》

似乎應該根據先後次序，把「易」、「周易」（《易經》和《易傳》）分開來說。只能是據說——據說文字出現之前，「易」首先是一幅標著符號的「圖」，後來演變成八卦、六十四卦，又配以卦辭，是謂「易經」。進而，據說孔子（？）為之作注，成為「易傳」（至於「周易」是否包括「易傳」好像因人而異）。

有些尚古的「學者」把《易經》看作中國最古老的哲學著述，因為它試圖通過一套獨特的語言或說「符號體系」來解讀自然的運行規律，屬於「本體論」。然而事實上它只是出於對自然的無知和恐懼，而希望預知未來的一本臆造的卦書。即使不否認它試圖理解宇宙真理的善意，其迷信成分也遠遠大於科學，毫無實踐意義和指導價值。因為它的「概念」屬於「神話語言」。按照中國現代對西洋概念的誤解，可以說它貌似「唯物」，實際上最為「唯心」。其「八卦」發展為道教的經典，正是神話語言演變為宗教語言的一個範例，更遑論日常用語中「八卦」的含義。如果說《易經》中有一些合理的因素，那也沒有超出「常識」的範疇。當然，這並不妨礙一些缺乏哲學素養的「學者」照樣把它奉為「經典」。如果說它是中國最早的哲學，那麼它的非科學的神祕主義只是開啟了所謂「中國哲學」多舛的命運。在這裡討論八卦，對筆者和讀者都不啻浪費時間！順便說一句：我絕沒有妨礙算卦先生靠八卦賺錢的意思。

從思維方法的角度，無論是《易經》還是後來的《易傳》，都具有現代漢語所說的「忽悠」的典型特徵。這裡說的《易傳》也被稱作《易經》，即經過孔子（或他人）之手的《易經》。

在《易經・繫辭傳》，作者毫不含糊，開篇就是一句：「天尊地卑，乾坤定矣。」多麼典型的「獨斷論」！我孤陋寡聞，居然沒發現從古至今有一個中國人對這種說法感到不可思議！這可真是不可思議！根據前面磚瓦和大廈，或芯片和手機的道理，我們先來看看作者的概念和邏輯。

眾所周知：「天」和「地」屬於自然科學的概念，而「尊」與「卑」屬於倫理學，至少是人文科學的概念。只有在日常語言中，我們對兩者才不加區別，但是日常語言不是科學語言。如果我說「狗尊貓卑」，養貓的人一定會大罵：「你他媽的這是根據什麼狗屁邏輯？！」但是卻沒有一個人質問《易經》的作者！——順便提一句，日本也有一個有趣的現象：天上的飛禽，不論「善惡」都得到保護，但是海裡的動物卻生來不幸，都難免被撈上來吃掉。真是「一方水土養一方人」！——我百思不得其解，難道作者是根據天和地的位置才這樣考慮的嗎？那他為什麼不說「天上地下」呢？根據「忽悠術」的基本手法：混淆不同的語言形式（認真琢磨商業廣告和政治宣傳也能提高我們區別神話語言和科學語言的能力），我猜想：作者是不是在忽悠誰？不過據此，我倒傾向於起碼這句話是出自孔子之口，因為與孔子的思維方式和語言風格十分接近。我還猜測：中國傳統的忽悠是否源於《易經》？

我挺奇怪，「乾坤」的另一個象徵不是男女嗎？如果根據作者的「綱領」、這個宇宙之「理」得出「男尊女卑」的結論（事實也確是如此），中國歷代的女性們似乎也沒有什麼嘔吐的感覺。有的人說：天和地也是一種象徵的說法，比如象徵君子、小人，或者君王、臣民。我無可厚非，但是他起碼承認了一點：這不是用哲學語言在說話。

《易經》的作者確是有點石成金的本領，經他這麼一「點化」，神話語言一下子上升為（世俗）宗教語言，開啟了大中華思想的康莊大道。

本文不可能面面俱到，只需提供一個視角。善於思考的讀者根據上面提到的概念和邏輯，舉一反三，「心有靈犀一點通」，大概就能夠展望《易經》的思想體系了，儘管也許還不夠清晰、全面。筆者雖不欣賞黑格爾的理論，但是對他存有尊敬之念。不欣賞是因為喜歡「絕對理念」的他把歷史削足適履地塞進按照他的辯證法而演進的「絕對精神」之中，被他這麼一忽悠，馬克思甚至發明了人類的終極目標「共產主義」——一個像天堂一樣千人一面、極其無聊的世界。在這裡，我們可以看到「忽悠術」的另一手法：給你一個類似於「未來」、「明天」、「夢」一樣的東西。幸而德國不像中國，允許不同思想的存在。當尼采、弗洛伊德的思想被逐漸理解，黑格爾在哲學界的統治地位才開始動搖。

尊敬是因為他學問淵博，這淵博不單表現為「知」，更為可貴的是「識」，這也是他之所以還被稱作哲學家的根本。就是說他不但知道「何為哲學」，而且以此區別真假哲學。以中國為例，他一反西方不加批判地忽略抑或讚賞中國思想的常態而進入了中國文化的多個領域，儘管不及詳述，卻切中要害。在談及《易經》時，他說：「我們必須注意——他們也達到了對於純粹思想的意識，但並不深入，只停留在最淺薄的思想裡面。這些規定誠然也是具體的，但是這種具體沒有概念化，沒有被思辯地思考，而只是從通常的觀念中取來，按照直觀的形式和通常感覺的形式表現出來的。因此在這一套具體原則中，找不到對於自然力量或精神力量有意義的認識。」（《哲學史講演錄．卷一》）黑格爾把「概念化」和「思辨地思考」作為判斷的基本原則，應該無可置疑。但是有些中國人（例如錢鍾書）卻繞開這個關鍵的地方質問黑格爾：「你瞭解中國嗎？你去過中國嗎？」[2]這也是中國人特有的一種思維方式！

◎再說老子

前面說到「真」是哲學的生命，或曰「本質」，追求「真」是哲學的精神，那麼我們再來看看接下來的諸子百家。「百家」說得有點兒過，值得一提的撐死了也就十來家——看來阿Q的「精神勝利法」古來有之。順便說一句，就連「百家」的標準都含糊不清，是根據學說的價值呢，還是流派？抑或職業？或者乾脆按人頭算？

被最為看好的是老子，其原因是《道經》的開篇頗有點哲學味道：「道可道非常道，名可名非常名。」再順便說幾句：隨著不斷的私人盜墓和公家挖墳（前者常常是後者的起因），我們發現：存在著多種《老子》的版本。不但文字不同，而且編排也不盡相同。這讓研究家們大為頭疼，他們不但要不停地修改之前自己認為正確的主張，而且提心弔膽：下一次盜墓或挖墳的結果會不會又令他們蒙受恥辱。研究究竟該如何開始？……就連《老子》究竟該稱為《道德經》還是《德道經》都無法定論。當然這並不影響筆者的行文，因為筆者想要知道的是：是否存在著一種可謂哲學的思想，不管什麼版本。

回到主題：說「中國沒有哲學」，最典型的根據即在於此！哲學的大廈建立在概念的磚石之上，就像每一塊磚石都必須能夠承載大廈交給它的重荷，每一個概念都需經過精確的界定，具有統一而普遍的意義。然而老子的所謂「概念」卻省掉了這個界定的工序，恐怕除了他自己，沒人知道他說的是什麼（甚至有理由認為他也沒搞清楚：「吾不知其名，（強）字之曰道。」）！我甚至懷疑他繼承「周易」的優良傳統也在忽悠。叔本華說：「沒有什麼事情比寫作但卻無人理解更容易了；相反，沒有什麼事情比表達深奧的內容而又使每個人必然能夠理解更為困難。」（參見筆者所譯〈論風格〉，《文學研究叢刊・第一期》，一九八四年）

2 中國外交部長王毅在回答外國記者問時反問道：「你瞭解中國嗎？你去過中國嗎？」

在這裡，叔本華用來比較的一方是古希臘的文風；另一方是德國，比如黑格爾的文風。問題好像不單是古漢語在表達上的缺陷，更重要的是治學的方法。這種「猜謎」遊戲貫穿了中國的所謂「哲學史」，讓人誤以為猜謎（考據、訓詁）也是在搞哲學。

甚至在古代就有了至少三種解釋：

一、道（如果）可以言說，（那就）不是永恆的道（了）。

二、道可以言說，（但是）不是平常所說的道。

三、道可以言說，（但是）不是永恆不變的道。

據說漢文帝劉恆因為忌諱，改原文「恆道」為後來的「常道」，但是這也不能為第三種說法辯護（據說唐玄宗就持這種論調），因為「道」如果是所謂的「客觀真理」，就必須具備相對穩定這一條件。萬物可以變化無常，主張變化的「道」卻不可以，否則何以稱「道」？更何況這第三種說法顯然與老子的「獨立而不改」相矛盾。

第二種說法不管把「常道」看作什麼（儒家理論或是常識），都是一句廢話。因為「道」本身並不支持什麼，也不反對什麼；更不應該分你的道、我的道。這樣說是假設老子具有基本的哲學素養的話。

隨時光流逝，五花八門的解讀更是層出不窮，而且每個解讀者都有自己的故事和理由，彼此互不相容。筆者並非反對有的人願意窮畢生精力搞懂「道可道」到底是什麼意思，而是著眼這個類似猜謎的現象：造成這一現象的責任者是誰？是老子？還是古代漢語的簡陋、不適合作為科學語言？抑或是中國的古代思想家普遍缺乏基本的哲學思維的素質或教養？當然，這裡也有一個參照物，那就是古希臘。

中國人也真有意思，為了解決這一現象，應運而生的不是改造語言的文學家、語言學家，而是訓詁學家：給每個瘸子配上一條拐杖！以至於發展到清代，訓詁喧賓奪主，幾乎代替了所有的學問！而這正中統治者的奸計：走自己的老路，讓傻子們去研究吧！

如果覺得說「語言就是思想」有點「武斷」，不妨說「語言是表達思想的工具」。隨著思維的進化，世界上所有堪稱「偉大」的哲學家或文學家都為改善這個「工具」，即為改良和豐富語言貢獻了一份財富，無論康德還是普希金。但是在中國，這一過程如果不是退步，就是止步不前。到了宋代朱熹，「天理」這個宗教概念竟然大放異彩！

上述這種猜謎現象並非只限於老子，在中國所有「思想家」的著述中，我們都可以找到這種範例。老子應該是傳承了《周易》的衣鉢，也試圖來解讀宇宙的所謂客觀真理

「道」，不同的只是公然玩起了神祕主義（玄之又玄，神話之門）。不錯，康德也為知識畫定了國界，把國界之外的領域歸為了信仰。但是老子幾乎開宗明義就否定了試圖用概念和邏輯來解讀真理的哲學的初衷，或說良好的意願！後人最圓滑的辯解也許是：老子的說法充滿了「辯證法」和「東方色彩」云云。「辯證法」固然可以啟迪思維，但是無可置疑的是「辯證法」起源於「詭辯術」，並且將永遠拖著這條尾巴。老子的「辯證法」是為他的主題「無為」服務的，實際上純屬忽悠。據說「禍兮福所倚，福兮禍所伏」就源於老子。看來「阿Q精神」、「心靈雞湯」等古來有之。「福」與「禍」本不具有必然的因果關係，剛丟了一百萬就撿了一千萬的事情並非沒有，但是概率極低，而且兩者之間發生關係純屬偶然，除非你信神。這就像成語「吃一塹長一智」，屬於自我安慰、偷換概念性質。如果「長智」是靠「吃塹」得來，那麼這個「智」是否還算是「智」，就很值得懷疑了。

老子造出了貌似客觀真理的「道」，卻絲毫也沒有意識到這個「道」是他的造物（是否對古人要求過高？），而我們要知道的是：這個「獨立而不改」的「道」與大千世界到底處於什麼樣的邏輯關係之中？估計是因為難以為繼，接下來老子話鋒一轉，也進入了「倫理學」、甚至「處世哲學」等等的領域。不同於古希臘哲學以至康德的是比例問題：相對真正意義上的哲學，老子為教條和信仰留下了無比廣闊的領地，據說他的神祕主義把莊子和孔子都忽悠了。

如果說語言（廣義的）就是思想，或說，語言是思想表達的工具（在此可以暫且無視兩種說法的區別），那麼我們也可以從語言發展的角度來考察思想的發展。「倉頡造字」的故事有多種版本，大都是後人造神的成果，無法作為論述的依據。根據考古，漢字起源於象形文字，後經形聲、會意等造字手法進行繁衍。如果為了準確地規定「詞」與「意」之間一一對應的關係，必須創造大量的單音詞，這顯然是不實際的。（事實也證明這一點：漢字據說一度高達數萬，但實際能被掌握的一般最多不到五千。）眾所周知，古代漢語以單音詞為主（逐漸過渡到以雙音詞為主的現代漢語），這種現象，必然造成單音詞的多意性：一個漢字不但指代大量的個別現象，還需負責複數的詞性（例如「道」）；進而在思維方式上造成一種結果，那就是單音詞的表達必須借助於想像。這也是導致後來詩詞歌賦出類拔萃的原因：它們的美感主要的是想像帶來的快感。與此同時，詩詞歌賦也使語言得到了長足的發展：「兩個黃鸝鳴翠柳，一行白鷺上青天。窗含西嶺千秋雪，門泊東吳萬里船。」非用這種絕句的格式來表達，才能以少勝多、給想像以空間：只用二十八個配以韻律的漢字就使你感到有遠有近、有動有靜、有聲有色的秀美而又遼闊的景色。如果翻譯成白話文，不管翻譯得多麼準確，想像的快感幾乎蕩然無存：失去了少中見多，小中見大的效果。這美景又是情感的表露，這情感又關聯著時運的變遷……而這一切都借助於你的想像，是一種想像的「遊戲」，頗似水墨畫的效果。這就是所謂的「文人情懷」，老百姓是無暇顧及的。

根據廣義的「遊戲」的定義，詩詞也屬於「遊戲」，在不違反遊戲規則的情況下達到最大限度的自由。古代漢語所激發的想像力在唐詩宋詞中發揮到了極致，才創造出令今天的讀者都驚嘆的美妙，但是如果翻譯成外文，即使再精準，也像跑了氣的啤酒。這是因為，用黑格爾的話說：只是「形式」上的遊戲。這就像書法的誕生——文字本來是以表達為目的的手段，但是在中國，文字的書寫本身演變成了標榜「人品」的藝術；至於表達了什麼，是否陳詞濫調，反而無關緊要了。當然，也是在這種遊戲之中，雙音詞不斷增加，使漢語得到了長足的發展。黑格爾把這種遊戲稱作「形式」上的遊戲，未免苛刻，卻不無道理。像水墨畫一樣，詩詞更適合表現的是文人士大夫的某種情懷，與現實確實比較疏離。但是不能否認也偶有「朱門酒肉臭，路有凍死骨」這樣關注現實的佳句，儘管只停留在現象層面。

古代的文學家為文字的改革做出了不可磨滅的貢獻，他們把單音詞組合起來創造出更為具體和精準的詞彙；遺憾的是在抽象思維的領域，幾乎無人做出如此偉大的貢獻。我們的所謂「古典哲學」依然必須依賴想像，甚至信仰！一個個漢字就像一個個「籮筐」，裡面裝滿了各種各樣的東西（意義），以便隨時可以拿出來使用。從表面上看，這很符合後面將會提到的維特根斯坦後期的語言的「遊戲」理論，但是，由於概念的意義在使用的時候沒有經過界定，我們仍然無法根據邏輯來達到理論的根據。當然，這與「語言形式」的觀念更是相距遙遠。

與此相對，歐洲的文字大都依賴二、三十個字母。這些字母相互拼湊就可以繁衍出大量的詞彙。把這些詞彙作為詞根，加上前綴、後綴，進而豐富為多層的含義和詞性。在詞尾稍作改變就規定了時態或數量。把詞彙互相連接又可以創造出大量的新詞，就像「詞組」。這種造字能力真是別開生面：由此，「能指」與「所指」之間自然而然地建立了一套緊密、必然、精確的邏輯關係。我們從德語中可以找到「造詞」的典型的範例：有的德語單詞十分冗長，幾十個字母，甚至創造了世界紀錄。這是德語「自由的」的造詞機能所決定的：把幾個單詞組合起來達到更為具體和精準的效果，這大概也是當初德國哲學十分發達的原因吧！舉個最普通的造詞的例子吧。黑格爾認為與西方的表音文字（字母作為聲音的符號）不同，漢語分裂為 Tonsprache（聲音的語言）與 Schriftsprache（書寫的語言），進而認為「這種文字對學問的發展來說是巨大的障礙」（《歷史哲學．上卷．支那的學問》）。我似乎聽見他在說：只有中國人才能發明出這麼愚蠢的辦法。接著，他不無諷刺地說偉大的萊布尼茨卻對此大為讚賞。結果，眾所周知，不單一個聲音會有許多文字符號，而且相對德語只需記住二十五個聲音符號，漢語需要記住幾千個符號。當然中國人對此毫無感覺，因為他們生在福中不知福。

中國也有不少的語言學家，但是幾乎沒有從哲學的角度，或說從語言形式與思維形式、以及兩者之間的關係的角度來考察古代漢語的。甚至這種說法對於對哲學缺乏瞭解的他們來說都是不可思議的：神話語言、宗教語言、藝術語言、哲學語言、科學語言的區別究竟在哪裡？

◎接下來說莊子

不單在道家之中，即使在諸子之中，要說最為璀璨的明星也應數莊子！不過他也不是真正意義上的哲學家，因為他所倡導的是從審美的角度看待一切，包括人生（參見筆者的〈論《莊子・內篇》中的概念「游」〉，《文學研究第6期》，一九九〇年）。不得不提的是：一般把老子與莊子都歸為「道家」，只因兩者都稱「道」，但這實在是一個不科學的畫分。老子的「道」是「有物混成，先天地生。寂兮寥兮，獨立而不改，周行而不殆，可以為天下母。吾不知其名，（強）字之曰道。」頗具神話色彩。莊子的「道」是一種主觀的精神狀態。得道者便是「至人」（「至人無己」）、「神人」（不是神而是人：「神人無功」）、「聖人」（「聖人無名」，上述見《莊子．逍遙游》））。莊子的完美在於他不是使用概念來說明問題，而是寓言。因此你無法從概念的定義方面找到他的疏漏。但是他這樣很容易產生誤解，這些誤解就構成了不少人、包括日本學者在內關於莊子的概念。莊子的寓意究竟何在？

中國有不少「名句」，例如「燕雀安知鴻鵠之志哉」、「棄燕雀之小志，慕鴻鵠以高翔」，它們很容易引導後人對莊子誤讀，事實也確實如此。在《莊子》首篇〈逍遙游〉

開篇就有斥鴳與鵬的寓言，然而鵬並不是莊子的理想，因為兩者之間只是「小大之辯也」。甚至就連「御風而行」的列子也不例外，因為他們都要有所憑借。而只有「乘天地之正，而御六氣之辯，以游無窮者，彼且惡乎待哉？」在對這個易生誤解的句子進行解釋的時候，後人加入了許多他們自己的觀念，諸如自然規律、社會道德之類，這無疑是玷汙了莊子。翻譯成現代漢語，「以自然的本來面目來理解差異，並以此欣賞一切的人，還有什麼局限呢？」筆者認為最接近莊子的本意「逍遙游」——一種自由的精神狀態。

借助接下來的〈齊物論〉或許更容易理解莊子的本意。「齊物」並非一般理解的「相對論」，即單純的「萬物齊同」；因為莊子認為「若與予也皆物也」（《莊子．人間世》），就是說人與物也是「齊同」的。因此才有了作為〈齊物論〉結尾的「莊周夢為胡蝶」的寓言：「不知周之夢為胡蝶與？胡蝶之夢為周與？……此之謂物化。」一般認為，莊子真的做了一個夢，而莊子本人對夢是有看法的：「古之真人，其寢不夢。」（〈大宗師〉）這個夢很像弗洛伊德的所謂「白日夢」，恍惚之間的事情。而「物化」更是類似西方美學理論中的概念「移情」：「物我兩忘」。

也因此，「至人無己」不能解釋為道德上的「大公無私」，而只是一種「忘我」的精神狀態。「神人無功」的神人也正如解牛的庖丁：「臣之所好者道也，進乎技矣。」（〈養生主〉）「道」與「技」有關卻高於「技」，是暸然於心、融會貫通、主體與客體統一的一種自由的精神狀態：「官知止而神欲行」，猶如「神來之筆」。可以說成是對「自然規律」的把握，但是這個「自然規律」是具體的。現在的「藝術」的概念是近代產物，就像德語的「Kunst」（藝術）來源於「Konnen」（知道、能夠）；或如「Art」的拉丁語「Ars」：skill、way、method等等。先有「技」，再有「藝」（技藝），之後「技」、「藝」分家。至於「聖人無名」，《莊子・外篇》的〈知北游〉曰：「聖人者，原天地之美而達萬物之理。」僅此一句便可知內、外篇絕非出自一人之手，如果再將「美」解釋成「美德」就徹底變成了儒家的迂腐教條。而明知莊子是個「妻死……鼓盆而歌」（《外篇・至樂》）的主，中國歷史上好東西本來就不多，還要把它弄得面目全非，安的什麼心？真是的！不過這也算是一種中華文明的優良傳統吧！根據「齊物」的觀點，我們知道莊子絕不像老子。老子那起源於八卦的「辯證法」認為：「天下皆知美之為美，斯惡已。」殊不知「美」是一個判斷，絕無天下皆知的可能，起碼只能作為獨斷論者的前提，不信你就去問問中國人：何為美？「羊大為美」？就連老子本人是否明白也未可知，因為接下來是「皆知善之為善，斯不善已」。解釋者們恭恭敬敬戰戰兢兢地把「惡」翻譯成「醜」，卻無人解釋為什麼「善」的反義詞是「不善」，而「美」的反義詞反而卻不是「不美」？作為「哲學家」的老子是否具有為概念規定範疇的最起碼意識呢？

如同前兩者「至人」、「神人」，「聖人」指向的也是一種精神狀態，即棄絕塵世的名利觀念。莊子的「無為」也是建立在這種觀念之上。與老子「無為而無不為」、孔子「無為而治」（《論語・衛靈公》）的「為」是動詞不同，莊子的「為」屬於現代漢語的介詞，「無為」即是沒有一定的目的。《內篇・大宗師》有這樣的描寫：「子桑戶、孟子反、子琴張三人相與友……子桑戶死……（孟子反、子琴張）或編曲，或鼓琴，相和而歌……（歌曰）……而已反其真。」之後借孔子之口歸納：「逍遙乎無為之業。」能編曲、鼓琴，至少算是業餘音樂愛好者，他們並非無所作為，而是歌唱「反其真」，即生死乃自然之道、回歸自然、「天人合一」，即「無目的的合目的性」。「無為」是「逍遙」的前提，只有「無為」才能「逍遙」。《外篇》也有類似的描寫，有理由猜測：《外篇》的「妻死……鼓盆而歌」是後人仿照《內篇》的「子桑戶死……相和而歌」而作。

「至人」、「神人」、「聖人」的精神狀態究竟屬於什麼性質？直到康德的《判斷力批判》的出現才有了回答的可能。用現在的話說，莊子是中國歷史上首位在精神和物質上尋求統一的人物，雖然局限於審美的角度，而《外篇》篡改了莊子的志向，把莊子變成了一個道儒混血！莊子又是最早描繪了藝術欣賞和創造的心理狀態的人物，可謂中國的「藝術之神」、「繆斯」，而那些不懂哲學的馬屁精拍馬屁總是拍在馬蹄上！

從對後來社會進程所起到相對積極的作用（特別是在撫平歷代中國人精神創傷和藝術創造方面）的角度看，這也是莊子勝於儒家和法家的理由。莊子絕頂聰明，他大概也遇到了語言表達上的障礙，因此不像玄乎其玄的老子，而是乾脆寄希望於想像。如前所述，莊子的文風主要是用寓言來闡述他的觀點，而不是用一套自成系統的概念，在這個意義上，稱莊子為美學家甚至不如以文學家、藝術家來稱呼更為貼切，只不過他的寓言中充滿了哲理罷了。

這樣說並不是想否認諸子著述中含有樸素、原始的哲學思想要素的萌芽，而是希望強調作為哲學所必須具備的基本條件：概念和邏輯。正如化學有化學嚴密的符號系統、數學有數學嚴密的符號系統一樣，哲學也是如此。德國哲學家卡西爾（Ernst Cassirer，1874-

1945年，又譯：卡西勒）在他的《象徵形式的哲學》（又譯：《符號形式的哲學》）一書中討論了語言的形成和發展，闡述了神話語言、宗教語言、藝術語言、科學語言的特徵以及其所關聯的思維方式（參見筆者的〈卡西爾哲學的出發點——「概念說」〉，東京大學《美學藝術學研究》第14期）。藉此，我們很容易鑒定中國的所謂「哲學家」們的著述屬於什麼性質。

科學的娘胎叫作懷疑，與此相反的是宗教，它的母體是信仰，雖然我們很難在信仰和迷信之間畫出界限，但是無可置疑的事實是，中國古代漢語和所謂古典「哲學概念」的不確定性，或說非科學性，為信仰和迷信留下了充分的空間，遺害無窮！

但是……如何區別語言的形式呢？舉個最簡單、大家都知道的例子：毛主席教導我們說「凡是錯誤的思想，凡是毒草，凡是牛鬼蛇神，都應該進行批判，決不能讓它們自由泛濫」。從概念的角度看，什麼是「毒草」呢，如果它是一個哲學概念，一定有一個相對清晰、穩固的定義。「牛鬼蛇神」也是如此，根據什麼標準？這些只可意會不可言傳的詞彙或說比喻，就屬於神話語言，至少藝術語言，只能訴諸感性。

再說邏輯。「凡是」常常意味著百分之百、絕對、「絕對真理」，但是以「凡是」開頭的句子卻總有很多意思模糊不清的詞彙，難免讓人丈二和尚摸不著頭腦，給人忽悠的感覺，起碼不嚴謹，或說，不科學。主席很喜歡「凡是」這個詞：「凡是敵人反對的我們就要擁護，凡是敵人擁護的我們就要反對。」這個「凡是」開頭的名句也存在概念和邏輯上的問題：「反對」怎麼定義？給我們提建議的人算不算敵人？如果敵人反對吃屎，那麼我們怎麼辦？如果你說我矯情，那是因為句子本身邏輯上的不嚴謹：只可意會不可言傳……。

如果有誰具有基礎的哲學素養，又真的肯認真閱讀主席的文章，他一定會發現，這樣的表述在主席那裡數不勝數，這是主席「瀟灑」的文風所決定的。這樣的文章甚至滿足不了政論文的條件。與其說主席是個思想家，不如說是個「藝術家」更為恰當。主席與一般藝術家的區別只在於他是用神話語言或藝術語言來表述政治問題。相同的是：他們都訴諸讀者的感性。這也說明主席沒有經過最基本的哲學思維的訓練。當然，這不是主席的錯，並且他也知道：只有這種語言形式才能被廣大人民群眾所接受。這是相輔相成的關係。

我的分析也許會被奧迪（Robert Audi）不屑一顧。一九九五年由劍橋大學出版社推出了一本《劍橋哲學詞典》（*The Cambridge Dictionary of Philosophy*），總編就是奧迪。其新意便是一反慣例、大量地收錄了關於東方、特別是中國的詞條。我查了一下，其中就有毛澤東，甚至劉少奇，然而卻沒有斯大林（又譯：史達林）！按說後者應該是前者的老師呀？幸好還沒有收錄希特勒。同時我也感到不解或者說不平：比較毛澤東和希特勒，兩者的「主義」、手段乃至語言形式有很多類似之處，並且理論水平也不相上下，為什麼希特勒就沒有被收錄呢？就因為他們的路線一個是向外、一個是對內？希特勒的集中營、斯大林的古拉格和毛澤東的勞改農場難道不是異曲同工？只是中國不可能有、或說不允許有索爾仁尼琴（又譯：索忍尼辛）那樣的作家罷了。抑或是奧迪更多地考慮到中國經濟在發展，這樣做詞典會有更多的銷路？

……到了林副主席，他的「四個偉大」已經進入了宗教語言的領域。

如果一種理論認為：皇帝無所不知、無所不能，因此正確無比，這就屬於神話領域的問題。如果一種理論認為：皇帝是「天之驕子」，即天子，皇權神授，見面得喊「萬歲，萬歲，萬萬歲！」，那麼這種現象就屬於宗教或宗教語言的領域。我們比較一下歌曲〈東方紅〉的「他是人民大救星」和〈國際歌〉的「從來就沒有什麼救世主」就會發現其中在語言形式上的本質區別。卡西爾在生前寫就的最後一本著作《國家的神話》（出版於一九四六年卡西爾去世後不久）中指出：神話思維是思維的起源。它是歷史，也是現實。在科學失去了市場的時候，神話就會油然而生並大肆橫行。比如希特勒時代，再比如文化大革命時代。卡西爾雖然著述頗豐，但沒有政治學方面的專著。似乎唯此一本比較類似，卻具有幾乎所有政治學著作所不可企及的啟發性。

很多人認為，中國沒有什麼宗教、信仰，其實不然。就像神話源於神話的思維形式一樣，宗教也源於宗教的思維形式。只要這種思維形式存在，宗教就必定存在，不管它以何種面目出現，中國式的社會結構正是這種思維形式的造物。但是想讓中國人認識到這一點，幾乎是不可能的事情！中國人的宗教體現在他們的思想和行為之中。這種（世俗）宗教雖不大拘泥於形式，卻深入人心。它經過數千年的洗禮，以「集體無意識」的方式潛藏在中國人的心底，表現在風俗、習慣、主流思想、社會制度之中。就像空氣一樣無所不在，又令人難以察覺。它越來越強大是因為權力使它能夠吸收一切理論、宗教、社會體制……甚至也可以吸納與它敵對的力量（包括馬克思主義）的可利用要素來豐滿和強壯自己，並以改朝換代的方式來美化自己——這也是中國人的「智慧」的體現。如果按照弗洛伊德的精神分析學理論，可以說中國人的「超我」中充斥著儒家（包括其變種）的倫理觀念和道德律令（參見筆者所譯《自我與本我》，上海譯文出版社）。我們在幾乎所有的中國人心中都能發現宗教圖騰帶來的恐懼，超越世界上一切恐懼的恐懼。這個恐懼迫使中國人走在同一條老路上，任何出軌的言行都首先將被同類唾棄！如果我們把這個宗教稱為廣義的儒教（融匯佛、法、道），那麼這個圖騰的靈魂就是承前啟後的不倒翁孔子！儒教可稱為「國教」，「教宗」就是皇帝。之所以不用「教主」的提法是因為一明一暗好辦事，何況教主哪有皇帝的權力大？黑格爾說得多好：「皇帝是國家的元首，同時也是宗教的領袖。」（《歷史哲學．上卷．支那的宗教》）至於大多數中國人並不這麼認為，那是因為中國人沒有「反思」的習慣，或說能力。這裡說的「反思」是一個哲學概念，儘管哲學家們給它的定義不盡相同，但絕不同於「反省」或「吾日三省吾身」，那最多屬於倫理學範疇，而恰恰正是孔子的教條扼殺了中國人學會「反思」的可能。

「反思」是哲學精神的表現，是對既成的經驗、思想的懷疑和思考。舉一個典型的例子：尼采！正是一個徹頭徹尾的既成價值批判者！他的「善」和「美」體現在他對「真」的不懈不息的追求之中。眾所周知，他的《扎拉圖示特拉這樣說》是以一個寓言開始的：「精神如何變成駱駝，駱駝如何變成獅子，最後，獅子如何變成孩子。駱駝是馱東西的動物：它馱著既成價值的重荷，馱著教育、道德和文化的重荷。它在沙漠中馱著這些重荷，並且在沙漠中變成獅子；獅子打碎雕像，踐踏重荷，對所有的既成價值進行批判。於是獅子的使命就是變成孩子、即變成『遊戲』和新的開端，變成新的價值和新的價值判斷原理的創造者。」（參見筆者所譯都魯茲《解讀尼采》，百花文藝出版社）你可以說尼采有點莊子的味道，但不同的是：尼采專注於哲學最根本的問題，這也是尼采盼望哲學回歸本源的道理所在。

這個寓言描繪了（包括他的）精神的歷程和應有的姿態。在尼采那裡，哲學不是「學問」（叔本華也表示了類似的觀點），尼采希望讀者通過閱讀他的著作培養一種批判的精神，超越自己、也超越一切（「超人」，與此相對的是「奴隸」），成為有獨立思考能力的自由人格。只有如此，「新的開端」才可能開始。尼采使獨立思考和有神論的矛盾顯在化：一個虔誠的信徒同時具有深刻的獨立思考能力，這只是一個笑話！

在尼采那裡，哲學是用來「反思」或批判的武器，是為了摧毀陳舊的價值體系，掙脫枷鎖獲得解放。出身宗教家庭並且以神學作為學術開端的他居然喊出「上帝死了！」的口號，敢於冒天下之大不韙是因為他多麼希望人們扔掉宗教這一拐杖，學會用自己的雙腿走路，建立獨立思考的精神和人格！把無法說明的東西奉為教條就是迷信，就是非哲學。我們把各種宗教的誦經和全國人民學毛選或者「政府工作報告」進行比較，也能發現它們的類似之處。與尼采幾乎同時，德國還出了一個馬克思。馬克思的「批判的武器代替不了武器的批判」則導向無產階級專政。相比之下，誰更靠譜呢？歷史正在證明……

尼采的偉大在於他預言了德國意識形態的墮落，一語成讖。而一些懼怕尼采精神的人卻故意歪曲尼采的理論，甚至為他畫了一幅面目全非的肖像。當然，這與尼采十分不喜歡的他的妹妹甘願配合希特勒不無關係。

繞了一大圈，還是想說明語言和思想處於互相制約又相輔相成的關係之中。再舉個簡單的、關於「意識」的例子：樂觀一點說，中國生產的「名錶」價格是瑞士生產價格的大約千分之一，這是為什麼？除了工匠意識、材料的質量，就是工具：需要不斷改良的工具！或者這樣說：工具意識是工匠意識的重要組成部分。經過改良的工具可以製作出更為精密的零件，而設計師的想法要求工匠創造更為新穎的工具以適應更為精巧的零件。在這裡，需要的首先是徹底「反思」的精神，留戀和固守毫無意義，因為中國不可能用當前的工具和材料製造出與瑞士名錶匹敵的作品來。你說中國有手錶嗎？道理很簡單，但是換一個領域，中國人就搞不清楚了。

◎並論公孫龍子

如果根據尼采對哲學的理解，公孫龍大概是諸子中最配得上「哲學家」稱號的人選，因為他邁出了企圖顛覆常識的一步，儘管這一步通向何處，因為沒有下文，我們無從瞭解，但這是中國歷史上最早的、也是難得的一步。還有，他似乎也是唯一一個啟發思考——儘管不那麼徹底——而不是單純向他人灌輸自己思想的頗具哲學味道的人。

我們無法知道公孫龍還有什麼著述，就像我們無法知道諸子百家中，以及中國歷史上是否有過我們尚且不知的什麼偉大的哲學著作。說來很值得玩味：中國人喜歡死後把能帶走的都帶到墳墓去，而不是成立什麼「基金會」、「圖書館」、「博物館」之類的，儘管他們知道十墓九空的道理，甚至看到了盜墓賊的眼睛在盯著。有人說這是自私和仇恨的惡性循環，但是中國人大都認為這是「偉大而優良的文化傳統」！

與此類似的是在改朝換代、推翻腐朽政權之際，同時銷毀一切腐朽的文化遺產，不光建築，還有圖書。這種循環往復也是五千年中華文明的一部分。大概也是因為如此，可能很多「好東西」沒能流傳於世。如果說「中華文明光輝燦爛」，或者說「老子先前比你闊多了」，很有可能是事實，只是無法考證，只能有待進一步盜墓或發掘古墓……

說「白馬」不是（屬於、等於）「馬」，這顯然是「胡攪」。問題是公孫龍胡攪的目的是什麼？「馬者，所以命形也。白者，所以命色也。命色者，非命形也，故曰白馬非馬。」形與色固然不同，但都是事物的特徵、或說屬性，屬於「特殊」，或說「種概念」，而馬是物體、事物，屬於「一般」，或說「屬概念」。把事物與其性質、種概念與屬概念混為一談，再嚴密的邏輯也無濟於事！何況，白馬並非不同時具有「形」這一馬的特徵。換一個說法：龍子專注的是馬與白馬的區別。然而這區別只是概念外延的區別（龍子的貢獻？），即白馬的外延小於馬的外延；然而忽視了馬的外延卻涵蓋了白馬的外延。照公孫龍的「瞎子摸象」，即把部分作為全體的邏輯，徐悲鴻畫的馬甚至都可以拉車！墨子就曾指出了公孫龍謬誤的根源所在——偷換概念：「乘馬，不待周乘馬然後為乘馬也……此一周而一不周者也。」（《墨子．小取》）即把個別混同於一般，只是也沒有理論的展開。

說公孫龍的「白馬論」具有初級的哲學意識是因為存在著後人另一層次的、懷著「善意」的解讀：公孫龍強調了個別與一般、種概念與屬概念的區別。問題就在這裡：說明問題是用形象的語言，還是用抽象的語言，這關係到是否有資格進入哲學的殿堂；因為形象語言仍屬於「個別」，而抽象語言才能表述「一般」，真理正是靠著一般性，或說普遍性才得以成立的。筆者甚至可以進行目前尚無人涉及、更哲學的借題發揮，說：公孫龍是中國歷史上第一個意識到了現象與本體的區別的「哲學家」，其「理論」比康德還要早若干年。但這只是我的觀點，無法證明它是否屬於公孫龍。無論後人如何拔苗助長，公孫龍的文本本身對他們的「拔高」並沒有提供強有力的支持。是古漢語的局限，還是公孫龍的局限？抑或兩者互相局限？退一步講，就說公孫龍涉及了一個關於概念的問題，它也是一個屬於「哲學入門」的問題，並且用的還是「反證法」。

說公孫龍詭辯的證據也來自「堅白論」。在那裡他同樣割裂「分析判斷」與「綜合判斷」，無視精神的「悟性」功能，充分暴露了自己的主張毫無認識論的支撐。所謂悟性，簡單說就是「一斑見豹」，即從個別領悟一般的能力。這種能力當然與智商有關。如果公孫龍不是另有目的，我甚至懷疑，公孫龍如此堅信自己的結論，不是故弄玄虛，就是智商問題，否則他怎麼從來不懷疑自己概念和邏輯是否存在著缺陷？

當然，作為辯論，一問一答是《公孫龍子》的格式。就提出的問題來看，公孫龍並非不瞭解一般的常識，但是由於提問同樣沒有提高到「理論的高度」，而是幾乎重複同樣的問題，因而被公孫龍當成了靶子。但如果把這種「辯論」看作哲學思辨，哪怕是辯論的典範，那可真是災難！和孔子的「誨人不倦」能有一拼！對照古希臘的哲學對談，我們發現，在那裡，位置是相反的，提問者總是讓解答者漏洞百出、下不來台，因而只得不斷改進以接近真理。到底「學問」的精神不一樣啊！

關於〈指物論〉。應該說「指物」是「白馬」和「堅白」的歸納和抽象，或者這麼說，後兩者是前者的實例演習。如果想在諸子百家中找出一篇最像哲學語言的「哲學論文」，大概首推公孫龍的〈指物論〉。之所以被譽為所有文章中最難理解的「論文」，正是由於古漢語的局限性：沒有經過界定的哲學概念，或說術語。公孫龍的「概念」使用的就是日常語言詞彙，而且拿來就用！這不但是語言本身造成誤解的原因——當然，說的不僅是在今天，而是從當時開始——而且也是中國人自古就遠離哲學的原因之一。

開篇：「物莫非指，而指非指。」和老子的「道可道，非常道」能有一比。當然，其解釋也更為千奇百怪。只能假設，盡可能根據公孫龍的邏輯：「物」是事物，應該沒有問題。「指」應該是一個命名、或曰指稱的行為的結果。那麼前半句就是：事物都是（因為）命名（而被把握的）。接著「指非指」，可以肯定的是這兩個「指」不一樣。前者承接上文的「指」，而後者則應該與上文的「物」有關，就是說：指稱與被指稱的不是一回事。道理雖然並不深奧，但是他的表述把後來者都搞蒙了！這就是「中國哲學」的「深奧」之處！

是古漢語就這個樣呢，還是公孫龍的表達問題呢？同一個「指」卻含義不同（這個「指非指」還真有點「道可道」的風格）！而且不經過定義拿來就用！在今人看來，這不單違背哲學最基本的遊戲規則，甚至不是好的文風！龍子是在玩文字遊戲？應該不會……當然，這裡並非責怪古人工具的簡陋，而是想要指出這種開端會指向一條多麼艱難而無望的道路。沒有一套哲學概念，就不可能有一個系統的哲學思想和哲學理論。這是一個最為簡單的因果關係，就像沒有好的工具，做不出精美的傢具，或者，沒有堅實的磚瓦建不成雄偉的大廈一樣。但是在中國，幾千年來都不被理解，總是把土坯房注疏成大廈。

接著說「指非指」。對「指」的解讀因人而異，這毫不誇張：有多少解讀者就有多少解讀。這就是中國「古典哲學」的偉大之處：為了瞭解他是否有什麼思想，你必須先聽懂他的「方言」。但是不管你把指稱的「指」看作名稱還是特徵，或者拔高、借助西方哲學的觀念來看作認識內容或是象徵符號……其實都是一回事！這些區別只是認識手段、或語言形式的不同，都是人類把握世界的方法。根據龍子的本文，看不出他有這層意識。我們期待的是他起碼能透露一點有關知識與客觀世界，即「指1」與「指2」之間的祕密，但是沒有下文，只能失望。

主客體的關係問題也始終貫穿西方哲學，這是我們應該為龍子感到驕傲的。其次，龍子明顯的因果邏輯的推論，也是他區別於孔子等的思考方式的特徵。不過也應該指出：「物莫非指」似乎走上了一條通往認識論的道路，但是「而指非指」立即又把他拖回了討論的起點。

換個層面，如果根據「物莫非指」，我們是否可以解讀說：語言就是思想？難說，龍子已經把當時的語言功能發揮到極致，但是這種語言仍然限制了思想向體系化、向更深刻、嚴密、精細的方向發展。這是局限性的根源，也是龍子哲學才能的悲哀！

在諸子之中，《公孫龍子》的地位遜於儒法道各家是因為他的領域與哲學接壤，從古代就被視為毫無實用價值的「異類」，甚至是對維護統治的威脅，我們甚至在諸子百家中都難以找到提倡「思維訓練」的說法，這是「中國哲學」的悲哀！

順便說一句，在討論哲學問題的時候，把古漢語的詞彙置換成西方某一哲學家的概念，是一種缺乏哲學素養和基本分析、表達能力的表現，因為中國的餐具和法國的餐具畢竟不一樣。當然寫小說不必計較，因為小說需要讀者的想像，儘管「想當然」的結果並不一樣。遺憾的是從近代開始，這種削足適履、崇洋媚外的行為似乎成了主流。當然，瞭解西方哲學對於瞭解中國的思想非但有益，而且必須。因為不瞭解全體，也就不可能瞭解部分的意義。歌德說不瞭解外語也就不可能瞭解母語；同樣，不瞭解外國哲學，也就不可能說瞭解「中國哲學」。

◎關於商鞅

如果說儒家企圖用「道德」來維持「天子」的地位，那麼法家用的則是「法律」，這個法律的特點集中表現在「刑法」上。其實，道德和法律是一對相輔相成的概念，各有各的位置和用處，就像蘋果和梨都是水果；但是在諸子百家那裡，它們常常處於對立的狀態，就如儒家與法家。這種「優良傳統」一直流傳至今。比如你遵從道德的指引，很可能就違反了某一條法律；而你要想不違法，就只好無視道德的律令。就拿道德的最簡單最基本的教導來說：誠實是一種美德，但是在現實生活中，你要是敢說實話，就難免有牢獄之災。這可真令人犯難。天長日久，人們就養成了把謊言當作真理的生活習慣。同時我還猜想，中國古人的思維是否都是「單弦」呢？是不是像中國的樂器，比如二胡，你只能拉一根弦，而不能像提琴那樣同時拉兩根弦，即和弦呢？說來真是個有趣的現象：二胡與提琴的創造者的「發想」，或說構思為什麼如此不同呢？

如同儒家的「非哲學」是用「禮教」泯滅中國人的思維和判斷能力，法家用的是「法治」。儒與法是統治者的兩把刀，不同的是：一把是軟刀子，一把是硬刀子。是儒是法，基本上根據統治者的喜好。一般認為中國以儒家思想為其特徵，這是因為大多數統治者認為用軟刀子扼殺人的精神更有效、更「文明」，就像狼應該披上一張羊皮。說來有趣：從「精神」角度，道德精神和法律精神本來是一體的，只是法律出現在道德的「底線」上，或說一旦僭越道德，便由法律來裁判。但是在中國，儒與法是統治術裡互相制約的兩極，為了避免「跑偏」。

在法家之中，韓非子最受後人推崇，被稱為「集大成者」。究其原因，大概是因為他提供了一套相對「完整、合理」的統治術，或稱「御人之術」，因而很合統治者和被統治者的胃口。但是談到哲學，只能說聲抱歉，總不能把哲學降低到「常識」的地步吧？把韓非稱作「哲學家」，不是外行就是忽悠。

還是說說商鞅吧，他是法家中的法家。

據說有兩個商鞅：變法的「好」商鞅和《商君書》裡的「壞」商君。但是從商鞅登台後秦國一以貫之的歷史看，似乎只有一個商鞅。兩個商鞅的說法是恐怕是中國人嫁禍於人的慣用伎倆。搞不清楚的還有：如同中國幾乎所有古典，《商君書》也存在整體或部分的「著作權」問題，在筆者看來，這並不重要，因為筆者對商鞅本人並無什麼興趣。重要的是《商君書》的「理論」，不管它是誰的。

談商君不是因為他那裡有什麼哲學的要素，而是想舉例說明缺乏哲學會有多麼可怕！還有一個間接原因：「法」也在廣義的哲學範圍之內。

幸虧好像還沒有「學者」給商鞅戴上「哲學家」的帽子，這大概是因為在商鞅看來，

「知識越多越反動」，就連探討知識問題都是違法的吧。難道古來真的也存在這麼一層顧慮：過度宣傳商鞅反而會適得其反？根據統治術，這個擔心的存在很有可能。

如果說秦始皇統一的中國對中國未來意義深遠，那麼商鞅功不可沒，因為秦國之所以強大，與商鞅變法有著必然的關係。據司馬遷說，商鞅有好幾套治國方案，只是為了配合秦孝公想當霸主的願望才最終選擇了「富國強兵」的急速路線。這種說法很令人懷疑：難道商鞅真的可能在登門拜訪之前對「面試」毫無準備、對秦孝公一無所知？難道商鞅真的愚鈍到一而再、再而三地被婉拒才領悟到孝公的意思嗎？幸虧孝公閒暇，如果孝公拒絕第四次的接見，商鞅可能就真的要懷才不遇了！從商鞅的所作所為來看，他的「徹底」的精神似乎只適用一套方案，即使真有幾套方案，也一定大同小異。這是他的人品所決定的。

筆者不是搞歷史的，也許難免有錯誤的判斷。不得不提一筆的是：在發現中國沒有哲學精神的同時，又開始懷疑中國是否也缺乏「歷史精神」。縱觀史書，隨意編造的「歷史」隨處可見，這大概也是中華優良傳統的一個組成部分吧。好像歷史就是用來被隨意消滅、篡改、偽造、美化的，為了達到「事出有因，查無實據」的效果。由於沒有批判和反思的精神，於是乎一傳十十傳百、人云亦云、三人成虎。

還是舉個例子吧：據說商鞅變法始於西元前三五六年，為了立竿見影還搞了「徙木立信」，並在「期年」（司馬遷如是說）[3]因公子駟犯法，為殺雞馴猴而懲處了他的兩位老師。我算了一下，公子駟據說生於前三五六年，那麼犯法的時候才一歲，連站都站不穩。假設司馬遷筆誤，那麼換一個通融的算法：據說公子駟繼位於前三三八年，接著商鞅被車裂。鑒於公子虔檢舉商鞅謀反之前因為又犯了法而被劓去了鼻子因而八年大門不出，那麼最遲第二次犯法也在前三四六年之前，即使省略與兩次（一說就是一次）被處罰之間的空檔，公子駟犯法的時候也不到十歲！到底犯了什麼罪（一說殺人，還因此被流放，查無實據）？難道商君還制定了「兒童犯法與成人同罪」的「兒童法」？是否這個「兒童法」因為年久失傳而不為我們所知？哎，沒準搞歷史的比搞哲學的還要不幸！（後來發現也有人發現了司馬遷的時間問題。）

事情還沒搞清，一些缺乏法律概念的人就開始謳歌商鞅「法律面前人人平等」，竟

3 期年：一周年。

然理解不了這正是不平等的典型範例，不但立法，而且執法！……我們最終無法知道歷史真相，這正是統治者們的願望，也是現今的寫照！

商君的「理論」基礎在於：「民弱國強，民強國弱，故有道之國，務在弱民。」（《商君書．弱民》）在這裡，「國」與「民」是對立的概念，你只能拉一根弦。不知商君人品的人對這一「奇妙而深奧」的道理百思不得其解。按理說整體由部分組成，部分大、整體才能大，怎麼可能相反呢？這是根據什麼邏輯？在這裡商君玩的是文字遊戲：偷換概念。這種遊戲很有效，不管對上還是對下，皆大歡喜，中國到今天不是還在玩嗎？根據中國的傳統觀念：普天之下莫非王土，「國」就是「君」，「君」就是「國」，就像黨就是國，國就是黨。只有這樣，商君的理論才合乎邏輯。或者說：這就是有商君特色的邏輯！如果直說「民弱君強」不是太露骨了嗎？只有讓老百姓像崔健唱的那樣「一無所有」，統治才能固若金湯。

商君這種「消滅私有財產」的觀點要比馬克思早多了！這可不是阿Q精神。我們中國雖然沒有什麼像樣的哲學，但是世界上所有的歪理邪說，我們早就有了！這絕不是瞎吹！眾所周知：一個謊言需要N個圓謊的謊言；同樣要想讓人民相信獨裁的好處，也需要N個歪理邪說。這是必然的。獨裁越是長久，歪理邪說就越是豐富、完美！作為經濟學家的馬克思，其理論的致命缺點在於沒有詳細論述「按勞分配」如何「過渡」到「按需分配」、共產以後的一黨專政的財產如何管理、如何保證不被個人或者黨派竊取、無產階級專政的頭目如何不會變成皇帝等等，這點不如商君：中央集權，其餘一律論功行賞。簡明扼要，多麼實在！

難怪毛主席這麼喜歡商鞅和馬克思，把兩個人的精神揉和起來就是有中國特色的社會主義！「我黨」比商鞅更加合理、周密、徹底！在某種意義上，你是否有權出生、是否有權「報戶口」、是否有權選擇幼兒園、小學、中學、大學接受教育，是否有權選擇居住地、是否有權選擇某種工作、是否有權和某人結婚、是否有權生育或生病、是否有權擁有私有土地和財產、是否有權發表個人意見……生老病死一切都由黨決定。這就使你不由得隨時隨地消滅個性，養成「本能地」服從黨的毛病，不管你是不是黨的一員。這就是有中國特色的社會主義法制。

說來耐人尋味：「法制」與「法治」有著本質上的區別，那就是是否以「平等」的觀念為其前提條件。中國從古至今有的只是「法制」，而西洋的倫理精神孜孜以求的卻是「法治」！好像在說繞口令：在這一點上，你可以看到中國人的聰明才智，「法治」與「法制」發音一樣，你搞不清楚他在說什麼，忽悠起來得心應手！

這裡並非以今人的觀點要求古人。幾乎與商鞅同時的亞里士多德（又譯：亞里斯多德）就認為「法治比任何一位公民的統治更為可取」（《政治學》）。並且古希臘還有用生命捍衛「法律面前人人平等」的範例。被視為「異端」（儘管關於「異端」的說法各異）的蘇格拉底欣然接受了陪審團的死刑判決，而拒絕了逃生的手段。插一句，我不知道蘇格拉底是有意還是無意，總之，他用死給後世留下了一道難題：一個「天才」（這個概念原本只限於藝術領域，這裡取其「廣義」）如何可能被「群眾」認知？當然不是指事後。（筆者之所以這樣說，是因為有類似的體驗：曾擔任「智商鑒定所」所長，幾乎得罪了所有的客戶，實在是個費力不討好的買賣！）這也是民主所要面對的最大難題。因為歷史上很多騙子都是借著普選和「天才」的光環登場的，進而把民主搞成獨裁。

有人把《商君書》的理論歸結為「馭民五術」，不無道理。這裡省卻對「壹民（或愚民）、弱民、疲民、辱民、貧民」的細節討論，只要是中國人都明白，或有所體驗，除了裝傻或者真傻。提請注意的是，「愚民」更嚴重的後果必將是國民道德的敗壞，善惡不分，從惡如流，就如文化大革命和繼之而來的經濟大革命所呈現的那樣。做一個中西比較：作為一種現象，希特勒的「理論」出現於上世紀，但是本質上類似的理論在中國古代就已經存在，並且有過之而無不及。我這樣說頗有點阿Q的「老子先前比你闊多了」、希特勒「算什麼東西」的味道，不過話說回來，兩者也確是「人性」具有普遍性的一個證明。如果說希特勒有什麼勝於商鞅之處，那就是希特勒把「儒家」和「法家」結合得更加完美。

目前，紀念希特勒的人恐怕已經不多了，但是在中國，歷代紀念商鞅、包括秦始皇的人卻大有人在，好像「國家統一」了人民就幸福了，一切問題都解決了。本末倒置！幾乎歷代的中國人都把商鞅看作是中國偉大的思想家、政治家，詞典、教科書、學者如是說，紀念商鞅的形式也不少見。確實也不無道理：商鞅的思想在今天仍然在中國的體制、法律、道德觀念中發揮著積極作用。同時也彷彿在證明中國人缺乏哲學素養到何種程度；還證明一個有著中國特色的邏輯：你越把他們不當人看，他們就越是把你當偉人！中國有個日常用語「賤骨頭」，說的是……你懂的。

順便提一句。新一輪的商鞅熱起源於偉大領袖毛主席。據說目前有據可查的毛子最早的文字是他十八歲作為湖南省全省高等中學校的高材生時的作文，得了老師的滿分，並眉批「傳觀」，因而得以保存。題目是「商鞅徙木立信論」。可以看出毛澤東毫不懷疑地站在商鞅的立場上：「商鞅之法良法也。今試一披吾國四千餘年之紀載，而求其利國福民偉大之政治家，商鞅不首屈一指乎？」而把國民置於對立面：「而嘆吾國國民之愚也，而嘆執政者之煞費苦心也。」真可謂商鞅附體！故而國文教師柳潛批語加以激勵：「自是偉大之器，再加功候，吾不知其所至。」果如所料，毛澤東用馬克思主義法家又一次統一了中國！

中國的傳統思維方式是：把「別人」打了就興高采烈，被「別人」打了就哭天喊地，卻從來不對「打人」——不管是打人還是被打——這一行為本身進行反思。同樣的思維方式，當「商鞅變法」，搞極權，搞軍事化……秦國最終消滅了其他六國，統一了中華大地，史書則大書特書其偉大功績。當「百家爭鳴」徹底消失，民不聊生，又稱其為「暴秦」。殊不知前者是後者的原因、後者是前者的結果。就像你無法證明魏蜀吳三國誰統一中國，人民更安居樂業；或者共產黨、國民黨誰統一中國，人民更平等、自由，你很難證明春秋戰國和秦朝究竟孰優孰劣。不過秦統一之後，政權只維持了十幾年的事實也算是一個答案吧。當然，我這樣提出問題有點滑稽，因為中國人歷來認為「老百姓」不是炮灰就是垃圾，他們幸不幸福是不在考慮的範圍之內的。

什麼是「文明」？岡倉天心（1863-1913年）曾不無諷刺地寫道：「當日本沉迷於溫文爾雅的和平的藝術中時，西方人慣常把日本看作野蠻的民族；相反，當日本在滿洲戰場開始進行大屠殺時，他們卻稱日本為文明的國度。」（參見筆者所譯《說茶》，百花文藝出版社）《說茶》初版於一九〇六年，正值日本沉浸在戰勝俄國的喜慶之中，這可真是冒天下之大不韙！也足見他對日本的「文明化」抱著多麼激烈的態度。因此，就是在日本，對天心的評價也是不一而足。討論明治維新與侵略擴張的關係不是本文的課題，但是必須指出的是：天心的理想與當時日本軍國主義的「理想」是完全不同的兩碼事。遺憾的是：就像當初德國無視尼采的思想一樣，日本也沒有採納天心的「意見」（兩者的共同點還在於都被歪曲、利用），最終走上了自取其辱的道路。

話說回來，因為古代的中國人太自私、太虛偽，致使「合縱連橫」根本沒有可能。由於哲學和契約精神的不在場，只好兵戎相見。假設，我是說假設：古人不那麼自私，也不那麼虛偽，並且當時有「平等」的觀念和邏輯思維的能力，七國成立聯合國，有了矛盾大家就能坐下來商量解決。即使秦國退出聯合國，其餘六國聯合起來，就是打消耗戰，地廣人稀的秦國也未必是對手。弄不好秦始皇沒準在走投無路的情況下開槍自盡。這樣的話，中國歷史肯定就改寫了，現在沒準是一個無比文明、發達的聯邦共和國，不過人口恐怕得有三十億不止！

據說商鞅時代和文革時代的國民都道德高尚，「路不拾遺」。究其原因，不是出於道德，而是出於恐懼。還有，盜賊心知肚明：反正大家都一樣，沒什麼值錢的東西；就是有，偷了也沒處賣去，有了錢反而麻煩。就倫理學而言，商君是「惡」的化身，因而也是「惡」的發明家。不單中國歷史，世界歷史上所有「惡」的典型表現都可以在商君的思想中找到痕跡。不論法西斯主義、馬克思主義、軍國主義的理論，還是以弱去強、以奸馭良、全民皆兵的說法，其目的就是泯滅人性中善的成分、消滅良知。商君的思想被社會體制固定和傳承下來，直到今天。它和儒家一起不斷創造著自私、虛偽、沒有思考和判斷能力、道德淪喪、感情用事的國民。筆者不瞭解目前的官場，據說十官九貪；對比官場，具有獨立思考和判斷真偽善惡美醜能力的知識分子則更為稀有。不如這樣說：正是所謂的教授、學者在不斷製造假惡醜。筆者可以斷言：世界上如果還剩一個社會主義國家，那麼這個國家一定是中國，這也正是統治者和被統治者的共同願望。信不信由你，反正我信……

◎最後說說孔子

與幾乎所有的「學者」不同，本文把孔子排在了諸子的最後。其理由：除了他是阻礙中國人養成獨立思考能力的罪魁，還有就是他的那些教條引起的筆者的生理反應。

想要在孔子的「儒家思想」中尋找哲學，那可真是雞蛋裡挑骨頭！因為在他的儒家思想裡想要找到合乎邏輯的概念就像大海撈針——如果有針的話。自然，想要找到由這樣的概念構成的邏輯更是痴心妄想。廣義地說，儒家的所謂概念幾乎無不屬於倫理學範疇，即使有一些對「認識」或「本體」的討論，所使用的概念也都屬於神話語言或宗教語言。狹義地說，儒家的所謂「倫理學」一方面缺乏哲學的支撐、甚至泯滅哲學的精神，另一方面徹底無視倫理學的最基本原則。

中國人卻不這麼認為——這裡的所謂「中國人」是指歷代作為「主流」或「正能量」的中國人。僅從這一現象就可以看出：中國人對概念與邏輯、對哲學、對科學的認識缺乏到何種程度！

在這一問題上，想要說服中國人，幾乎是沒有希望的。這就像你對不懂外文的人說外語。說「幾乎是沒有希望的」是因為中國——這裡所說的「中國」是指那片遼闊的土地，不管使其遼闊的是蒙元還是滿清——自始至終就沒有為學習這門「外語」留下空間，其結果對於完全沒有概念的東西自然沒有獲取的願望。這是相輔相成的。

我這樣說，或許還是有人丈二和尚摸不著頭腦。舉個例子吧：圍棋（假設中國人對自己的老祖宗發明的東西都有一個概念）。當然，對於不瞭解「精神」為何物的人，這個例子或許又是不倫不類。圍棋與哲學一樣，與智商的分布無關，但卻與智商的開發有關，當代中國的優秀棋手便是證明。圍棋是中國人發明的世界上最偉大的遊戲，不是之一——「四大發明」裡如果有圍棋則會更有說服力。我有個日本朋友，也是東大出身，並且是有名的律師。看到我們下圍棋，總是投以不屑的目光。後來我問其故，他的觀點令我驚訝，但卻不無道理：圍棋培養計較輸贏、精於算計的風氣，甚至鼓勵以計謀欺騙對手的惡習。確實，這大概也是圍棋誕生和發展於中國的原因。但是我也有反駁的理由：任何競技都難免如此，因為它是人與人的角鬥，畢竟不同於數學之類的科學。但是算計與計算、欺騙與戰術還是有著根本的區別，Alpha Go 已經告訴了我們其間的差異。

在圍棋界沒有常勝將軍，這是腦力的壽命所致。但問題不在這裡。最優秀的棋手一般都沒有一定的「方針政策」，都是根據對手的每一著法、根據對手的風格，即時做出判斷和最佳選擇，即所謂隨機應變（參見筆者所譯《超越實地與模樣》，趙治勳著，百花文藝出版社）。因此，趙治勳對武宮正樹的「宇宙流」很不以為然，也因此，前者成了後者的剋星。大概在趙志勳看來，「宇宙流」就是個大定式，讓對手有的放矢。同樣，藤澤秀行嘲笑那些只會背定式的學生（參見筆者所譯《勝負與藝術》，藤澤秀行著，百花文藝出版社）。當然，更應該遭到譴責的是那些只會教學生背定式的圍棋先生。因為他們錯誤地理解了圍棋的目的和精神，扼殺了學生的思維能力。在秀行先生看來，勝負雖然與「名譽」有關，而且直接關係到棋手的生活質量，但是勝負不是圍棋這種遊戲的目的，充其量是一種刺激的手段。圍棋的目的是追求「最善」的一著，並且在不斷的追求，即批判、改良的創新中提高棋手的思維能力，同時也提高作為「藝術」的圍棋的水平。這才是圍棋的「精神」！這恰巧與西方哲學（當然不包括中世紀的主流）的精神相一致。

然而孔子正是那類「教定式的先生」！我們在儒家的「經典」裡找得到那種通過反

思批判、不斷提煉思維的哲學精神嗎？儒家所能提供的都是一些定式的教條！「君君臣臣父父子子」（《論語．顏淵》），不管你如何解釋，就是這類定式的典型，並且是建立在違背倫理道德的基礎之上！獨立思考和照本宣科是完全不同的兩碼事，前者可以培養真正意義上的道德判斷力，後者則是前者的死敵。道理很簡單：不單所有的人不可能處於同樣的境況之中，同一個人也不可能總是處於同一個場景之中。古希臘的哲人赫拉克利特說，「人不能兩次踏進同一條河」，這句話用在這裡應該沒錯。從思想的源頭，儒家和古希臘哲學就已經分道揚鑣了。

說圍棋是一項偉大的遊戲，還因為它能夠促使棋手徹底貫徹「認識」的反思和批判精神，並在此基礎上不斷掙脫舊有理論的束縛、不斷創新。軟件（又譯：軟體）的設計者們證明了戰勝圍棋選手要比戰勝國際象棋（西洋棋）選手困難得多。圍棋是一個相互消滅對手可能性的遊戲。一開始，雙方都有「無限」的可能性，但隨棋局推移，可能性越來越少，走到最後，你就只剩下了一個可能性：勝或負（當然也有和棋，只是可能性極低）。生理原因決定人腦不可能像電腦那樣「窮盡」這些「無限」的可能性，兩者相比，大概像用肉眼和天文望遠鏡觀望星空一樣。在挑戰人類思維極限的時候，寄希望於某種「套路」的想法已經失去了生存的土壤，這不但因為新的套路一旦產生，解套的手法便隨之而來；更因為你在選擇某個可能性的同時卻喪失了更多可能性。儘管你必須選擇，但不能像賭博，孤注一擲。在這裡沒有所謂「信仰」的空間，因為信仰出現在理性思維的極限，就是說，在理性思維消失的地方，信仰就會出現。我們在哲學和宗教的此消彼長中也能看到這一現象。這也是Alpha Go能夠戰勝人的原因之一，這是你弱它就強的關係。因為作為人類，你的最後的選擇很可能是相信「運氣」，但你的戰績和頭銜只能威懾活人，Alpha Go可不吃這一套。同樣的思維方法，但是換一個領域：道德。以道德的教條作為行為的準則與培養判斷善惡的能力是兩回事，甚至是相互矛盾的兩回事，因為前者抑制了後者，而後者為了盡善盡美的目標必須踐踏前者。

據說是孔子首創了「辦學」的教育形式，與此同時，孔子也開創了影響中國兩千多年腐敗的學風！孔子的教學關係是填鴨式的，這從《論語》中就可以看出：一方「誨人不倦」，全知全能；一方「學而不厭」，從不懷疑。尚古者美化孔子，認為孔子所言是雙向的：對己對人。那麼是否可以提供一個範例？在孔子那裡，我們看不到古希臘的學風，比如辯論，以及為了證偽而提問。固然，孔子也有「教學相長」的說法，但是其關係與「君臣父子」相類，還得有一個先天的「弗學不知其善」的「至道」。

上述學風之所以存在還有著更深一層的原因：「平等」是否在場。前面也提到：「平等」並不是一個新詞，早在西元前的古希臘就已存在，與其孿生的觀念還有「民主」。西元前四三〇年，在雅典人紀念死去的戰爭英雄的集會上，伯里克利（Pericles，前495-前429年，又譯：伯里克里斯）就主張：「當私人糾紛產生時，所有人在法律面前一律平等。」更早，波斯人歐塔涅斯（Otanes）認為：「人民統治的優點，首先在於它最美好的名聲，那就是——在法律之前人人平等。」並且這些觀念還體現在一些國家的政治體制之中，雖經漫長的中世紀的打壓，非但沒有消亡，反而生命力日趨旺盛。真正意義上的「道德」和「法律」就是建立在「平等」的觀念之上。或者這樣說：不以「平等」為前提的「道德」和「法律」都是「偽道德」和「不公平的法律」。順便插一句：黑格爾似乎認為在中國，除了皇帝高高在上以外，其他人都是平等的。實際上，在中國社會的每一個細胞都存在著不平等，只是人們已經習以為常、不以為怪罷了。難道真的存在另一種可能：中國人揣著明白裝糊塗？

「大浪淘沙」，在中國的歷史長河中，那些被淘汰的往往含金量比較高，而留下來的大抵是糟粕！這真是個有趣的現象。據說楊朱就有「損一毫利天下，不與也；悉天下奉一身，不取也；人人不損一毫，人人不利天下，天下治矣」（《列子．楊朱》）的說法。如果說中國古代真有什麼「民主」思想的萌芽，那麼楊朱的說法可謂首屈一指。不過他的理念、或說理想，在戰國時代毫不現實，簡直就是「烏托邦」：如果人人一毛不拔，統治者吃什麼？這顯然行不通。大概這就是楊朱的著作沒有流傳下來的原因吧。非但如此，楊朱還被世人冠以「一毛不拔」這個成語的版權持有者，可謂黑色幽默，跟「人血饅頭」[4]能有一比。

與楊朱相對的是墨翟。據說墨子主張「兼愛」。但是「愛」的理念同樣應該是建立在平等的前提之上，就連夫妻之愛也是如此。而墨子的「愛」卻是以利害為前提，如果沒有作為條件（地位、財富）的平等，「兼相愛、交相利」只能是「烏托邦」，最好的例子恐怕也只是「大款」和「小三」之間的愛情：互相占有或者「等價交換」。日本甚至有

4　人血饅頭：舊時民間迷信，認為人血可以醫治肺癆（肺結核）。魯迅的小說《藥》即描寫了革命者流血犧牲而不獲群眾理解，他們的鮮血反被無知迷信的人做成人血饅頭去醫治肺癆。此語現多用來諷刺利用他人的不幸獲取利益的行為。

更「完美」的例子：「援助交際」，但還是被認為是不道德的行為。

中國古代確實有一些貌似相當不錯的「理論」，只是深度不夠，楊朱和墨翟就是例子。兩者貌似對立，實質是一體。作為哲學命題缺乏能夠滿足這一命題的前提條件，作為行動綱領又沒有得以推行的現實基礎。它們就像中國美麗的詩詞和繪畫，只能欣賞。我們只能猜想：如果他們的理論能夠再深一步，並且通過教育深入人心，進而在制度上得到保障，中國的歷史肯定會被改寫。

孔子的「君君臣臣父父子子」便是建立在不平等這個「先天的」觀念之上，而「禮」則是固化這個不平等觀念的工具。像所有中國「思想家」的綱領一樣，孔子的這個綱領，或說治國之道也可做多種解釋。這是古漢語作為日常語言的「優點」，也是中國思想家的狡猾之處：可以給發揮留有餘地。但是不管你把這個說法按動賓結構還是主謂結構來解釋，都是在「手段」上兜圈子。如果我們承認部分能夠構成整體，那麼同時也應該承認全體賦予部分以意義或說價值：沒有大象，大象的鼻子毫無意義（當然，在中國，象牙只有離開大象才有意義或說價值）！在孔子的觀念之中，社會是一個由階級構成的「金字塔」，與此相應的是：他的理論也是一個以「君君臣臣父父子子」為總綱的金字塔形狀的網。在這裡，忽視整體而討論局部毫無意義，只能是有意無意的誤導，而這正是統治者的希望所在。說孔子是個「哲學家」就是一個別有用心的誤導。與其說他是「哲學家」，不如說他是個「非哲學家」或者「反哲學家」。

筆者並非要求中國古人也具有「平等」的觀念（中國古人缺乏平等觀念屬「天經地義」），而是指出「道德」必須以「平等」為前提，否則就是偽道德。當然，「法律」也是如此。以孔子的理想、即所謂「君子」為例：君子和老百姓是無關的，正所謂「禮不下庶人」（《禮記．曲禮上》）。不管如何美化孔子的「理論」，這個對百姓以刑，對官僚以禮的雙重標準是無法無視的。這裡有真理嗎？這裡有哲學嗎？如果說孔子的理論屬於倫理學範疇，那麼可以說，他連最起碼的公平、正義的精神都沒有，遑論「平等」！孔子的這種觀點到了朱熹那裡得到了進一步發揮，簡直就成了「缺德」！孔子就是孔子，給孔子扣上哲學家的帽子實際上害了他，讓他連「和事老」都做不成了！

這裡也並非試圖用今人的眼光看待古人，而是有一個參照物，還是古希臘哲學。前面提到：「民主」一詞也源於古希臘，並且當時確實存在著各種實踐這一理念的民主體制，其中以雅典最為著名。儘管它有著各種缺陷，但仍然不愧為後世的楷模，其精神貫穿了許多國家的歷史。這就是筆者為什麼主張：阻礙中國社會發展的禍首是儒家，首推孔子！和法家一樣，他們一切所謂理論的前提都是維護既成的皇權統治的正當性，懷疑這個正當性是超越他們的想像力或說智商的。儒、法不同的僅僅只是手段——是依仗道德還是法律。你在他們的著述裡找不到哲學的影子，說是倫理學吧，不如說是一些沒有哲學支撐的道德說教，或曰「偽道德」。荀子甚至創造了一通奴才「哲學」，與其比美的就是《商君書》，在那裡，法網之下，百姓的待遇甚至不如牲口。

更為災難的是：這種虛偽的道德——即「偽道德」——似乎是要維持社會的正常運轉，實際上卻掩蓋了不平等而造成的矛盾。它不但使中國人變得更為虛偽、自私及由此帶來的必然結果：道德敗壞；更可怕的是阻塞了「改良」的道路。一旦矛盾激化，隨之而來的只能是你死我活的農民起義和軍閥混戰，正所謂「分久必合，合久必分」，永遠的換湯不換藥。這就是中國人擺脫不了的宿命，或者叫作「怪圈」、「輪迴」。究其原因，孔子的偽道德首當其衝！當然，其次是偽法律。相對於平等觀念，孔子的「學說」就是忽悠；從對待這個忽悠的態度中，也可以看出某某「學者」是否具有平等觀念。「滿口仁義道德，一肚子男盜女娼」一般用來形容某一種人，而實際上是一種必然現象，「對立統一」：「一肚子男盜女娼」需要「滿口仁義道德」來掩飾，正如「滿口仁義道德」需要「一肚子男盜女娼」來發洩。非要製造一個極端，必然另一個極端會隨之而來，堵塞了正路，只好走邪路，於是搶、騙、偷變成了像空氣一樣不易察覺的中華優秀傳統之一了。

來一段插話：很多人，包括孔子，以為道德是教育的結果，其實不盡然。舉個簡單的例子：筆者長期生活在日本，最先發現的是日本的飯館、車站、公園、街道、海灘……都比較乾淨，幾乎沒有隨地吐痰或亂扔垃圾的現象。一旦發生這種現象，肯定會引來旁人的側目。開始我也以為是教育的結果，但是時間長了才發現，他們在這方面的教育上，並沒有下什麼功夫，和中國簡直無法相比。事實是：促使他們形成共識的是一種「主人翁」的態度，就像這街道、公園是他們家的一樣！再看中國，即使是那些愛國憤青們聚集之後，「杯盤狼藉」都是必然結果，就好像這個飯館、街道……國家不是他們家的一樣。不過這一事實好像就是在證明：這個國家就不是他們的！

這僅是一個例子。一個國家的整體道德狀況，或說水準也是如此。

黑格爾對孔子的評價很到位：「我們看到孔子和他的弟子們的談話，裡面所講的是一種常識道德，這種常識道德我們在哪裡都找得到，在哪一個民族裡都找得到，可能還要好些，這是毫無出色之點的東西。孔子只是一個實際的世間智者，在他那裡思辯的哲學是一點也沒有的——只有一些善良的、老練的、道德的教訓，從裡面我們不能獲得什麼特殊的東西。西塞羅留下給我們的《政治義務論》（又譯：《論義務》）便是一本道德教訓的書，比孔子所有的書內容豐富，而且更好。我們根據他的原著可以斷言：為了保持孔子的名聲，假使他的書從來不曾有過翻譯，那倒是更好的事。」黑格爾如果對孔子的用意有更深的了解，評價會也許更加精彩。簡言之：中國的「洗腦術」源自孔聖人。

前面說過，本文不可能，也不必要面面俱到，因為這裡只關注原則問題，希望達到一斑見豹的效果。這裡所說原則問題就是：哲學是一種思維方式，不同於神話、宗教、藝術的是，像任何一門科學一樣，它有其獨自的手段：經過界定的清晰的概念、經過嚴密的邏輯的推理、在此基礎上提出的合理的命題。還有，自始至終的懷疑一切的精神。如果原則出現了問題，細節的討論也就失去了價值。借用孔子的話說：「《易》曰：『君子慎始。差若毫釐，謬以千里。此之謂也。』」（《禮記．經解》）說得多好，但這屬於常識，並非哲學。

後人對孔子的評價，頗似瞎子摸象，不得要領。這是因為缺乏哲學素養的原因。簡明扼要地說：孔子一生只有一個工作，即是（為了混得好一點）不但自己要作君子，而且教導他的弟子們也要作君子。所謂「君子」顧名思義就是「國君之子」，或曰「貴族」。由於孔子認為人心不古、周禮崩壞，於是寄希望於新興的貴族，也就是他定義的「君子」。君子承上啟下，外以禮、內以仁。這個「禮」不但是個人行為，也能成為社會秩序的約束力；「仁」呢，「克己復禮為仁」，孔子如是說。也就是說，「禮」和「仁」表裡一體。這些說法似乎並不陌生，陌生的是如何把它們放在一個更大的框架，即人類文明的框架之中來進行審視！或許屬於老調重彈，並且在中國人看來還屬於「非主流」，可見中國人對「平等」多麼陌生，也足見中國人缺乏追求「理念」的精神到何種地步！至今，「君子」都是中國「知識分子」的理想。

總而言之，為什麼在中國歷史上，春秋戰國時代的諸子百家顯得光彩奪目？道理很簡單：因為自商鞅變法以後，中國再也沒有獨立思考的空間。在精神上，中國人成為了「閹人」，不論統治者，還是被統治者。不管你承認與否，中國人ＤＮＡ裡的自由精神已經被閹割了。至今我們還在眷戀未被閹割的少年時代，還在為兩千多年前的孔子、商鞅而感動不已，這就是明證！因此，在只有窯洞的黃土高原上，土坯房子也令人驚嘆。如此而已。

【三】儒家

儒家的所謂「概念」幾乎無不屬於倫理學範疇，即使有一些對「認識」或「本體」的討論，也都屬於神話語言或宗教語言；至於科學語言，在中國往往被視作異端而遭到鏟除。相較於此，王陽明「心外無物」的必然結果就是「知行合一」，反倒成了照妖鏡，是中國思想史上最偉大的貢獻。

本篇指源自孔子的思想傳統及其代表人物。之所以主要談儒家，是因為已經沒什麼其他值得一談的「家」了。

如果按照「老子英雄兒好漢」的血統論追究儒家的出身，那麻煩可就大了。據有人說《說文解字》不但是中國最早的字典，也是世界最早的字典。究其原因，估計是因為漢語以字為最小單位，而外國一般以詞。如果以詞為單位，早在古希臘就有了「詞典」的雛形。據說《說文》出自東漢許慎（西元30-124年待考）之手，但與他的其他著述一樣下落不明。今天能看到的《說文》經過歷代「八仙過海各顯其能」的校正、增改，已經「與時俱進」、幾乎面目全非了。我們很難斷定其注解是否還是東漢時代許慎的原意，只能「猜」。根據所謂「東漢許慎的《說文解字》」，「儒」：「柔也，術士之稱。」根據職業的起源，「術士」在遠古的原型應該是從事喪葬儀式的專職人員，之後衍生出算命先生或占卜師之類。我們至今還能找到這種保留完好的「活化石」。由此再演變成「儒生」及具有現代意義的「讀書人」，應該又經歷了文字誕生和形成的漫長歷史，以及「四書五經」成為「書」的主流過程。這一過程也表明儒、道本是一家，或說儒生於道。不過這倒符合世界文明起源於神話的通說。「柔」應該是職業特徵，或從事該職業人員的必備素質。根據《說文》：「柔：木曲直也。」給想像留下了廣闊的天地：可曲可直，左右逢源，但不能「寧折不彎」，又演變為「好死不如賴活著」、「留得青山在不怕沒柴燒」等傳統觀念。「柔」用作動詞：使其柔軟，調和、中庸、和稀泥等等。兩千多年來，所有的「儒生」都在著書立說、試圖抹去或美化那個不怎麼光彩的出身，使其盡可能冠冕堂皇一些。順便提一句：好的詞典可以用詞典裡的詞彙解釋詞典裡的任何一個詞彙，它像一個循環著血液的生命體；但是《說文》不具備這種特徵，你想追究下去，必將走進死衚衕。不信你就試試。

龐大的「中國學問」是一個圈套，正如「第二十二條軍規」。在你瞭解它之前，你當然無法對它進行判斷；但是當你終於全「搞懂」了，很有可能已經垂垂老矣、痲痹得失去了判斷能力，就像吸了海洛因，特別是對還沒搞懂何謂哲學的人而言。順便說一句，如果作品真是生命、也有智商的話，《第二十二條軍規》（*Catch-22*）[5] 堪稱高智商的傑作，但是卻沒有獲得諾貝爾文學獎。筆者並非以諾貝爾文學獎作為判斷文學價值的標準，而

5 《第二十二條軍規》（*Catch-22*）：美國作家約瑟夫・海勒（Joseph Heller）寫於一九六一年的長篇小說。

是惋惜文學評獎委員會又錯失了一次證明自己眼力的良機！那些「正統」的老學究們不是用眼睛，而是用耳朵來判斷，說他們不懂文學也許有些過分，但可以肯定的是：他們實在理解不了什麼是「文學精神」！

什麼是「中國學問」？

舉個例子。前面已經提到古代漢語的缺陷，即其文字無法作為「科學語言」，因為只可意會（想像），不可言傳（定義）。更糟糕的是：無法斷句！而斷句是理解的條件。你可以說古人愚蠢，在創造了那麼多文字的同時卻沒有想到創造幾個標點符號；你也可以說古人聰明，讓後人隨便斷句，以便總能找到一種冠冕堂皇的說法。

孔子云：「民可使由之不可使知之」（《論語．泰伯》）就是這樣的典範。短短十個字，至少有五種讀法，像是玩遊戲：一，「民可使由之，不可使知之。」二，「民可，使由之；不可，使知之。」三，「民可使，由之；不可使，知之。」四，「民可使，由之不可，使知之。」五，「民可使由之？不！可使知之。」

如何斷句？立場決定觀點，觀點決定解釋，即屁股決定腦袋，而不是反之。這與科學的解讀方法相反，卻很符合中國人的「思維」習慣：所謂「唯我獨尊」。不過，智商居於中等以上的人都能看到：斷句不同，但本質一樣。不管「民」與「之」被如何定義，孔子所言無非是一種馭民之術。如果承認整體賦予部分以意義，你根據孔子的「社會結構圖」大致可以推查他的句號逗號，儘管這推查畢竟是推查，是否孔子的本意還是有待商榷。因為孔子沒有給概念以定義的習慣，所以其所謂的「理論」只能停留在「忽悠」的水平。

日本（當然不單日本）有個現象，對應的詞彙是「ゴミ屋敷」，翻譯成中文：「垃圾住宅」。一條潔淨的小街或是什麼地方，有一些住宅，屋主完全是出於「天生的興趣」——一種病態心理——專門保留一切毫無價值、也就是說純粹意義上的垃圾，數十年如一日，以至於連睡覺的地方都沒有，只好睡在垃圾堆上。臭氣四處飄散，周圍苦不堪言。據說這也是在保護私有財產的法律範圍之內。幸好具有這種病態性格的人並不多見。你想干涉他嗎？他受法律保護，並且運走如此大量的垃圾需要一筆昂貴的費用。這一現象頗似「中國學問」，統治者當然不但不會出面，反而樂此不疲，不添亂就已經很不錯了；而「財大氣粗」如胡適那樣想到「整理國故」的中國人又實在絕無僅有。形象地說，「中國學問」就像一塊黏鼠板，你一旦黏上，越是想要逃離，就被黏得越牢。所有的歪理邪說都不經反思和整理，反而冠以「思想」、甚至「哲學」的頭銜保存下來，以備不時之需。N千年的文化垃圾堆放在那，占據著中國人思想和生存的空間。它不但不能使你聰明，反而只能使你愚蠢或者狡詐。

◎從漢．董仲舒到宋．朱熹

西漢的董仲舒（前179-104年）的「學說」就是這樣的文化垃圾，他甚至給孔子的學說披上了宗教的外衣，或說為孔子的學說找來了「神學」（源自「易」的陰陽五行說）的根據，這是一步災難性的倒退，從此率領中國人走上了迷信的歧路。他的「罷黜百家，獨尊儒術」、「大一統」、「天人感應」、「前德而後刑」，無不是為了徹底消滅哲學精神，居然有中國人稱之為「哲學家」！以此類推，連算命先生也應該排在哲學家之列！

據說在中國歷史上影響力僅次於孔子的是南宋的朱熹（1130-1200年）。先抄錄一段文字：「凡有獄訟，必先論其尊卑、上下、長幼、親疏之分，而後聽其曲直之辭。凡以下犯上、以卑凌尊者，雖直不右；其不直者，罪加凡人之坐。」（《朱文公文集卷十四．戊申延和奏札一》）您猜猜，這是誰說的？如果您尚且不知，那麼也許會說：「這他媽的是哪個混帳說的！滿嘴噴糞！」還別生氣，這就是朱熹說的！還不是隨便說說，而是給皇上的奏折！明碼地暗示皇上：我就是您的一條狗！短短的一段文字正是朱熹的精準素描，也是孔子代表的儒家的精髓！就是這麼一個人，你還指望他能追求真理？如果他有「理」，也是歪理，他的理越是「完善」，社會就越是黑暗！就是這麼一個人，居然左右了元、明、清的政治和科舉！就是這麼一個人還被後人尊稱為「朱子」！可想而知，中國人有多麼愚昧，或者說，統治者多麼能忽悠！

反覆強調並不為過：在討論與善相關的倫理、道德、法律的時候，前提是理解「平等」這一概念，因為平等是倫理、道德、法律的基礎。或者這樣說：與其說「平等」是法律的精神，不如說是法律的前提。沒有這個前提，法律就不足以成其法律了。這樣說是根據真理必須具備普遍性這一哲學命題。可以說：平等是最高的道德；而不以平等為前提的道德和法律都是違背道德和法律精神的，或說不道德的、違法的、虛偽的，用漢語中的日常用語說：「忽悠」、「唬傻屄」或「傻屄唬傻屄」（因為實在找不到更恰當的詞彙，請勿對號入座）。由於中國自古以來就缺少哲學教養，所以「忽悠」成了中華文明的優秀傳統之一。就像這位不知「善」為何物的朱熹大談「性善」一樣!有些人還把朱熹捧成「哲學家」,你們懂哲學嗎?朱熹連最起碼的哲學素養都沒有!先不說朱熹根據儒家的習慣或說成見,把社會和人分成三六九等,這大概便是他的「天理」(宗教語言)使然;就說他的「性即理也,當然之理,無有不善」,沒有概念的界說,沒有邏輯的推理,就這麼武斷!據說他的「性善說」源自孟子,不久還被某人(待考)編成教科書《三字經》,開篇「人之初,性本善」,首先,「善」是一個判斷,或說一個後天的價值判斷,這是朱熹們做夢都想不到的。要弄懂這個簡單的道理,中國人需要幾千年,甚至也許會更久!

然而「欲」卻是先天的。朱熹顛倒次序,就是要為國民徹底實施閹割手術。儒家的「存天理,滅人欲」到了朱熹那裡成為了理論綱領:「聖人千言萬語只是教人存天理,滅人欲。」(《朱子語類.卷十二》)和主席的「馬克思主義的道理千條萬緒,歸根到底,就是一句話:造反有理。」(〈在延安各界慶祝斯大林六十壽辰大會上的講話〉)屬於同種文風。一方面「性即理也,當然之理,無有不善」;另一方面「存天理,滅人欲」,讓本是一體的性欲分家,真夠糊塗!朱熹的理論如果可以叫作「哲學」,那麼他的「哲學」從第一步就走上了反哲學的歧路。「天理」這個詞如果可以叫作「概念」,那麼與其說它是哲學概念,不如說是神學概念、宗教概念。人是欲望的集合體，欲望既可以行善也可以作惡。就如求知欲所掌握的「知」既可以是真理，也可以是謬論。朱熹的知識因為從第一步就走上了歧途，不管他如何求證，他的知識只能是偽知識，其結果是：他的做人也只能做到偽君子的程度。不過他為中國「知識分子」樹立了升官發財的光輝榜樣。

「天」可以是一個神話概念、宗教概念、日常用語、科學概念、政治概念、藝術概念……。在中國古代，「天」是一個最為常用的詞彙，因而也是一個最為模糊的概念。它未經定義，可以隨手拿來用在任何搞不清楚的地方。這也說明它不是一個科學概念，而更像一個「政教合一」的概念，至少神話概念，就像「上帝」。「敬天」不單是理學的核心思想，而是中華文明的命脈，源遠流長（「天尊地卑」），延續至今，並且萬變不離其宗。即使如香港這樣經歷過長期外族管治的地方也不能例外。「天滅中共」、「天佑中華」很容易讓人聯想到天理教起義。順便插幾句，「理學」的先行者據說是北宋的周敦頤（1017-1073年），他把儒、法、道融為一體：用道家的思維方式為儒家尋求支撐，並輔之以法家的觀念。沒什麼新花樣，當然，更沒什麼正經的哲學語言。不過，必須提到：如果沒有他，也許「哲學」這個中國詞彙就會以另一種面貌出現了。因為「哲學」一詞來自日本幕府末年啟蒙思想家西周，據說他在翻譯希臘文的「愛智」時，參考了周敦頤《通書》中的「士希賢」一句，因而創造了「希賢學」，進而「希哲學」，最後定著為「哲學」。類似的還有「形而上學」（metaphysics）一詞，也是出口轉內銷：明治時期的井上哲次郎（1856-1944年）根據《易經》中「形而上者謂之道，形而下者謂之器」點化而成。也正是這個周敦頤，授業二程，弟弟程頤又啟蒙了朱熹，成就了「新儒學」的理學學派；哥哥程顥與心學學派的創始者陸九淵又有著幾分類似，乃至引起兩百多年後明代王陽明的關注。陸九淵確是個神童，據說十三歲便對心學的精神有了「頓悟」，因而朝著哲學邁出果敢的一步。個性如此鮮明，即使受到了誰的影響，這影響也不可能左右他固有的信念。之所以不能成為正統，這當然與中國的文化傳統有關。

上述日本那種不土不洋，或說「東西結合」的現象是一個饒有興味的問題。西周正是處於日本新舊交替時期的關鍵人物之一。西周出身儒學，而後留學歐洲卻成為儒學的批判者。明治維新以前，儒學、理學在日本有很大的影響，具有「漢學」修養就像姑娘挎著LV的皮包一樣榮耀。那時的日本有點中國的粉絲的味道，中國什麼都好。日本的突然改變與列強施壓和幕末的這批留學生有很大關係，他們大開眼界，就像哥倫布發現了新大陸。他們發現不但可以用科學的方法治學，而且還可以用科學的方法治國，以代替被中國人吹得天花亂墜卻解決不了根本問題的宋明理學乃至儒家思想。「新國語」的出現也正是抵禦漢字的結果。我甚至懷疑：這種「受了騙」的感覺，從精神分析學的角度看，是否也是日本進行報復、發動甲午海戰的心理要素之一呢？可惜，似乎沒有關於這方面的分析文章可供參考。

前面提到漢字的各種缺陷，這裡再涉及一點，比方英語，你只要會讀二十幾個字母，因為讀寫相關，即使你是個英國「文盲」，只要會說話，也會八九不離十地看懂報紙。但是漢語卻不行，漢字的讀音和字形毫無關聯，你必須經過一個較為漫長的學習過程，一個一個把漢字和它的讀音聯繫起來，才能由淺入深地看懂文章。這是一個門檻，專為底層勞動人民設置，為了統治階層更便於忽悠。當然，這也是中國人普遍文化程度不高，甚至文盲過多的原因之一。魯迅也有類似的觀點：「方塊漢字真是愚民政策的利器，不但勞苦大眾沒有學習和學會的可能，就是有錢有勢的特權階級，費時一二十年，終於學不會的也多得很。」（《且介亭雜文・關於新文字》）說來慚愧，我這個所謂世界名牌的課程博士還時不時遇到讀錯了、甚至讀不出來的漢字！

日本也經歷過這樣的困惑。明治時代，隨著西洋文化的發現，「國語」改良登上了議事日程。一種觀點認為應該用外語代替日語；另一種主張從日語中取締漢字，因為假名本就是表音符號。其中，西周的文章題目就是〈論用洋字代替國語〉。在他之前，較為著名的說法屬於文部大臣森有禮（1847-1889年）的「國語外國語化論」：不用歐洲的某種語言代替日語就不可能跟上先進國的步伐。其實，類似的說法在中國也能找到，例如錢玄同、魯迅的「漢字不滅，中國必亡」（《魯迅論語文改革·與〈救亡情報〉訪員談話》）。日本最後似乎是採用了福澤諭吉較為折中的「漢字節減論」：去掉複雜的漢字，兩三千漢字足夠……這本書就只用了約兩千漢字，不覺得有什麼不便……（《文字之教》）在這個意義上，我們似乎可以說，日本雖然在創造才能上難比歐美，但是在知錯就改上卻值得尊敬。這也是中日之間的一大差別，中國一般是將錯就錯、一錯到底。

插話有點長了，話說回來。據說諸子之中有一個叫「告子」的（查無實據），認為人性無善惡，就像水，可以向東，也可以向西。這還有點靠譜，有點像「近朱者赤，近墨者黑」的說法，並且與後面將要談到的王陽明的「無善無惡心之體」的說法十分接近。遺憾的是，告子也沒有著述留存下來。僅就所知，所有這些都是用比喻或象徵的手法來表達的，沒有概念的界定和邏輯的推理留存下來讓我們借鑒。根據朱熹的理論，我們是否可以說：貓之初，性本惡；狗之初，性本善；狼之初……牛……呢？你也許會說：貓不是人！但是「天理」為什麼不降臨在貓的身上呢？說到底，這個「天理」也是他朱熹的臆造。這可不是矯情，而是做學問的基本態度。

孔融讓梨的故事之所以家喻戶曉是因為像孔融這樣「天生」就「善」的孩子就像「董存瑞、黃繼光」[6]一樣十分稀少。朱熹既然「格物致知」，那麼他應該能從這個簡單的故事中領悟點什麼。但是很遺憾！西方的很多心理學家都是借助對兒童的觀察而發現了心理學的一些原理，或試圖從「個體發生」中尋求「種系發生」的一些規律，但是這些最基本的科學觀念在朱熹那裡卻無跡可求。

據說與「性善論」相對抗的「性惡論」的代表人物是荀子，並且人性善還是惡居然在中國爭論了上千年，不是有人在忽悠，就是智商實在有待開發！如果換一種說法，說「自私是動物的生存本能，因而也是人的生存本能」，或許還有些靠譜。但是自私卻可

---

6 董存瑞、黃繼光：為分別在韓戰、第二次國共內戰中犧牲的解放軍，其事蹟在中國被塑造成英雄故事。

以導向不同的結果，既可以導向獨裁，也可以導向民主，即保障所有人「自私」的平等權利。說到這，忍不住插兩句：目前有個「法輪功」，和「新儒家」一樣，也是張口中華文明五千年，閉口「三字經」。我真是搞不明白，如果他們受迫害屬實，那麼他們怎麼還能相信上千年來維護統治的理論支柱呢？還有那個「真善忍」，不倫不類，說是對真理的歪曲，他們又會跳腳！無論哲學還是宗教，「忍」都是「善」的從屬概念，是「善」的手段之一。作為綱領，這是難以饒恕的概念和邏輯上的混亂！「忽悠」有諸多技巧，前面提到的混淆種概念和屬概念就是其中之一。這和如今從者眾多的「爆料大王」郭文貴的「郭七條」一樣，自相矛盾！一個沒有哲學的民族不可能有共同語言，因為他們沒有抽象思維憑借的工具！這就是中國的悲哀！這不是打倒了誰就可以解決的問題，而是如何使哪怕百分之一、甚至萬分之一的中國人具有理性思維能力的問題。

◎明．王陽明

如果把中國思想比作起伏的山丘，進而把春秋戰國時期比作一個顯著的突起，那麼明代便是另一座突起的山丘。這個突起的頂端站著王陽明（1472-1529年）。雖說他整體上也是個儒家人物，但是他提出的兩個命題卻是純粹的哲學命題：「心外無物」和「知行合一」！而這兩個命題又有著所謂「一元論」的堅實基礎。

但是，這裡仍然有概念的科學性問題。王陽明的「心」應該也是上承孟子的「心」。根據孟子的文脈，他的「心之官則思」（《孟子．告子上》）的「心」應該是指現代漢語的「心臟」。古代西方固然也有以「心」為精神的容器的提法，但其「精神」還是偏於感性，特別是在藝術方面，例如「Oh My Heart」。古埃及人也認為精神發源於心臟，因此在製作木乃伊送逝者進「天國」的時候，心臟要留在體內，其他臟器裝在罐子裡陪葬，大腦反而被掏出來扔掉。直到西元前五世紀，被稱為「醫學之父」（Father of Medicine）的古希臘醫生希波克拉底（Hippocrates，前460-前370年）指出癲癇的病因出自大腦：「是大腦使我們能夠思考、理解、看見、聽到，使我們能夠知道美醜、善惡，以及快樂與悲傷。」（《癲癇論》）正是他，開創了作為科學的醫學。持「腦之官則思」（腦心說）的還有柏拉圖。不可思議的是，他的學生亞里士多德卻持有「心之官則思」（心心說）的觀點。

接著，古羅馬醫學家蓋倫（Galenus，129-200年）提出了大腦是感知的器官，小腦是控制肌肉的器官的說法。據說他是人類歷史上第一個解剖大腦的人。其後，由於基督教禁止人體解剖等原因，醫學停滯了近一千五百年，直至文藝復興，科學才又登上了歷史舞台。其間，英國的「經驗論」（培根，1561-1626年）和法國的「演繹法」（笛卡爾〔又譯：笛卡兒〕，1596-1650年）都對弘揚理性、使科學擺脫神話、宗教的束縛走上正軌起到了決定性的作用。

那麼，中國是什麼情況呢？

在中國N千年的歷史中，「主心說」是主流，直到明代，主心說仍是「正能量」，此時晚生於王陽明的李時珍（1518-1593年）在《本草綱目》中提出「腦為元神之府」，才有了稍稍扭轉局面的可能。根據人體解剖以尋找答案的是兩百多年後的清代名醫王清任（1768-1831年），他再次提出了「靈機記性不在心在腦」（《醫林改錯》），並強調醫學科學的最基本常識：「著書不明臟腑，豈不是癡人說夢？治病不明臟腑，何異盲子夜行。」不過孤掌難鳴。「主腦說」占據上風一事，還是得等到國門被打開、西醫進入中國之後的事了。

就像「人性善」、「人性惡」爭論了N千年一樣，「主腦說」、「主心說」及其變種的爭論也在延續，確實有點不可思議。筆者遇到過這樣的說法：「有那麼難嗎？心臟有病而頭腦清醒的人很多，因頭部受到創傷而失去了思考能力的人也不少，這不是明擺著的嗎？」但是中國的問題並不像他想的那麼簡單，否則那麼多儒家經典怎麼辨？

提及這些或許人盡皆知的舊事只是為了說明如下的道理：迷信已經被語言所固定。據說《說文解字》中有二百八十個與精神有關的文字，都含有「心」（包括「忄」這一部首）。迷信隨著語言傳承下來，也繼續傳承下去。不但在日常語言中，例如「心想事成」這樣的說法比比皆是，也出現在哲學語言中。彷彿一個圈套，只要你使用漢語就難免出錯。這就像在中國，無論你如何選擇自己的行動，都可能是錯的一樣。

在生理學上區分心與腦只是第一步，因為大腦的運作仍然無法解決「精神科學」的諸多問題，只有進一步的細分化，才能使精神科學的概念更加具體並構成體系。在這個意義上，即使把「心」解釋為「意識」，仍然避免不了它的局限性。提起這一點不是想譴責孟子的迷信流傳久遠，而是因為我們馬上就會看到概念的精確程度及系統性與哲思的深度、廣度有著直接的關係。

「心外無物」！中國如果有哲學，那麼「心外無物」就是其中最為哲學的命題！其要旨在於「心」即是「物」，「物」即是「心」，心物一體。也因此，王陽明還被冠之以「主觀唯心主義」的高帽。本文無意逐一深入哲學的所有基本觀念，但是這裡似乎應該指出：中國的所謂「唯物主義」、「唯心主義」，還有「一元論」、「二元論」等等都是出於某種目的、或由於無知而「創造」或說「捏造」出來的「偽概念」，就像「地富反壞右」[7]那樣的「高帽」。這樣說是因為這些詞都是出於同一種簡單化、格式化的思維方式。所謂「唯物主義」實際上只是一個圈套。邏輯很簡單，一想就明白：如果它是一個真理，那麼共產黨就不會那麼拼命地為人民洗腦了。

進入二十世紀，哲學家們才清醒地認識到一個其實十分簡單的問題——或者這麼說，才因此改變了看待問題的視角：沒有人，世界無法想像；不被人認識的世界更是無從談起。要想解答「世界是什麼？」，先要考慮「人是什麼？」，而要回答「人是什麼？」，還需要一個「第三者」。只有這個「第三者」才能使對立的兩極「統一」起來。把人與世界聯繫起來的紐帶是「認識」。認識的結果是「知識」，正是這個知識才構成了人類的「文化」！因而「文化哲學」應運而生。因為「世界是什麼？」是人的提問，因此更合理的說法應該是「我們知道或不知道的世界是什麼？」說的好像有點簡單，而實際上就這麼簡單。哲學還相當年輕！

又忍不住插幾句：記不得在哪裡曾看到一篇中國人的文章，說正如尼采所說「上帝已死」一樣，哲學也死了！身為智商鑒定所所長，我的職業道德是絕不歧視智商欠缺的人，有可能的話只是建議他們從事一些能夠對智商開發有益、或適合自己的工作。但是這並不是說我應該對他們的愚蠢想法視而不見。說「哲學已死」與說「數學已死」或者「醫學已死」一樣荒謬（且不去追究其動機）。哲學也會徬徨，甚至止步不前，但是決不會消亡。歐洲哲學經歷了漫長的中世紀不但沒有消亡，反而煥發了青春；在中國，哲學更像是一個柔弱的胎兒遇上了難產。但是只要精神還在，或說人類還在思考，哲學就必然存在，哪怕生存條件再惡劣。

據說理論物理學家、理論宇宙學家霍金（1942-2018年）也持有上述那種觀點。在《大設計》（*The Grand Design*）開篇就提出了「哲學已死」。這說明霍金確實沒認真讀過什麼正經的哲學著作。因為他畢生的追求證明他和貝克萊（George Berkeley，1685-1753年，又譯：柏克

7　地富反壞右：指地主、富農、反革命分子、壞分子、右派，這五種人在文革時期又被稱為「黑五類」，是中國共產黨前三十年統治下的政治賤民階層。

萊）同屬一類，不同的只是「存在即是被感知」與「存在即是被推理」之間的不同，一個強調感性、一個側重理性。否則，如何回答這樣的問題：宇宙有一千億個星系，我們是否孤獨地生存在這浩瀚宇宙之中？他形象地比喻：我們處於一四九二年哥倫布發現新大陸之前的狀況，「宇宙大發現」……「會徹底改變人類的未來，甚至決定人類是否有未來。」（〈慶祝美國國家航空航天局成立五十周年〉）因此，他才會說：「沒有一個理論，宇宙就會消失。」不過，霍金卻像其他一些科學家一樣用自己的理論證明尼采的「上帝已死」，儘管方法不同。

說到霍金，不妨多說兩句。霍金之所以沒有得到諾貝爾獎，原因似乎是他的理論目前尚且無法證實，畢竟屬於一個「猜想」。根據目前科學的進展速度，證實霍金理論的正確與否，樂觀地說至少五十年，甚至兩百年，也許永遠也無法得到證實；因為，例如根據康德的觀點，它進入了「不可知」、或說「信仰」的領域，可以說是對「物自體」發起了挑戰。這或許正是霍金的偉大之處，他沿著科學發展的方向，由「慣性」的推動，企圖超越「科學」。不過他對哲學的認識卻是極端片面的。他把柏拉圖以來的哲學史看作「實在論」（realism）與「反實在論」之間論爭的歷史。在他的眼裡，「實在論」，又稱「唯物論」，類似於「經驗論」，而「反實在論」以「唯理論」（rationalism），又稱「合理主義」，為其代表。霍金當然是站在後者的立場上。在同一本《大設計》中他認為牛頓的古典物理學與量子論的現代物理學都只是認識世界的不同「模式」，因而提出了「模式依存實在論」這一概念：「模式依存實在論相當於我們感知物體的方法」。並且進一步提出「M理論」，認為「M理論就像是這些不同理論的家庭一樣」。他認為只有這樣才能避免唯物論與唯心論之間的論爭。這說明他完全不了解幾十年前就已經存在了的卡西爾的「象徵形式的哲學」，在那裡，他所要表達的一切被更為邏輯地、歷史地、體系地表述了出來。霍金用金魚在浴缸裡看待世界為例，提出「鏡片」效應（難免使人想起莊子的「子非魚」），並希望籍此種知覺形成的觀點作為「理論的基礎」來綜合各種觀察世界的模式。這不能不令人聯想到被認為是愛因斯坦的先驅的馬赫（Ernst Mach 1838-1916年）和他的《感覺的分析》（一八八六年），這些人都早於他對「物自體」發起了攻擊。更令人驚訝的是，霍金也像一般的唯物主義者一樣將貝克萊的「存在即是被感知」庸俗化，殊不知正是貝克萊開闢了現代哲學的康莊大道，而他正走在這條大道上！正如貝克萊的書名《人類知識原理》所提示的那樣，他注目的是知識如何構成，它與現實存在著何種關係。換句話說，感知如何賦予存在以意義，如何使存在成為對人類而言的存在。如果否認了存在是被感知所創造，那麼霍金的「宇宙論」不也就成了胡說八道了麼？因為霍金的宇宙存在也不過是被推理所創造的東西！

回到本題，「文化哲學」的誕生必須以文化的歷史發展到一定程度為前提；還有就是，引導哲學進入「文化哲學」的先驅，例如康德。是他，終其一生都在研究什麼是「認識」。文化哲學把「唯物主義」、「唯心主義」、「一元論」、「二元論」這些概念像破鞋一樣扔進了垃圾箱。當然這並不妨礙某些「馬克思主義者」依然穿著破鞋在那裡炫耀。

◎兼說貝克萊

在先驅者裡最可愛的應屬貝克萊（1685-1753年），他提出「存在即是被感知」（esse est percipi / to be is to be perceived）的時候，康德好像還沒出生。多麼簡約、美麗的表述！他首次以謙虛、近乎謙卑的態度指出了人類認識的可能性及其有限性，然而那些頭腦簡單的唯物主義者卻嚴厲地指責他：「你死了，地球難道就不存在了嗎？」類似我們質問外國人：「你去過中國嗎？你瞭解……」

不可否認，「存在即是被感知」這句名言在給貝克萊帶來了榮譽的同時，也帶來了「惡名」，有點「成也蕭何、敗也蕭何」的味道。在「唯物主義者」面前有一道坎，他們永遠也邁不過這道坎。我甚至覺得這是智商所致。連狗都「知道」吃飽了不餓，貝克萊當然不會認為他吃的麵包只是一個「觀念」。正如他的大著《人類知識原理》（*A Treatise Concerning the Principles of Human Knowledge*）所提示的那樣，他的主題是「知識」，他的起點是為了反對支撐著傳統哲學的立足點：現象的背後有一個「實體」或說「本體」。如果「現象」是感官的產物，那麼所謂的「實體」則是精神的造物。麵包之所以解飽，是它的物理性質所致，而這個物理性質就知識而言，僅是一個「觀念」。貝克萊反對的是傳統的認識方法，包括語言表述上的混亂。他甚至希望用「觀念」一詞代替「事物」一詞，因為「事物」的說法容易令人誤解，以為存在著什麼不被感知的「心外之物」。用他的話來說，「我並不否認我們憑感官或思考所能瞭解的任何事物的存在……這一點，我絲毫也不懷疑。我所不承認為存在的唯一東西，只是哲學家所說的物質或有形的實體。」（《人類知識原理》）總之，他反對的是被唯物論者從現象世界割裂開來的、或說支撐著現象世界的所謂「實體」或「本體」（用康德的概念：「物自體」）。

對貝克萊的指責來自於兩個方面。一方面，唯物論者無論如何也理解不了世界是因為被人類感知而存在。其實道理很簡單，但是被那些「假內行」弄複雜了。為了便於同學們理解，可以把問題簡化到不能再簡化的地步：養過狗的同學大概知道狗的世界和人的世界不是相同的世界，儘管星星還是那個星星，世界還是那個世界。你根據什麼來肯定你的世界就比狗的世界更接近那個所謂客觀存在的世界呢？感覺有限的人不是常常要依靠狗的感覺嗎？常說蜉蝣朝生暮死，你怎麼讓它理解春夏秋冬呢？人的狀況類似蜉蝣，當然比蜉蝣強點：一是活的長點兒，一是借助文字及文化的傳承不斷接近「世界」，不必從頭再來一遍。對於蜉蝣，春夏秋冬是個神話，對於人來說，「世界」也是個神話。這就是康德把「物自體」歸於信仰的原因。所謂「宇宙」也是如此，充其量是人類想像的結果，就像神話，比如《西遊記》。人們相信科學能逐漸接近世界的真相，但是科學的根據在哪裡？有的同學相信「唯物主義」，說自然規律就存在於自然之中，這是唯物主義者最根本的信條！實際上這是一句廢話，就像說黃金就存在於大自然之中一樣。你怎麼知道的？那跟你有什麼關係？前文說到「儒家」、「法家」都是一種「單弦」思維，「唯物」、「唯心」也是如此。這就是為什麼「唯物者最唯心、唯心者最唯物」的道理。當然這裡的「概念」已經是被曲解之後的概念。問題是如何發現金礦。在這個問題上，「唯物主義者」毫無建樹！是康德首先全面地解析了尋找金礦的方法：認識是否有可能接近真理，如何接近真理！大談未經科學認識處理過的、即「不以人的意志為轉移的」所謂「客觀世界」就像大談「上帝」，那是一種宗教！

「物質第一性」實質上屬於悖論。再舉一個眾所周知的例子。在物質「鐳」（Radium）被發現之前，人類並不知道這種物質的存在，它更沒有一個名字。是居里夫人（Maria Skłodowska-Curie / Marie Curie，1867-1934年，又譯：居禮夫人）根據科學的推理猜測到它的存在，並且經過鍥而不捨的追求，最終才使之現身。「物質」是被發現的，「物質」的發現伴隨著人類精神的成長，是一個漫長的過程，這倒很像魯迅所說：「地上本沒有路，走的人多了，也便成了路。」沒有了「精神」的存在，何談「物質」。在這個意義上，說「物質是第一性的」等於放了一個屁！

被稱作「新康德派」、也是文化哲學的代表人物卡西爾對認識的「材料」——世界的解釋也饒有興味：「我們叫作知覺的『材料』的東西不是一定的『印象的總計』，不是處於藝術、神話、理論的直觀底部的一個具體的基體。毋寧說它彷彿只是一根線，各種各樣的形成方式交錯於其中的一根線。」（參見筆者的〈概念說：卡西爾哲學的出發點〉，《文史哲》一九九七年六月，P77-78）一根線！有的人一定會好奇地問：「世界怎麼會變成一根線了呢？」如果我們想到「現象」和「本體」、「現世」和「天堂」的區別，我們或許能夠有所領悟：這根線可以是咒符、可以是神諭、可以是藝術作品、可以是文字、可以是幾何圖形、可以是路線……這根線是一個「希望」，是啟發人類創造精神的前提。

另一種對貝克萊的指責針對「感知」的定義。文化哲學的誕生有助於我們更便捷理解這一指責的含義。貝克萊不理解事物的諸多性質是抽象的結果，而抽象正是精神進步的一個階梯、一個成果，因而他反對「抽象」，認為「抽象」會導致錯誤、對立，因而對「語言」、「科學」的作用也抱著懷疑的態度。這是時代和宗教信仰造成的局限。貝克萊生活在十八世紀初，是一位「聖職者」，為了反對唯物論導致的無神論，不但需要否定認識（作為唯物論基石的）物質的可能性，甚至需要否認物質的實在性。因而他認為：事物之所以存在，都是因為它是作為觀念而被知覺的，這就是他的名言：「esse est percipi」（存在即是被感知）的由來。進一步，否定了物質的實在性的同時也就否定了物質的因果等關係，但是認識所依靠的因果關係由何而來？結論是：只能是來源於造物主神。貝克萊的理論可以導向兩個針鋒相對的結果：宗教和科學。如果否定了神的存在，那麼因果關係的發明者只能是人！

我們已知道，人類認識世界有多種形式：神話、宗教、語言、藝術、科學（感性的和理性的、信仰的和想像的），這也是精神發展的歷史進程所造成的。但是，貝克萊的「感知」卻局限於感性世界，而理性世界、即他所謂的「精神和靈魂」的世界卻被畫歸於宗教信仰的世界。在他看來，精神之所以能夠把世界看作一個有機的整體，是上帝的造化或安排。換言之，感官之所以能夠產出觀念，是由於精神的作用；如果說感官有實體支撐，那麼這個實體就是精神，而精神正是上帝的造物。如果說「上帝造人」，那麼需要感謝上帝的唯一一個理由就是上帝賦予了人類以「意志」，這個意志體現為「創造」。這其實是一個悖論，因為人類的歷史正表現為一個進化的過程。從肉體上看，人跑得越來越快、跳得越來越高；從精神層面，上帝並沒有賦予人類共同的現成語言。是人類創造了語言，這個語言隨著精神的提高而進化：概念和邏輯正是語言進化的結果。數學、化學、物理學、醫學、哲學、美學、倫理學的概念和邏輯在不斷地被豐富和盡可能地完善以造福人類。人們祈求上帝寬恕自己的罪行，我卻不能寬恕上帝的玩忽職守：上帝造人之初為什麼不把人類設計得更為完善？語言是思想的工具，正如我們只能用腳走路、用手吃飯一樣。你可以說這是一種局限，即使持這種認識的貝克萊、伯格森（Henri Bergson，1859-1941年，又譯：柏格森）也只能用語言來表述自己的思想。人類能夠從事的唯有使語言更加完善。這大概就是所謂「宿命」吧。

儘管如此，我們在其後康德的「現象」與「本體」、叔本華的「表象」與「意志」、馬赫的「感覺的復合」、胡塞爾（Edmund Gustav Albrecht Husserl，1859-1938年）的「現象學」、卡西爾的「實體概念」與「機能概念」中都能看到貝克萊的影子。我們甚至可以毫不誇張地說：貝克萊開創了一個新的時代，任何一個企圖研究哲學的人都無法繞開貝克萊開闢的那條道路。隨著精神的發展，或說隨著科學的發展，人類抽象思維的能力也在發展。反過來說也可以，兩者是相輔相成、或說一體的。這也是貝克萊萬萬沒有想到的。

瞭解了貝克萊的「感知」，再來認識王陽明的「心外無物」就容易多了。俗話說「請佛容易送佛難」，當人類創造了「一分為二」這個詞彙和觀念，再想「合二而一」就麻煩了。在為「合二而一」而奮鬥的勇士之中，王陽明和貝克萊從事著同樣的工作，雖然表述各異：一個是：存在即是被感知，一個是：「心外無物」，他們都在大膽宣稱：沒有二，只有一！

值得驕傲的是王陽明比貝克萊早生兩百年！這也就是我說中國如果還有一位哲學家，那應該就是王陽明的原因！遺憾的是，比起貝克萊的哲學語言，王陽明的更為稀缺。通過貝克萊的著作，我們至少可以定義他的「感知」，但是王陽明的「心」卻更類似於日常用語中的一個泛泛的概念。不過即便如此，他還是明示了一個重要的哲學課題：「心」、「物」之間的關係。可以說：強調「心」還是「物」決定了哲學的生與死。當然，這裡的比較是用廣角鏡，即把我們要追查的對象放在世界（空間）的哲學史（時間）中來觀察，這種觀察方法在有著「國家哲學」的中國是不可能存在的。假設、我是說假設：換一個歷史環境，王陽明很可能是開始中國哲學旅程的領路人，但是遺憾的是他前無古人、後無來者。

我們發現「心外無物」與「存在即是被感知」彷彿有著異曲同工之妙，但是當你聚焦概念就會明白其中的差異。首先，我們來看王陽明的「心」。插一句：彷彿是個幽默，眼下就有一個證明「存在即是被感知」的例子：中國所謂哲學家的「心」和外國哲學家的「心」是不一樣的！橫向看，例如在康德看來，「心」，他更習慣用「認識」、「精神」、「思維」這樣的概念，應該分為「真」、「善」、「美」三個組成部分或說認識形式，而「真」起著至關重要的作用，有人甚至認為「真」就是美、善的「本質」。而中國儒家的「心」似乎只有一個部分，就是「善」。就連王陽明也未能幸免，他認為「至善是心之本體」，「心即理也，此心無私欲之蔽，即是天理，不須外面添一分」。又曰：「良知只是個是非之心。是非只是個好惡。只好惡，就盡了是非。只是非，就盡了萬事萬變。」在陽明這裡，「善」取代了「真」和「美」，「好惡」成了「是非」，而且，儒家的這種所謂的「善」又缺乏「真」的根據，自始至終由缺乏平等、公義的偽道德所構成。

就說「美」吧，我們的古人似乎一直就沒有搞懂「美」是什麼？根據《說文》：「羊大則美」。因為「美，甘也」。如果你想從《說文》中找出「甘」的解釋，那麼「甘，美也」。說好聽點，這是「循環論證」；說難聽點，就是跟你玩兜圈子。「甘」屬於味覺、生理感官、生理欲望的對象，正如「食不甘味」所云，它和聽覺、視覺等心理感官、心理欲求的對象有著性質上的區別。如果你說「中國人一般認為美就是好吃」，中國人或許會不同意，但是文字的起源、字典都證明你說的是「真」的。《說文》補充道：「羊在六畜，主給膳也。」與牛馬不同，羊不會勞動，只能是食物的來源。大概是因此，《說文》認為「美與善同意」。大概也是因此，才有「民以食為天」的觀念，「吃飽了不餓」就是「善」。因為「善」字也由「羊」字組成：「譱」，「與義美同意」（《說文》），與「膳」同源。「就知道吃」是一句罵人的話，但是在中國文字乃至文化中，它卻道出了事實：美是偽「善」的外包裝！順便提一句：《說文》中「善」與「譱」同在，什麼關係？不得而知。

觀念或說概念「真」的經歷更慘，甚至至今都沒有得到一個明確的認識。根據《說文》：真，「仙人變形而登天也」。屬道家系統，類似「真人」。而儒家乾脆以「誠」取代「真」的討論。但無論「誠實」、「誠信」、「忠誠」、「真誠」都屬於道德領域，更何談自然科學。現在的「真理」一詞本是佛家用語，「出口（日本）轉內銷」之後才有了近代哲學上的意味。把「真」與「善」捆在一起賣大概是統治術的手法之一……

從縱向看，「善」的根據是什麼？在朱熹那裡是「天理」，前面已經提到：「性即理也，當然之理，無有不善。」「理」本應是「真」，或說認識論、知識論的課題，但是在中國古代「思想家」那裡，卻成了無源之水，即使在自然科學領域，和「八卦」也沒什麼區別。因此，朱子曰：「物物有則」、「蓋君有君之則，臣有臣之則」。可謂孔子真傳。和朱熹一樣，王陽明也有「性本善」這樣的儒家觀念，由於「動於欲，蔽於私」，於是「一體之仁亡矣」。這也是本末倒置的說法。王陽明的偉大在於心內求理，這是中國認識論歷史上的質變；然而他的天分也沒有使他更進一步地超越時代的局限：他的「理」仍然是「天理」，不但是先天的，而且局限於「仁」：如果他真的認為「心」是世界萬物的主宰、造物主，那麼「仁」無非也是人的造物。王陽明的思想也有兩個針鋒相對的導向：一個是回歸儒家，一個是徹底否定儒家。如果我心是一切的主宰，那麼等級社會也只是人的觀念所致，而不是「皇權神授」。這將是一次思想上的大解放。

討論王陽明最核心的問題是關注他理論體系中的矛盾，據說晚年的王陽明立下「四字教」：「無善無惡心之體，有善有惡意之動，知善知惡是良知，為善去惡是格物。」提出「心」本無善惡，而「良知」是後天的價值判斷，這個價值判斷才是「行」的原因，才使「格物」得以實現，因而才有「知行合一」。說明一下：中國自古就沒有區別「knowlege／知識」與「know／知道」的意圖和觀念，被人稱頌的科舉考試就是一例。

兩者的區別在於：前者重視邏輯地理解（understand），例如論文寫作；而後者意為曉得作為（他人）經驗結果的事實。中國人一般把「知道」當作「知識」，中國「自主研發」的手機、航母之類可算一例。就連聰明如諸葛亮者，也被馬謖忽悠了，否則他絕不會派馬謖去鎮守街亭（假如記載基於事實）。「知識」由「知」與「識」合成，特別是後者「識」（識別、判斷），它是前者「知」的表現和實踐（在行動中實現）。然而傳統中華文明卻把這部分閹割了，因此就連前半部分也面目全非了。而陽明的「知行合一」是「良知」的原理，也是他企圖克服中國知行分離的偉大一步。之所以稱其「偉大」是因為中國歷史上僅此一步。本文開篇就竄改荀子的名句，也是想要強調「學」與「思」的「合一」：「學」就是思，「思」就是學。學完了再思就來不及了。

一方面，陽明提出「我的靈明，便是天地鬼神的主宰」，這應該導向「我的靈明」才是價值判斷的主體，因而「仁」也應該是後天價值判斷的結果。按照這樣的邏輯推演下去，王陽明很可能成為世界級的哲學家。但是另一方面，他就此而止，卻把「仁」歸為先天的「理」。這大概是因為他不得不遵守儒家的基本原則之故吧。一方面，他認為「無善無惡心之體」，另一方面，他又聲言「至善是心之本體」。這或許是王陽明在不同時期、面對不同聽眾所言，但是在他的著述中，我們很難找到他對這兩種表述之間的邏輯關係有過系統的討論，何況「真理」並不因人而異。

凡儒家人物，自古至今，都把「善」與「惡」等同於「理」與「欲」，並強調前者。殊不知「善惡」乃是後天的判斷，而「理」與「欲」才是先決條件。從社會學角度看，「理」是社會的道德準則，而「欲」是個人的需求。個人應該服從公共道德，同時，社會應該盡可能滿足個人的需求。這是互補互利的關係。但是在儒家（包括王陽明）那裡，社會的責任卻基本上被無視了。這是因為：在他們的心底，不平等的社會結構是正常的、與生俱來的。

與朱熹同時的陸九淵（1139-1193年）的「理」雖然和朱熹的並沒有什麼大的區別，雖然也沒有超脫儒家先天的「天理」（「四端萬善，皆天之所予，不勞人妝點。」）、沒有意識到「理」也是人的造物；但是「心即理」已經有了強調「心」的主體性、能動性一面。「明心見性」本是佛教用語，其「心」被陸九淵點化為包羅萬象的主宰。在朱熹那裡，「理」是外在於「心」的，用現代說法：類似老子的「道」，或所謂的「客觀真理」；但是在陸九淵這裡，「心即理」，「理」是內在於「心」的，類似所謂的「主觀真理」。都是先天之理，但是他把外在的「性即理」轉化為內在的「心即理」，這是陸九淵的最大功績。就此意義似乎可以說，陸九淵與貝克萊在思想脈絡上有著「血緣」的關係，根本區別在於：極具個性的「吾心」與普遍的「感知」、儒家之理和上帝之理。他在《雜說》中提出：「宇宙便是吾心，吾心即是宇宙。」「四方上下曰宇，往古來今曰宙」，就是說為時間和空間所構成的世界萬物就是「宇宙」。「吾心」合成「悟」字，頗具佛教色彩。根據《說文》：「悟」，覺也；「覺」，寤也；「寤」，寐覺而有信（一說：覺而有言）。總之，有點一覺醒來大徹大悟的味道，可謂「羚羊掛角無跡可求」。問題是「吾心」如何具有普遍意義？即作為個體的「吾」如何被證明是普遍的人性，因為真理應該具有普遍性，這也是哲學所要求的「辯」，屬於「大膽假設，小心求證」（胡適語）。插一句，佛教一般認為「唯物論」尚未進入「明心見性」的最初階段，即尚未開竅、基本屬於愚痴；而「唯心論」才算是進入了「頓悟」、即「立地成佛」的境地。一個眾所周知的例子：針對神秀的「身是菩提樹，心如明鏡台，時時勤拂拭，勿使惹塵埃」，後來的六祖惠能認為「菩提本無樹，明鏡亦非台，本來無一物，何處惹塵埃」。兩種觀點的本質區別即是唯物、執著於物與唯心、執著於心的區別。今人不敢就此深究，除了對哲學不甚了了，更主要的恐怕是怕給佛教招來更大的麻煩。然而就此意義來說，佛教確是促進了漢代以後中國人思維能力提高的重要因素。

儘管陸九淵沒有像貝克萊那樣對自己的理論根據展開論證，但卻明確了：「心」是宇宙的主體，開啟一條指向精神世界、理在心中、求理於心的道路。在這條道路上，王陽明比陸九淵走得更遠。一方面，前者的「心」比後者的更為具體：先生游南鎮，一友指岩中花樹問曰：「天下無心外之物：如此花樹，在深山中自開自落，於我心亦何相關？」先生曰：「你未看此花時，此花與汝心同歸於寂；你來看此花時，則此花顏色一時明白起來。便知此花不在你的心外。」（《傳習錄》）從這段文字可以看出，王陽明的「心」更接近哲學用語「意識」，很容易使人聯想到伯格森的「意識流」（「意識的綿延」）和有「明暗」（開示和遮蔽）觀念的海德格。不過，單從這段文字來看，陽明強調的是「看」這種行為，即感官的主觀能動性，在這一點上，與貝克萊十分相近。但是他似乎並沒有在認識論意義上追求心外之花與心內之花之間、「看」這種行為與「心」之間的差異與同一的意圖。接下來我們還會看到，「此花一時明白起來」與海德格的「存在的領悟」、「真理的開示」處於完全不同的兩種層次和「文脈」之中。

◎素描海德格的哲學、風格和政治生涯

提到了海德格，不得不插一段。事先說明，這段可能有點長，除了因為海德格杜撰的新詞比較多、需要解釋；不像我們中國，沿襲傳統，沒什麼有個性的概念，省事。還因為從中我們可以看到西方哲學家所關心的是什麼問題，它們與中國的思想是否能夠相交或重合？特別是我們可以為中國思想中零星的哲學成分找到它應有的位置。請注意，這裡並不存在用A的觀念解釋B，也不存在用B的觀念說明A。最後，這些討論與「究竟哲學是什麼？它有什麼意義和價值？」相關。也因此，不可避免地涉及到同時代的一些哲學思想。當然，討論還是遵循取其要點，避免面面俱到的原則。就像平衡木運動，如果重心不穩，討論動作是否優美就失去了意義。如果說奇怪的概念多了點，只好說聲對不起，這不能完全怪我，還要怪討論的對象。不喜歡「繞圈子」的讀者可以跳過去，儘管對理解本文的主題有些影響，但也不至於跑偏。這些討論還會有一個副產品：忽悠的普遍性及如何識別忽悠。「忽悠」並非中國所獨有，國外、甚至在德國哲學中也很常見，只不過算不上「正能量」。一般來說，中外忽悠的區別首先是：西方的「忽悠」有些出

於無意，就是說，他們真誠地相信自己的理論，但起到了忽悠的效果。他們有的還會知錯就改。其次，他們的某些忽悠或多或少會刺激讀者思考。我的見解或許會引起經院哲學家的不滿，被斥責為「獨我論」。為此我必須提供我的立腳點，也就是站在客觀根據的土地上，而這根據就置身於這些哲學家的論述之中。

●海德格的哲學

廣義地說，至今為止的、「完整的」哲學觀應該涉及三個部分，並能相對正確地描述這三個部分的關係。這三個部分分別是「人」（精神、心、認識、主體）、「物」（物體、對象、客體、世界）和使它們發生關係的媒介：「語言」（符號、邏輯、象徵、文化）。其中，語言（狹義的）是人這個物種誕生的標誌，當然，它也是思想的標記。如果否定上帝造人，那麼類人猿就是人與動物的過渡階段，它們還不是人，而是類人的猿，因為它們還沒有（狹義的）「語言」。討論哲學問題而沒有這個背景意識，難免被忽悠。

史上所有的哲學家都有一個立腳點。說得偏激點：柏拉圖的立腳點側重於人，不否認在人之上還有個超越的理念天國。而他的學生亞里士多德是對他的反動，立腳點在於物（延續到海德格）。而柏拉圖的老師蘇格拉底是一個另類，即使按照柏拉圖的說法，蘇格拉底的立腳點也不僅限於人，而是偏向與人相關的知識（包括概念），或說通過知識來規定人。這正是蘇格拉底的偉大之處。遺憾的是這一處於萌芽狀態的思想直到近代才被人發現。這樣說是因為哲學經歷了兩次偉大的革命：一次是把哲學的重心導向了認識論：認識的根據；接著，另一次是把這個根據放置於「語言」（象徵、文化）之中。據說在這次革命中維特根斯坦起了巨大的作用，而實際上在他之前，卡西爾就「完成」了這次革命，並且更加徹底。

說來挺簡單，人們發現不管你從什麼角度、用什麼方法、如何精確地描述，語言都不可能呈現對象的全貌。這裡有主觀的局限性問題，還有語言的局限性問題，兩者又常常是一回事。因為語言只是一個代替的工具，即媒介。這就是「象徵」概念的由來。只有通過這個廣義的語言，即「象徵」，才能涵蓋人與物，並理清它們之間的關係。因為「象徵」體現在文化（化之為文）之中，因此也就有了「文化哲學」的說法。正是在這個意義上，卡西爾與康德是站在同一條戰線上的。他為康德的認識提供了可靠的根據。根據卡西爾的想法，「0」（立腳點）被創造出來的同時就已經包含了幾乎所有的數字，因為正是在這數列中，「0」和所有數字才獲得了它們的意義。

換一個說法，用漫畫的語言來說：人（＝每個人）的認知（包括語言）就像一面「哈哈鏡」[8]，他通過這個哈哈鏡來認識和描述自己和世界。這種說法的意義在於單獨存在的哈哈鏡毫無意義，它只有面對人和世界才是哈哈鏡。這也就是「象徵」的意義，也是我所謂「哈哈鏡的原理」：它只有處於人與物的關係中，作為媒介才能被正確理解。在這個意義上理解卡西爾，才能發現他的睿智和胸懷。

雖然每個人的哈哈鏡各不相同，但是根據文化史，我們還是可以發現它有幾種形式，即使如希特勒的宣傳與中國的媒體（例如「百度」之類），雖然哈哈鏡的凹凸已經誇張到了極限，但仍不能超越這幾種形式。這也是「象徵形式」的由來。固然，哈哈鏡是為了便於理解的一種漫畫式的說法，就像漫畫，取其一點，不及其餘。這種說法也容易引起對「真理」的懷疑。事實證明，如果真理的標準確實存在，它自身也難逃哈哈鏡的效果。

康德是最先意識到哈哈鏡的存在的哲學家。下文將會提到的維特根斯坦是最先向哈哈鏡發起攻擊、即揭露哈哈鏡陰謀的哲學家。人們把他這類哲學，因其出發點，稱為「邏輯哲學」、「分析哲學」、「語言哲學」、「符號哲學」……儘管這些理論都有其遠大的理想，但是所有這些哲學的視野，在卡西爾的意義上，都是局部的、都是單維的、至多二維的，只有放在文化史之中，即放在人—語言—物的三維的關係的歷史之中，語言才能找到它的意義所在。這樣看來，把卡西爾哲學作為狹義的語言哲學、即符號哲學的作法，從一開始就誤解了卡西爾的初衷。

最後，也是最重要的：如果說康德是哲學史上的一個里程碑，那麼卡西爾就是康德之後的又一個里程碑！——當然是在康德指出的道路上。同樣，如果說尼采是最初企圖擺脫形而上學羈絆的哲學家，那麼卡西爾便是使哲學徹底脫離形而上學、走上科學道路的理論家。他是迄今為止最清晰地理解「概念」意義的哲學家，不是之一。可惜，注意到他的哲學的深遠意義並給出恰當評價的人卻並不多，或說聲音十分微弱，也許是我孤陋寡聞。當神學家兼哲學家海德格把「存在」作為一個先於「存在者」的「實體」（實體概念）、世界的「第一動因」，就像創造了一切的「神」一樣的東西「頂禮膜拜」的時候，

8 哈哈鏡：藉表面凸凹不平的鏡面，反映人像及物件的扭曲面貌，令人發笑，故名哈哈鏡。

卡西爾早就指出「存在」只是一個「功能概念」，它在不同的「象徵形式」（思維方式）中呈現不同的樣貌，而「存在」正是為這些樣貌提供場所、關係、基盤的一個假設——像康德的「物自體」那樣的假設（就是說，如果不是在「實體」而是在「功能」的意義上來理解「物自體」的話）。在語法意義上，為各種詞彙提供一個系詞，就如 be、sein 等，然而海德格卻重回神學形而上學的老路：「存在」是自明的，卻又是不可定義的，就像神。在他的「存在」中，你可以看到尼采所反對的虛無主義的、叔本華所嘲諷的康德的「物自體」和黑格爾的「絕對精神」的影子。你不能用一個詞、一個詞組、一個句子來代替「存在」，因此「存在」必定只存在於「存在」的不可言說的定義裡，就像「存在」的領悟、「存在」的顯現等等，這就是海德格的遊戲，也是他擺脫不掉的煩惱，就像少年維特一樣。

換句話說，在卡西爾那裡，「存在」作為把握世界的一個概念，也只是認識的一個媒介，或說一個手段。因此，海德格所追求的「存在」在本質上是沒有歷史意義上的時間的存在，是唐吉訶德（又譯：唐吉訶德）面對的「風車」，充其量只存在於人類把握世界的諸多形式中的一種形式之中。以此試圖理解世界，只能是一個幻想。我的這個說法——在此斗膽「借用」維特根斯坦的話——「也許只有那些自己已經思考過在此（書中）所表述的思想或者類似的思想的人，才能理解」。海德格恐怕終生都沒有領悟這一點，雖然他不停地改弦易張，但不忘初衷、死不悔改。我希望，提前談到這個至關重要的「關鍵之處」，不會使讀者對海德格所獨創的概念失去興趣。我的意圖是：提供這個背景音樂也許可以防止讀者被海德格概念的旋轉木馬轉得暈頭轉向。

有了這個思想準備，再來說海德格（1889-1976年）。他自始至終都是一個「舊形而上學」的哲學家，儘管他反對傳統的形而上學、甚至康德的「新形而上學」。這就像在網上大罵五毛一樣，正中了五毛的圈套：你也變成了五毛。這是一個比喻，因為「五毛現象」其實只是中國的特產。除去政治原因，從精神分析角度看，因為在現實生活中人們沒有發言權，因而被壓抑的欲望在網上病態地爆發出來。任何一個連中國話都說不利索的中國人都可以在網上發洩一通，好像享受了一點「民主」，實際上只是暴力行為在語言上的表現，即「語言暴力」或「暴力語言」。但是理解這一點，中國人的理解力還無法勝任。在海德格的後期，他用了大量時間來研究尼采，並出版了《尼采》。他的分析十分精彩，是他的哲學的一個亮點。但是他仍然希望尼采為自己的哲學服務，並把尼采定性為最後的形而上學家。其實，如果在這個意義上，以尼采為標準，海德格不知道倒退了多少步。

海德格哲學具有矛盾的兩方面。一方面，為了不與糾纏不清的、他所謂的舊形而上學概念捆綁在一起、進而畫清界限，他在《存在與時間》（*Sein und Zeit*）中發明了很多新的詞藻，並且稱自己的形而上學是「現存在的形而上學」（《康德與形而上學》，一九二九年）。用比喻的方法，可以把海德格想像成一隻籠中虎，而傳統形而上學便是囚籠：思維的局限性、單向性。前期的他試圖用硬碰硬的方法衝破牢籠，然而卻沒有如願。他的「Da」（現、實、此）最終使「Dasein」（現存在、此在）變得具體，充滿了主觀性、偶然性、特殊性，而哲學的理想卻是客觀、一般和必然。這是一個難以調和的矛盾。而且，他希望通過「現存在」來規定「存在」的思路不過是他所反對的人本主義的一條尾巴！他好像也意識到了這一點，在一九四五年的未公開手稿〈道路〉中，他坦言：「《存在與時間》……這條路突然就到頭了。」「獨斷論」的高牆就在眼前……可以想像，如果《存在與時間》的主題像富饒的金礦一樣值得挖掘，海德格絕對不會讓這部著作止於上卷第一部的前兩篇（據說就在付梓前，他在和雅思帕斯討論後，撤下了後半部分手稿並付之一炬）。

另一方面，經過三〇年代長時期沉默，當然也有政務在身的原因，海德格「轉向」了。他稱其為「Kehre」，也就是「拐彎」：不但傳統形而上學，連自己的「現存在的形而上學」也成了牢籠。經過學術和生活的困境，他似乎領悟到要想衝破牢籠，必須借助工具、也就是媒介：詩和語言。但是，不管是出於性格還是虛榮（兩者也許是一回事），他仍然不忘初衷，不想徹底改變他的立場。在一九四六年的《關於人本主義的信》（*Brief über den Humanismus*，又譯：《關於人道主義的書信》）中他仍在指責人本主義是基於舊形而上學的主觀主義、人類中心主義。這讓人聯想到人本主義大師康德。海德格的語言技巧也表現在「Über」這個詞上，它可以譯為「關於」，也可以譯為「超越」。根據文章大意，似乎更傾向於後者。而且，「Humanismus」也不是中文一般意義上的、救死扶傷的「人道主義」，而是哲學研究，乃至政治的立腳點：是否以人為本。

這裡不妨用漫畫式的語言來描繪海德格的思想。面對人本主義的主張：沒有人，世界無從談起；海德格卻說：沒有「存在」就沒有世界！也沒有人！存在才是上帝。起初，存在創造世界。存在用德語說：「要有光」，就有了光。存在看光是好的，就把光暗分開了。存在說：「我們要照著我們的形象造人。」事就這樣成了。這是第二天。存在說：人要有大腦，於是人就有了大腦。這是第三日。存在說：我要把存在的真理賦予大腦，於是大腦就接受了存在的賜予，於是「存在的真理」和存在的神話、存在的宗教就同時誕生了。這就是「存在」的神祕和魅力，也是信者蜂擁而至的原因之一。海德格把哲學與宗教完美地結合在了一起，創造了自己的「宗教哲學」，或曰「哲學宗教」。

再優秀的思想家也有其局限，就如再拙劣的哲學家也會冒出幾句「真理」。我們理解海德格絕不能像海德格理解康德、尼采那樣取其一點、不及其餘，即把他們的「桌子」當作「床」來用。而是要看他們的思想在人類思想的進程中是否起到了關鍵性的積極作用，哪些觀點起到了這樣的作用。當然，這與一斑見豹並不矛盾，因為往往一個概念就指出了整體哲學的去向。

據說海德格的概念比黑格爾的更難理解。理解海德格一定不能跟著他繞，而是要把他放在一個更為廣闊的視野裡。即所謂不瞭解部分就不能理解全體，而不理解全體也就不能對部分做出更合理的判斷——「闡釋循環」？海德格的學生伽達默爾（Hans-Georg Gadamer，1900-2002年）在《真理與方法》中把海德格的闡釋循環解釋為理解的不斷深入的過程：「解釋開始於前把握（Vorbegriffen），而前把握可以被更適合的把握所代替……」（上海譯文出版社，洪漢鼎譯）——全體越是廣闊，部分就越是清晰。只有這樣才能用最簡明語言來解讀他。當然，海德格也清楚這一點，他不這樣做自有他的「道理」。這與他的哲思有關，與他的人格也有關。更何況他深知：一個哲學家一定要有自己的哲學概念。

笛卡爾的哲學從「我思故我在」開始，然而海德格認為「我」不是先在的，必須先對「我」的「存在」進行規定，才能最終解決「我」的問題。「Sein」是一個最普通、常用的德語詞彙，海德格拿它開刀是因為這不單可以顯示他的語言功底，也是深刻思維、「一斑見豹」的典範，特別是，這是胡塞爾所倡導的「現象學還原」的操作手法。當然這也是不同於「中國哲學」的德國哲學的風格：「刨根問底」。據說海德格有一個龐大的計畫，他應該是用「倒推」的手法尋找支撐這個景觀的最小單位，就像解刨學（解剖學）從屍體入手，最後達到細胞，甚至DNA。之後再倒過來重組他的體系。

「Sein」可以有三個含義，或說三種用法：「有」、「在」、「是」，海德格取其「在」，因為「在」先於「有」和「是」。「是」是主觀判斷（科學態度），也是形而上學的「誤區」，而自柏拉圖以來的哲學都陷入了這個誤區。「有」呢，表示單向的從屬關係。只有「在」（存在）才有可能消除主客之間二元的對立。順序應該是「在」、「有」、「是」。海德格概念的中譯可謂千奇百怪，讓讀者無所適從。這除了語言的差異，與中國人一做翻譯就不會說中國話的習俗有關。當然，也歸因於譯者單方面的「猜想」（哈哈鏡效果）。

海德格名詞化的「Sein」（存在）就是基於前述考慮。這僅僅是開始，還不能把「存在」與「存在者」混為一談。海德格認為柏拉圖以來就沒有區別「存在」與「存在者」的意圖，探討前者才是哲學的本行，也是亞里士多德的形而上學遺留下來的課題；而解明後者是自然科學的任務。正是為了區別兩者，「Seiende」（存在者）這個概念應運而生。為了最終瞭解「存在」，還需進一步分解，因為同是「存在者」的「物」的存在方式與「人」的存在方式並不一樣，而人才是唯一意識到自己存在的存在者，也是能夠面對死亡、不安的存在者。因此就有了「Seiende」（存在者）與「Dasein」（現存在、此在、親在）的區分（這個翻譯也容易被誤解，好像前者是人、後者倒是物），「現存在」既是提問者，又是解答者，也只有「現存在」才能解答「存在」的問題。其實「Da-sein」指的就是人（每個人），海德格之所以把「人」稱作「現存在」是因為「人」只指出了與物體、動物之間的區別，而不能指向與「存在者」之間的區別。還有一層意義：「人」令人聯想到一種實體，而「現存在」卻處於對存在的不斷領悟之中。「Dasein」不是抽象的人，而是在一定的時間、空間、環境條件（「Da」）制約下的具體的人，例如我或你。（海德格在這裡埋下了一個獨斷論或曰獨我論的地雷，隨時可能被引爆。）因此又有了「In-der-Welt-sein」（在世界中存在、在世）這一概念：你在世界中，世界在你中。這種狀態下的「存在」即是「Existenz」（現實存在：實存、現存）。（在後面將要提到的「達沃斯討論」時，海德格甚至提出一個更邪乎的概念：In-der-Wahrheit-sein，「在真理中存在」。）就此意義，日譯的「實存主義」（Existentialismus）比中譯的「存在主義」要貼切得多。法國的薩特（Jean-Paul Sartre，1905-1980年，又譯：沙特）正是在這種觀念的影響下建立了自己的「實存先於本質」的實存理論。還因此，「實存先於本質」也成了「實存主義」的經典名言。然而海德格對此並不買帳，還頗多微詞，他認為薩特無限誇大主觀能動性、又陷入了主觀主義。這個分歧或許也是他們對待現實，乃至納粹的不同態度的內在原因。不過，即使薩特也曾一有段時期對斯大林時代的蘇聯十分嚮往。

因為人是在「實存」中領悟「存在」的，為了瞭解「現存在」的「存在」，即瞭解「實存」，必須對「實存」、「在世界中存在」的狀態做具體分析，於是海德格進入了「基礎存在論」：「實存範疇」（Existenzial）的領域（說白了，就是對人的各種生存狀態進行現象學的分析）。把Existenzial（實存的）名詞化正是為了與傳統哲學的「範疇」（Kategorie）區別開來。一百多年前康德在《純粹理性批判》中把思維的「形式」與「質料」分開，為思維形式確立了先驗的四綱十二目的範疇表。這個範疇表曾為叔本華所詬病，稱其為「哥特式建築」（《康德哲學批判》）。在海德格看來，這些範疇的規定的前提就值得懷疑。因為任何把認識的內容「對象化」、「客觀化」的作法都是「舊的思考習慣的殘渣」，連胡塞爾也不能例外。他主張一種在活生生的事實中「審查地體驗……」（〈講義：現象學的根本問題，一九一九—一九二〇〉）。不通過任何媒介？有點佛教「悟」的意思了（「理解」〔Verstehen〕在海德格看來，不僅是認識的一種形式，更是「現存在」在世界中存在的一種方式：「現存在」「規畫」〔Entwurf〕自己的可能性，並通過這個可能性的存在狀況來理解自己）。

在「基礎存在論」中，海德格把幾乎所有他認為與生存相關的日常用語都按照他的體系的要求進行了改造，海德格式概念層出不窮，其規模遠遠超過了康德的範疇論。這裡只好省略，也可以省略。不得不指出的是，中文的翻譯使他的這些概念更加遠離（德語的）現實，因而更加難以理解。相反，如果把這些概念還原為日常用語，你會發現：事情並不那麼複雜和玄妙！特別應該指出的是，他還改造了大量具有藝術、乃至宗教色彩的日常用語作為自己至關重要的概念，例如：verhüllen（三聯書店一九八七年版為verhällen，遮蔽、掩蔽。著名的三聯也真夠馬大哈……）、bekunden（三聯為bekunder，昭示）、Ekstase（三聯為Ekslase，綻出）、erhellen（照亮、照明）、Anruf（召喚）、enthüllen（綻露）、Verstand（領悟、領會）、Lichtung（澄明）、werfen（拋）……如果有一斑見豹的能力，這裡的任何一個概念都可以作為一篇論文的題目，勾勒出海德格的「哲學」指向何處。

就像把「現象」與「本體」分開一樣，海德格把「存在者」與「存在」也分開了。為了再把它們重新黏在一起，他起用了「Dasein」。海德格雲山霧罩的最終不能逃避的一個現實是：是否還能給「存在」下一個定義？當他遵循黑格爾的「正反合」式的辯證法把「存在」還原為最「原始的」狀態「無」與「有」時，再想「合」，借助哲學的邏輯已經不可能了。其實更早，當他把存在者與存在一分為二時，他就已經踏上了一條不歸路。他是用這樣的說明來結束《存在與時間》的：「研究一般『存在』觀念的源頭與可能性，借助形式邏輯的抽象是不行的，亦即不能沒有提問與回答的牢靠的境遇。須得尋找一條道路並走上這條道路去照明存在論的基礎問題。這條路是不是唯一的路乃至是不是正確的路，那要待走上以後才能斷定……它行到何處了？」推測、僅僅是推測：從語氣上來判斷，這個懷疑的部分應該是在決定暫時不出版下卷的情況下臨時加上去的。不能斷定他是否是揣著明白裝糊塗，但是猜測的話，應該如此，否則他為什麼廢棄了第二部的手稿和修正呢？（「這版刪去了迄今一直標有的『第一部』的字樣。時隔四分之一世紀之後，第二部將不再續補了，除非我們打算重寫第一部。」一九五三年第七版序言）神來的「照明」終究沒有現身……儘管如此，他好像還堅信並接著說：「像『存在』這樣的東西是在存在之領悟中展開的。而存在之領悟作為領會屬於生存者的此在……」

海德格的寫作有一個特點，即是在闡述某一個「新」概念時先給讀者打預防針，聲明這個概念不是傳統形而上學、虛無主義、東方宗教意義上的，但是跟著他兜了一大圈，還是免除不了「此地無銀三百兩」的印象。我倒覺得還不如不打預防針，免得讀者起疑。哲學沒有最終結論，但是哲學家是應該給自己的問題一個答案的，哪怕是暫時的。這裡，海德格遇到了一個難以克服的「悖論」：提出一個概念，例如「存在」，就要給概念一個明確而肯定的定義；然而，一個明確而肯定的定義很可能是造成一座哲學大廈倒塌的原因。特別是在與自然科學不同的精神科學領域，冒著「存在就是虛無」（都魯茲語）這樣的風險。這也說明，至少在二十世紀三〇年代，「功能概念」的觀念即使在德國也尚未普及。我們可以看到海德格在各種場合、從各種角度，通過各種存在者向「存在」發起攻擊，但是找不到「存在」的一個統一的、明確而肯定的定義來適用他散在於各處關於「存在」的描述。這是海德格哲學的「獨創性」，很難不令人想到叔本華的推理：「……

在那些有可能作出明確斷言的地方不做斷言，為了留下一條後路，在必要的時候逃之夭夭。因此，他們常常選用更為抽象的方法來表達他們的思想……」這也是對海德格哲學的評價的由來吧：「沒有存在的存在論」！

當海德格發現《存在與時間》的大部分篇幅都浪費在了「現存在」的分析上，而還沒有正面回答自己的主要問題「存在」，「拐彎」出現了。他邁出的第一步是一九二九年的講稿《形而上學是什麼》，他打算直面「存在」。不過，就思路而言，還是那一套：科學呀邏輯學呀都對「無」不感興趣，而「無」卻造就了「存在」。這個老一套的思路還表現在後期的分析方法上，就是說，切入點換了，方法並沒有變。打個比方：要想瞭解「生」必先瞭解「死」，因為「死」教會了人們如何生。「存在」與「無」的關係也是這樣：「在不安的無的明亮的夜裡，存在者本身的徹底的敞開才能發生……」「只有無才可能開示對人這個現存在而言的存在者。無並非作為存在者的對立概念而最初給與的，而是在根源上屬於存在本身的。無的無化是在存在者的存在中發生的。」……「無的無化」是「無」的本質特徵，也是海德格的一個重要概念，像黑格爾，有點泛神論的味道：「無」超越「無」而成為「有」，因此，「無」是形而上學的根本問題。「超越」

也是他的一個概念：海德格認為「形而上學」就其本意、希臘語 meta-physic 來說，就是超越（meta）存在者（physica）的意思，「現存在」是唯一可以超越「存在者」的存在，因此「超越」是「現存在」的本質。這樣，我們便得到了一個「等式」：形而上學的問題＝超越的問題＝現存在的問題。倒過來說，對於「現存在」而言，「無是作為存在而存在的」（《形而上學是什麼・後記》以上均為筆者摘譯），是將被超越的存在。筆者相信，海德格的邏輯和說明不能令所有的人滿意並信服，因為「無」的問題處於形而上學的極限，處於哲學與宗教、邏輯思維與想像、信仰的國界之上。對此，海德格也不能否認，也因此他才「轉向」，只是在他後期的哲學中，「轉向」的意義才顯露出來。如果說在海德格的前期，哲學的色彩還算比較濃重；而在他的後期，神學便成了主色調。海德格的魔術「無中生有」如何表演？我們發現，正如海德格自己說的，單靠邏輯語言已經很難解決問題了，要另闢蹊徑：關鍵時刻，大量使用一些藝術、乃至宗教的語言和邏輯。

為什麼說海德格的「無」與其說是哲學概念不如說是宗教概念呢？舉個例子。我們看一本小說，為了忠實地理解作者的意圖，我們盡可能清空自己的大腦，企圖裝進百分之百的作者的意圖。但是理解又不能不借助已有的知識，限於我們的理解力、閱歷和知識（包括語言能力），結果，我們裝進去的仍然是殘缺不全的、我們所理解的作者意圖。這就是「理解的界限」，如何突破理解的界限，科學與宗教的答案並不一樣。閱歷和知識從我們牙牙學語的那一天起就塑造了我們的精神，且先不論每個人的性格有著天生的傾向性。關於童年心理的形成，弗洛伊德已有過不少論述。想要完全拋棄一切目的性、雜念、偏見、成見，即固有觀念，幾乎是不可能的事情。更何況，我們的感官是人，特別是某個人的感官。這些是認識的先決條件，也是為了避免獨斷論而不得不事先考慮的問題。但忽略這些先決條件正是宗教的基礎和理想：「空」與「無」，由空而悟。這種「無我」的狀態也是海德格的「本來性」與「非本來性」的魔術的前提。揪著自己的頭髮固然上不了天，但是懸空術卻有不少人相信，甚至包括莊子。

前面說到海德格的思路，讓我來為這個思路畫一幅素描吧。就是說，讓我「冒天下之大不韙」，用最簡單的、簡單到海德格都不好意思直說的語言來為海德格的「存在」下一個所謂的定義吧。

我們首先把「無」想像成「死」，這樣，「存在」就是「生」（生成）。事實上，特別是後期的海德格確實把「生成」（生起，geschehen）當作「存在」的關聯語或同義詞。我們無法經驗「死」，因為當死來臨，你已經死了。因此在古希臘就有死並不可怕的說法。（人不畏死？）但是海德格認為人的本能是畏懼死亡的。想像一下：當你突然被醫生宣告身患癌症，還有三到六個月的存活期，你便會發現時間（「時間的場」，過去、現在、未來）、世界、親人、勞作、財富，所有的一切都變樣了，或說有了一種新的意義（「向死而生」）。大概正是在這個意義上，出於人道主義考慮，對死刑囚並不提前宣布行刑的日期，好讓他們覺得地久天長。也正是這個對死的「畏」讓你珍愛生命，領悟「生」的意義（「在世界中存在」），從而產生選擇理想人生的衝動（「自由」）。這種說法對於經歷過一戰的人來說比較容易理解，因為它是那時代普遍的精神氛圍。當然也是促使海德格想要從「現存在」出發來回答「存在」是什麼的原因之一。當我（在戰場）醒來，我發現「我還活著！」這是一個多麼令人驚訝（震驚、美妙）的事情啊！「生」對於海德格來說，與其說是生命的存在，不如說是一種人生觀、觀察的角度。

位移一下，把「死」換成「無」，從而領悟「存在」的意義。也就是說從前期的海德格向後期的他挪一下位置。當他發現想要把人生哲學置換成形而上學並不是一件容易的事情，甚至在邏輯上是一件不可能的事情的時候，「位移」出現了，他開始直接從形而上學出發來解決「存在是什麼」的問題。「無」就是這個形而上學的概念、起源。根據物理學的「能量守恆」定律，世界上並沒有純淨的「無」。但是「無」卻是理解「存在」的先決條件。「無」並非一無所有，而是「存在」的否定：「非存在」。在存在論的意義上，「無」也是一種存在，它是一片黑暗。正如上面所說，對「死」的畏懼會讓人領悟「生」的意義，對「無」的「不安」便是照亮黑暗的那一束光。這束光產生於對「無」的畏懼和不安，同時也帶來了希望。正是在這個意義上才能無中生有，因此，海德格才說：「在不安的無的明亮的夜裡，存在者本身的徹底的敞開才能發生……」正如上面所說，「生」是一種人生觀一樣，「存在」在海德格那裡便是一種觀察世界的角度，即「世界觀」，就像上帝是一個視角一樣：從存在出發才能理解一切存在者之所以為存在者的道理。值得注目的是，作為哲學家的他在挑戰形而上學極限問題的時候，使用的是藝術和神學的語言。就是說，他是用藝術語言和宗教邏輯，即神學的方法在談論哲學問題！「明亮的夜晚」正是詩人荷爾德林（Johann Christian Friedrich Hölderlin，1770-1843 年，又譯：賀德林）的用語，意謂光明照亮的黑暗。像海德格自己一樣，誰都無法把他的神學的語言和邏輯翻譯成哲學的語言和邏輯，這是海德格為他的解釋者設置的一道「天然屏障」。當然，這裡的「素描」只是提供一種便捷的理解的方法。這是出於無奈，因為海德格拒絕一次性地給出「存在」的全體像。他在不同時期，從不同角度來對「存在」的局部進行描畫，我們也只能根據這些「草圖」來構築他的「存在」。因此而譴責我，就等於譴責海德格。

海德格的聲名是這樣煉成的：只要給我四分之一個世紀！他在一九二七年《存在與時間・上卷》的序論中描繪了他宏偉的計畫。如果這個計畫得以實現，那將是一個多麼開天闢地的偉業啊！讀者們提前預支了他們所有的期待，歡呼著一個天才的誕生！這個呼聲足以在四分之一個世紀像病毒一樣在全世界擴散，直至一九五四年再版時宣布：沒有下卷了。更要命的是，根據計畫，占大部分篇幅的下卷正是此書的重點，而上卷不過是為此而做的準備。

解釋一下：如果按照計畫，上卷一部兩篇關於「現存在」的分析只是一個鋪墊，至關重要的第三篇「時間與存在」、即關於「存在是什麼」的解答被安排在了下卷；而下卷的任務是用這個新的存在觀念、以歷史角度來梳理哲學史中關於存在的理論。正如用邏輯來證明神的存在這個不可能有答案、因而頗具挑戰價值並爭論了上千年的問題一樣，用邏輯來證明「存在是什麼」是形而上學的「極限問題」，同樣有著終極的意義。可以這樣理解：康德把現象與本體分開，而不得不把不可言說的本體歸為信仰的對象；海德格把「存在者」與「存在」分開，他將如何來對付這個抽象的、空無一物的「存在」呢？如果他解答了這個迄今無法解答的難題，難道不是功德無量嗎？

再進一步：在一定意義上，胡塞爾是為了避免康德的尷尬而創建了「現象學」。海德格是胡塞爾現象學的「嫡傳」。胡塞爾一直以現象學有了接班人而感到高興。海德格把《存在與時間》題獻給胡塞爾，胡塞爾也為此書的出版而操心張羅。一九二七年胡塞爾準備退休時提名海德格作為自己的後任。「父子情深」，「看上去很美」。直到一九三一年，胡塞爾才發現原來是鳩占鵲巢！受託給《大英百科事典》增添新的條目「現象學」，胡塞爾選定海德格作為自己的助手，正如他常說的「這是我和海德格的現象學」。這是一個世界範圍的歷史任務，然而當他看到海德格的原稿才發現，兩個人的現象學竟然如此不同！他在給英伽登（Roman Witold Ingarden，1893-1970年）的信（一九三一年十二月二十六日）中說：「現在我不得不相信，海德格既不理解我的原理的進程，因此也不理解現象學還原的整體意義。」（筆者摘譯）胡塞爾不得不自己動手，從頭再來。怎一個慘字了得！一九三八年胡塞爾去世，葬禮上海德格都沒有露面！

其實，這事也不能都怪海德格。從海德格早期的生活道路，胡塞爾應該能夠發覺點什麼。海德格的早期令人想起《紅與黑》（*Le Rouge et le Noir*，司湯達〔Stendhal〕著）的主人公於連。（多麼巧合：兩人的父親都是木匠。不同的是海德格的父親身兼兩職：教堂看守和箍桶匠。）於連的理想是成為拿破崙那樣的英雄，但是生不逢時，只好選擇神職作為出人頭地的手段；而海德格出身於以保守著稱的天主教區域中的梅斯基爾希小鎮，也是巧合，他選擇神學作為晉升的階梯，只是出於「偶然」，他不得不放棄神學家的志向而成為一個哲學家。就在一九二一年，他在給他的學生、友人洛維特（Karl Löwith，1897-1973年）的信中還在強調：「不要用創造性的哲學家的標準來衡量我，因為我是一個基督教的神學家。」（筆者摘譯，並相信他說的是實話。）在一九二二年被提名為馬爾堡大學哲學副教授之前，海德格甚至沒有發表過一篇哲學論文。在此之前，他發表的論文是一九一五年關於神學方面的《鄧斯·司各脫》（*Duns Scotus*）。為了競爭教職，他整理和提交了一九二一至一九二二年冬季作為講師的講稿：「亞里士多德的現象學解釋——現象學研究的序論」。加上胡塞爾過譽的推薦詞，終於在多次競爭神學教授未果的情況下，在哥廷根大學以「僅從這份報告就可以看到過剩的個性」為由拒絕了他的同時，卻在馬爾堡大學幸運地走上哲學的道路。

一般認為，這篇《亞里士多德的現象學解釋》是《存在與時間》的起點，筆者認為還應該加上《鄧斯・司各脫》。就方法論而言，後者或許更為重要。有人認為（例如斯坦納〔Francis George Steiner，1929-2020年，又譯：史坦納〕）海德格的第一次「轉向」是從神學向存在論的位移，而筆者認為，實際上，從司各脫到亞里士多德的過程是一個像黑格爾所說的「揚棄」的過程，即「正反合」、「否定之否定」的過程，其結果是：「神學存在論」，或曰「存在論神學」。（寫到這，我真擔心有人會質問我：「你見過海德格嗎？你比德國人更瞭解海德格嗎？你……」我的回答是，唯其站在圈外，或許比圈內的人看得更清楚。）

另一個饒有興味的事情是維特根斯坦對海德格的「極限挑戰」產生了「共鳴」。老維在《邏輯哲學論》（*Tractatus Logico-philosophicus*）裡曾表示了同樣的興趣：「Nicht wie die Welt ist, ist das Mystische, sondern dass sie ist.」（It is not how things are in the world that is mystical, but that it exists.）這裡已無法採用郭英的翻譯，因為明顯偏離了中心：「神祕的不是世界是怎樣的，而是它是這樣的。」而同是商務印書館出版的賀紹甲的翻譯又有點囉嗦：「世界是怎樣的這一點並不神祕，而世界存在著，這一點是神祕的。」只好自己來譯：「神祕的不是世界是怎樣的，而是世界是存在的。」如果把前者看作是科學的問題，那麼後者只能屬於形而上的問題。關於海德格，老維一九二九年末在石里克（Friedrich Albert Moritz Schlick，1882-1936年）家的談話記錄中有這樣的文字：「海德格關於存在和不安的思考，我能夠充分理解。人有向語言的界限挺進的衝動。比如，考慮一下對某種東西的存在表示的驚訝。這個驚訝既不能用問題的方式來表現，並且也沒有答案。即使我們說了什麼，也都是一些先驗的毫無意義的東西。儘管如此，我們還是在向語言的界限挺進。」（筆者摘譯）老維真是說到了點子（問題意識）上！

不可思議的是，激烈反對濫用語言權利的維特根斯坦對海德格的表述方式卻頗為體諒：「我相信這是這個體驗的最好的記述方法，因為當我這樣經驗的時候，我對世界的存在會感到驚訝。這時，我就會這樣說某物存在著，『這是多麼不可思議的事情啊』、『世界存在著，這是多麼不可思議的事情啊』。」（〈倫理學講話〉，一九二九年，筆者摘譯）

海德格哲學被譽為「沒有存在的存在論」，這不單是因為《存在與時間》中沒有了關於「存在」的第一部第三篇，更因為在他的所有著作中，你可以看到各種各樣的「存在」，或說各種各樣用「存在」構成的概念和句子，例如「存在之領會」、「此在的存在是煩」、「像『存在』這樣的東西是在存在之領悟中展開的」……但是卻找不到一個關於「存在」本身的定義（存在是什麼？難道只是一個動詞或動詞的名詞化嗎？），即對「存在」整體的一個界說。難免又想起叔本華的話：「他們在表達他們所要說的與掩藏他們所要說的這兩個對立的目的之間戰戰兢兢地徬徨。他們的目標是要把他們的思想喬裝打扮，以便使它可以顯得博大而高深，因為他們要給人們一個印象：這思想的內涵要比你一眼看到的多得多。……他們常常在那些他們有可能作出明確斷言的地方不做斷言，為了留下一條後路，在必要的時候逃之夭夭。因此，他們常常選用更為抽象的方法來表達他們的思想……」說的不就是海德格嗎？海德格是在「賣關子」嗎，像推理小說那樣？因為沒有一個說法，所以，所有的解釋者都根據自己關注的、散落在各處的「存在」給出自己的解釋。正確說，猜測，但是誰又能證明自己的解釋、猜測就是海德格的本意呢？難道這正是海德格設下的圈套嗎？……啊！存在之上帝，上帝之存在！讓你的光明在照亮黑暗中的木盆的存在的同時，也照亮我的「存在」吧！讓我的存在，在明亮的黑夜中，將它的祕密向我敞開吧！……

在康德看來，解決「存在」的問題必須以解決「認識」的問題為前提，因為「存在」本身就已經是認識問題了。這就是康德驚醒「獨斷論」美夢的意義，也是「哥白尼的倒轉」

的意義。而海德格卻好像並不懼怕「獨斷論」，反而站在「人文主義」的對立面，高舉反對人類中心主義的大旗，希圖通過對特殊的存在者「現存在」的分析來解明「存在」的意義。其實他仍舊走在「獨斷論」的老路上，只不過是以「獨我論」的方式來對付那些早已不新鮮的、常識性的問題，例如什麼「向死而生」（sein zur Tode）等等，當然用的是他自己的方言換一個說法。其實希特勒要比他乾脆、徹底得多，他用自己的實際行動一下子就激發了面對死亡的人們求生的欲望和思考、行動。在某種意義上，海德格的哲學確是像推理小說，登場人物眾多，關係又錯綜複雜，你跟著繞來繞去，最終還是不知道真正的犯人是誰，只好「悟」。當海德格發現「現存在」的討論不能達到預定的目標，再想回頭為時已晚。

這麼囉嗦是想提醒注意：「存在」是海德格的起點，起點意味著方向。他的魔術正是建立在這個起點上：先把「存在者」和「存在」分開，即先把世界一分為二，然後再想辦法合二而一。這樣做的好處是公說公有理，婆說婆有理。在海德格的哲學中這種自相矛盾的「辯證法」隨處可見。與海德格的人生觀、世界觀並行的還有他的真理觀。上文提到的「敞開」不但是「存在」開示的過程，也是「真理」顯現自身的過程。他的根據總是來源於他所理解的古希臘，這也是他的一個特徵。「真理」的詞源「ἀλήθεια」意味著遮蔽的否定、即非遮蔽……前面曾提到「In-der-Wahrheit-sein」。在「達沃斯討論」時，他好像否定有你的真理和我的真理，也否定像神一樣先天的真理和先在的、等著我們去發現的真理。但是卻存在著一種「存在者」在「敞開」的狀態下向你「訴說」的「真理」。多麼玄妙！然而關鍵是：我們想要知道的是「訴說」了什麼？又是通過什麼手段，或說媒介？海德格剝奪了的人的神性，卻把它賦予了「存在的真理」或「真理的存在」。正如維納斯存在於大理石中一樣（就連她的作者、古希臘雕刻家阿歷山德羅斯〔Alexandros of Antioch，又譯：亞歷山德羅斯〕也是遵循「自然的啟示」），真理孕藏於自然之中。在這個意義上，海德格堪稱唯物主義者的典範。這樣，「在世界中存在」與「在真理中存在」就得到了方法論上的統一。存在的存在者和存在者的存在的差異只是「存在論」意義上的，實際上是一體的。存在的真理與真理的存在也就如出一轍了。

在海德格看來，柏拉圖以前的古希臘人的「自然」概念既意味著存在者整體（作為大自然的自然），也意味著按照自然規律而運行著的存在者（作為存在者本來的姿態的自然，即為其所然）。從柏拉圖開始，「自然」被分割成了兩個世界：理念和現實，並強調前者的優先地位。「自然」的運行遵照理念的安排，成為了理念的複製品。這便是「形而上」之所以存在的可能性。進一步，他的學生亞里士多德將「自然」區分為「事實存在」（相當於現實）與「本質存在」（相當於理念），把關於它們的知識歸類為「自然學」與「超自然學」，即「第一哲學」=《形而上學》。這種形而上學的對抗兩千年後在謝林（Friedrich Wilhelm Joseph Schelling，1775-1854年）與他的同學黑格爾的身上重演，相對於黑格爾重視「本質存在」，謝林更強調「事實存在」，並稱這種哲學為「實存哲學」。這種對抗貫穿了形而上學的歷史，而關鍵是這種對抗是如何產生的，又如何克服？這才是海德格的課題。與海德格同時代的薩特在一九四六年的《實存主義是一種人本主義》提出了「實存先於本質」（l'existence précède l'essence）的思想，強調了選擇的自由，並提到了海德格。然而海德格卻在一九四六年的《關於人本主義的信》中寫道：「即使把形而上學的命題顛倒過來，歸根結底還是一個形而上學的命題。」而問題是作為本質的存在與作為事實的存在是如何從原始的「單純存在」派生出來的。也是在這個意義上，海德格高度評價謝林的哲學。話說回來，就世界大戰的時代背景而言，比較海德格與薩特的觀點可以發現他們之中誰更重視「事實存在」，誰更重視「本質存在」。這裡潛伏著海德格的兩面性：打著紅旗反紅旗——在顛覆形而上學的同時構建新的形而上學。

在海德格看來，形而上學的歷史是一個「存在忘卻」、「故鄉喪失」、並由黑格爾推向高潮的歷史，直到尼采誕生。先是叔本華克服康德的二元論，把「本體」改造為「生」（生成）的「意志」，繼而尼采更為積極地用「意志」的本質「力」代替「生」，提出了「向力意志」。以此企圖顛覆所有的形而上學，回到蘇格拉底之前的、存在的原始狀態。這是尼采對西方文明的整體，包括基督教，作出批判的原點，也是海德格的出發點。然而在我看來，海德格的挑戰並不成功。這個結論並不單單從將要談到的他的實踐——政治生涯而得出，而是在形而上學的意義上。他在顛覆了柏拉圖、亞里士多德、康德、尼采、胡塞爾、卡西爾的同時，創造了一個「存在」，一個虛無主義的「存在」、一個新時代的「哲學上帝」，就像柏拉圖創造了「理念」、康德創造了「物自體」、黑格爾創造了「絕對精神」、叔本華創造了「意志」……這也是海德格總是不得不「轉向」的原因。如果把他的「轉向」分為早期從神學向哲學、中期從「現存在」的分析向形而上學的批判看作兩次明顯的轉向，那麼後期，對語言、藝術的強調便可以稱作第三次轉向（稱作「位移」或許更為恰當）。

自後面將要提及的「達沃斯討論」又過了二十年，海德格好像終於有點搞懂了卡西爾的意義。當然，他不會談及這一點，這是性格使然。海德格的三次出發可以簡述如下：先是希望從「現存在」的分析出發來捕捉「存在」，結果慟哭而返；繼而從形而上學的歷史考察、甚至直接從「真理」出發來追尋「存在」的真意，又慟哭而返；最後，終於發現「存在」生活在語言之中！然而「時間」已經不允許作為「現存在」的海德格能夠比前人和他人走得更遠！「男兒有淚不輕彈」，在這個意義上，海德格是個「男子漢」。如果我們還記得在開始討論海德格時提到的「人」、「語言」、「物」的哲學三要素，那麼我們就能發現他兜了多大的一個圈子！就如登山，我們發現無論是康德，還是尼采、卡西爾，他們在登山之前就彷彿本能地看到了登山的道路，儘管還不十分清晰。這大概是作為哲學家的天分吧！他們攀援而上，儘管道路曲折，卻朝向頂峰前進。而海德格，還有維特根斯坦，他們是另一類。開始，他們堅信他們的腳下踩著的正是那條通往山頂的道路。於是上去下來，繞來繞去，總是在尋找那條能夠通往山頂的道路。

晚年，海德格在歌頌詩人的同時，自己也成了「詩人」。應該是受到了《扎拉圖示特拉這樣說》和詩人們的影響，他乾脆放棄了概念和邏輯，開始用詩的語言來討論理論問題。為了過一把（詩人的）癮，他把本來就沒有定型（結論）的思緒配上了詩的語言：皇帝的新衣！狡猾的裁縫宣稱：這件新衣「只有愚蠢的人才看不見」。還真不乏評論家跟著喝彩！（順便提一句，「皇帝的新衣」這個安徒生的「概念」不僅體現在海德格的藝術論，甚至可以影射他的哲學！這足以說明安徒生的偉大之處！）在正需要邏輯的地方卻用意象來替代，像「思索就是收集詞彙來單純地講述。正像雲彩是空中的雲彩那樣，詞彙就是存在的詞彙。……」好像說了什麼，又好像什麼也沒說。這樣的名句和段落比比皆是，太多啦，這裡就不再一一例舉。有興趣的讀者可以找來原著體驗一下，我保證你除了能提高忽悠的水準，其他一無所獲，特別是對那些想要從事藝術創作的人來說！

舉個例子吧，為了學子們不再誤入歧途，提一筆或許不無益處。據說海德格論梵高（Vincent Willem van Gogh，1853-1890年，又譯：梵谷）還引起了激烈的爭論（例如夏皮羅、德里達〔Jacques Derrida，又譯：德希達〕等等）：從梵高畫的到底是誰的鞋開始，當然，爭論是由海德格的論述引起的。在我看來頗有點宦官們討論性生活的味道。首先，決定一個人是不是畫家的不是他畫什麼，而是怎麼畫！在這個「怎麼畫」裡才反映出是他否具有作為畫家資質的、獨特的、令人驚嘆的審美觀念、精神世界，乃至歷史感。對於這一點，討論者們幾乎無人理會。這一點也和海德格的靴子的「真理」沒一毛錢關係！（如果按照中國人習慣使用的判斷標準、衡量尺度的話）就是說：在本質上，藝術表達對世界的看法。因此，對世界是否有一個獨特的看法，即所謂「創造性」就成了判斷是否是藝術或藝術家的依據。藝術門類的區別只是表達手段的不同，這也使表達本身就成為一個視角、一個立場，並隨著藝術觀的成熟，這種視角、立場越來越表現為對這些手段的強調。認為可以使用前人的技法來表現自己獨特的見解的認識只是一種外行的、粗淺的觀點，實際上行不通，藝術史上也難找到這樣的藝術家。你可以借鑒，但不能抄襲。因為一件藝術品是自成一體的，一個獨特的世界觀需要與之匹配並水乳交融的獨特的技法，這也可以從塞尚、梵高、高更的筆觸看出。這大概就是齊白石所說的「似我者死」的意思吧。用前人的技法表現前人或他人對世界的觀感，至多可以成為匠人，但絕不可能成為藝術家。海德格的論述令人想起中國式的「文以載道」之類的陳詞濫調，他根本搞不清為什麼梵高會畫穿舊了的靴子、塞尚會畫蘋果、高更也畫蘋果。大家都畫蘋果，但是觀眾一眼就能看出，這是塞尚的蘋果，那是高更的蘋果。這和蘋果的產地、經歷沒什麼關係，畫家追求的不是那些司空見慣的事物（「道具」）的「真理」，而是一種獨特的、即為自己所獨有的表現方法（線條、色彩、構圖、筆觸），這是他們觀察世界的角度，也是他們所理解的真實的美、美的真實：平凡，但是偉大！在這個意義上，我們可以說，後期印象派之所以偉大，是因為：與印象派相比，他們所表現的與其說是美，不如說是崇高——人類精神世界中更為稀缺的高貴品質。

換一個角度：海德格和梵高是兩類人，這多少決定海德格很難理解梵高。梵高把繪畫當作教堂，他在裡面禱告；海德格把哲學當作玩具，隨心所欲地安裝、拆卸。梵高把觀眾當作上帝，渴望得到上帝的眷顧；海德格把讀者當作群氓，與其得到理解不如得到崇拜。梵高為了理想放棄安易的成功，甘願投身於社會的最底層；海德格為了擺脫自己的出身，用盡手段想要擠進社會的最高層。梵高作為傳教士躋身於煤炭工人之中；海德格把神學作為工具，為了成為一個大學教授。梵高是一個虔誠的苦行僧，為了繪畫可以獻出一切，乃至生命；海德格為了成功，狡猾而老練地讓一切為我所用，絕無懺悔之心。

海德格真的能夠理解梵高的「現存在」嗎？他參觀了一次美術館就敢發表宏論、把自己的哲學強加給梵高，而我在奧爾賽美術館（Musée d'Orsay，又譯：奧賽博物館）泡了幾個月，卻還在懷疑自己是否像印象派畫家那樣理解了印象派畫家。海德格在強姦了康德、尼采、胡塞爾之後，連梵高也不放過……

最後，據說、只是據某人說，海德格對道家也很感興趣，還曾試圖翻譯《老子》。估計是根據道聽途說，並沒有過什麼專題研究，他希望在道家學說中得到什麼共鳴，結果並未如願。筆者認為討論海德格與道家的關係幾乎毫無意義。這樣說不僅是因為老子與莊子不同、《內篇》與《外篇》不同，還有就是：海德格與道家的「文脈」不同，換句話說，他們的出發點或立腳點就不一樣。後期的海德格轉向美學領域，希望從中找到支持自己前期觀點的根據，但是你可以在幾乎所有的美學論著中找到相同的主題，不只有《判斷力批判》和《莊子》。更主要的是這種「相互證明」的學術作風本身就脫離了學術的基本精神。這種堪稱中國式的寫作風格古來有之，特別是在文章的某處加上幾句「聖人名言」或「最高指示」來提提神。所謂「飯不夠、菜來湊」，「拉大旗作虎皮」。只有黔驢技窮（甚至包括海德格）才會有如此表現。「引用」一是為了證明自己的說明沒有歪曲被引用者的思想；一是為了表明自己的說明並不是自己的獨創，而是已有先例。這裡的問題是先要有自己的說明，而不是簡單粗暴地用別人的「語錄」來代替自己的說明，或標榜自己的正確性。上述那種所謂的「比較」就像說：梨和蘋果在形狀上，甚至在營養成分上都有很多相同的地方。對於植物學家來說，就是一句廢話。可以說任何事物都可以拿來比較，也可以說任何事物都不可以拿來比較。這裡有業餘和專業的區別。就此意義，「比較」帶有忽悠的性質。由於當時中國模仿美國興起了「比較學」，我曾向導師、當時擔任國際美學協會主席的佐佐木先生請教「比較學」的意義，他的回答很是令我吃驚，因此記憶猶新：不瞭解A也不瞭解B的人往往會借助「比較學」。當然，他並不是反對比較，更不會反對借鑒，而是對比較作為一種「學」、「學問」的意義表示懷疑。

●海德格的風格

本文已經在多處涉及了海德格哲學的神學色彩。這與他的學歷、即知識構成與範圍有關。前面已經說到，海德格從神學起步，之後進入形而上學。在海德格那裡，這兩者並不處於不可調和的對立關係之中，反而是一種互補關係。正如黑格爾所說的「否定之否定」、「對立的統一」，即「揚棄」。甚至更早，在海德格涉足哲學的那一刻，被柏拉圖區別對待的神學就已經重新與哲學聯姻了。海德格的哲學從亞里士多德開始。亞里士多德的《形而上學》有兩處以相同含義談論神學：「但世間倘有一些永恆，不動變而可脫離物質的事物，關於這一類事物的知識顯然應屬於一門理論學術……這一門學術所探求的原因，於我們看來就很像是神的作用。這樣，理論學術就該有三門，數學、物學、以及我們可稱之為神學的這一門學術，因為這是明顯的，如果神存在於某處，那就該是在這些事物中了。最高學術必然研究最高科屬。……世間若有一個不動變本體，則這一門必然優先，而成為第一哲學……而研究實是之所以為實是——包括其怎是以及作為實是而具有的諸性質者，便將屬之於這一門學術。」「……世上若真有這樣一類的實是，這裡就該是神之所在而成為第一個最基本的原理。……而神學所探索者，固為世上最崇高的存在，是以優於一切學術。」（商務印書館，吳壽彭譯）亞里士多德的這個定義不但開創了形而上學、使形而上學與（廣義的）神學有了共同的立足之處，而且兩千多年之後，還給了海德格哲學一個新的起點。兩者的區別是微妙的：亞氏的「神」、「本體」、「最崇高的存在」變成了海德格的「存在」；亞氏的「如果」（出於謙虛還是懷疑？）被海德格乾淨俐落地去掉了。

當海德格把動詞 sein 變成名詞 Sein，他便走到了他的形而上學的終點：創造出一個

「本體」、萬能的上帝。接下來，好像只能運用神學的方法來對這個「上帝」進行解釋。就是說海德格的哲學是一個相反的過程：從形而上學進入神學的過程。這樣，他就面臨著一個難以逾越的難題：如何使名詞的 Sein 保持動詞 sein 的所有意義，並且從存在論的角度給它一個定義或說明？不能從經驗論出發，因為經驗論最終也屬於主觀主義，即一種人文主義。《存在與時間》的夭折已經做出證明。就如神學把科學和人文主義看作死敵那樣，海德格也希望徹底排除科學和主觀主義的手段，那麼出路何在？

另一方面，是否可以求助於語言，就像他所謂「語言是存在之家」那樣？但是「家」只是一個避難所，畢竟不能說「存在就是語言」。語言在開示真理的同時也在遮蔽真理，特別是在哲學需要給概念一個定義的意義上。並且把「存在」轉嫁給語言，仍然沒有解決「存在」本身的問題。就像你不能給上帝一個定義一樣，你也不能給「存在」一個定義。如果說「上帝是萬物的造物主」就是上帝的定義，且不說這個定義的如何空泛，總不能說「存在是萬物的造物主」吧，因為這等於說「哲學就是神學」！海德格就像老鼠鑽進了風箱。

我是根據卡西爾對語言形式的分析發現了海德格的神學色彩，隨後，又找到了自己的懷疑的支持者萊維納斯（Emmanuel Lévinas，1906-1995年，又譯：列維納斯）。他在《上帝與本體論神學：從海德格開始》中說：「對存在，對在其真理中的存在之思，就變成了對上帝的知或領會：就是神學。關於存在的歐洲哲學變成了神學。」結果是：海德格所反對的，正是他所要主張的！這也就是我說他想要揪住自己的頭髮離開地球的原因。

在談論某一問題時，一開始，他總是採用哲學式（哲學史式）的概念的推演，當他接近形而上學的極限，必然遇到自己的「存在」、「真理」這些基本概念的與眾不同之處，即這些基本概念的定性問題。比如：它們是先天的還是後天的？如果是後天的，那麼他們是先驗的，還是經驗的？在這個節點上，海德格「戰戰兢兢，如臨深淵，如履薄冰」，因為他的選擇既不能是前者，也不能是後者；然而又不能逃脫既與前者相關、又與後者相關的命運。在這裡，使用任何前人的概念和邏輯已經無法說明問題，只有借助於自己創造出來的神學式概念和思辨，因為他的「存在」、「真理」既不能像上帝那樣是一個先天、先驗的存在，也不能像他所反對的人本主義那樣是人的造物。因此，這些東西只能是自我「生成」（geschehen）的，還必須具有「現前性」（在場、現身，Anwesenheit），就像「無中生有」。特別是當他發現前期通過「現存在」領悟「存在」的設想仍然逃脫不了人本主義的樊籠，視角就發生了轉變，或說立腳點發生了位移。不是「現存在」規定「存在」，而是「存在」規定「現存在」：「在現存在敞開的同時，存在自身或現身或隱藏，或給與或遠離。」正是在這裡掩藏著海德格的謎語（一個新的上帝），即所謂難解之處。這個謎語被某些人吹捧為他最偉大的發明和貢獻。實質上，認識的能動性被剝奪，並賦予了認識的對象！並且人們很難理解、驗證和解釋這一「事實」的真實性，因為海德格自己用的就是神學式的語言和邏輯！至於「存在」與「真理」如何生成和開示？它們與認識處於何種關係之中？通過什麼媒介？我相信，不單所有的解釋者，就連海德格也交代不清楚，這也是他不停地「挪窩」（打一槍換一個地方）的原因。「存在」、「真理」的顯現就彷彿「靈感」襲來，儘管我不否認靈感的存在，但是沒人會否認靈感是一種偶然現象……

和海德格不一樣，我總是懷疑自己的感覺。為了尋找懷疑的根據，我發現了多次在關鍵時刻救助了海德格的雅思帕斯（Karl Jaspers，1883-1969 年，又譯：雅士培），也是他最初把《存在與時間》稱作「實存哲學」，因為它的主題是「現存在」的分析。就像海德格的人生道路令人困惑一樣，他的哲學也令人對他的看法相互對立。一種認為他是個善於搖唇鼓舌的江湖騙子，也就是「忽悠大師」；另一種認為他是二十世紀、甚至是世界歷史上最偉大的哲學家。持前種看法的人中比較溫和的就是海德格數十年的友人、「戰友」——德國精神病學家、哲學家雅思帕斯，他曾建議用公開的方式與海德格「打筆仗」，大概是為此，他數十年寫有三百餘頁的手稿《備忘錄：關於海德格（一九二八—一九六四年）》（*Notizen zu Martin Heidegger*，一九七八年），但海德格沒有應戰的意思，大概是懼怕雅思帕斯的「知己知彼」。雅思帕斯稱海德格的「實存哲學」是「詩與魔術的混合。現代魔術」。（《備忘錄》，一九五三—一九五四年，第81節）；稱他為「魔術師」，具有「魔術師獨特的、與生俱來的才能。」（第84節）這種魔術具有「詩意、玩弄極端、謊言、詭辯的熱情」等特點（第86節）；他的辯證法就是「詭辯術」（第87節）。「海德格的『獨創性』就是用詞語當作咒符、『根源的東西』、新的起點。這是全面對決的自負。」（第92節，說明一下：本文中凡沒有中文譯本、或沒有較好的中文譯本的引用部分均為筆者所譯。）說：「海德格不合理的諸見解對有些人具有令人震驚的力量，對於沒有那些思想的人，或許又具有刺激其希望更清晰地瞭解關於理性問題的力量。」（一九五四—一九五五年，第98節）這不就是忽悠嗎？——利用聽眾的欲望（求知欲、好奇心）。瞭解海德格文風的人應該知道雅思帕斯指的是什麼。幾乎所有的哲學愛好者在解讀海德格的時候都跟著他兜圈子，也許只有雅思帕斯敢於單刀直入。

實際上「魔術師」的稱號並不是雅思帕斯的發明。根據早在海德格的講師時代就成了他的學生與友人的洛維特（Karl Löwith，1897-1973年）的記敘，海德格具有嫻熟地組建並拆卸一個系統思想、並把迷惑不解的聽眾置於目瞪口呆的境地的技巧。因此學生們給了海德格一個綽號：「Meßkirch的小魔術師」。Meßkirch是海德格的故鄉，「小」意味著個子矮小。洛維特把海德格看作一個矛盾的統一體：出身於社會底層、卻是上流社會的代言人；接受的是舊教的教育、卻成為新教教徒；作為經院神學的學者的同時又是存在論的實用主義者；即是神學家又是無神論者；既是傳統的反叛者又披著傳統的歷史學家的外衣；像是克爾凱郭爾（Søren Aabye Kierkegaard，1813-1855年，又譯：齊克果）那樣的實存論者，又熱衷於黑格爾那樣的體系；既辯證法，又徹底貫徹否定到底的單弦思維；既堅定，又準備對自己的底線之上的一切做出妥協……（請參考洛維特著《納粹和我的生活》，一九八六年）如果真是這樣，我們不禁要問：他到底有沒有信仰？信仰什麼？

雅思帕斯對海德格的非難也並不都是暗地裡，他在一九四二年完稿的《精神病理學總論・新版》（一九四六年）中公開說海德格的「基礎存在論」是「哲學的邪道」。雅思帕斯是個很有意思的人物，他和弗洛伊德也有爭論：分歧的根源是，在自然科學和精神科學之間的方法論上的差異性與同一性問題。這也是一種對人類認知極限的挑戰。以《夢的解析》為例，我雖高度評價弗洛伊德關於「動力學的無意識」的新思維，為此還翻譯了《自我與本我》，但是對他的「說夢」卻頗有懷疑，因為他簡直像個算卦先生。特別是對我來說，和弗洛伊德的患者相比，我好像不大做夢，有點像莊子說的那樣：「古之真人，其寢不夢。」並且即使做夢，後面的情節也會淹沒前面的情節，並且就連後面的情節一睜眼也就忘得差不多了，這可怎麼辦？我想，夢的記憶十分短暫，這是否說明夢並非大腦的思考，而只是思考的影像呢？就像月亮只是陽光的反射，它本身並不發光一樣。還有，對夢的記憶的描述是否還是原來的夢？……夢應該與感覺有關，比如聞到了美味會夢見美食，小孩尿炕常常是因為膀胱裡尿液過多恰巧夢到了廁所，還有類似的夢遺……但是，這與岩漿似的無意識的欲望衝出地球表面而昇華為情感、思想和行動的精神機制是否同理？是否可以根據決定論的原理把無意識都準確地翻譯成意識？在我看來，夢好像更多的是尚未安息的腦電（腦波）按照慣性（也會在感覺、情緒和欲望的驅動下）在盲目地運行時激活的、儲藏在大腦（「前意識」）中的記憶殘片，這些殘片相互聯結就構成了一個個的夢、夢的「隨想曲」……有點「日有所思、夜有所夢」的味道，只不過這個「思」不一定是有意識的，也不一定是當日的行為（也是在這個意義上說，夢或多說少地可以給我們以啟迪）。因為夢和「白日夢」（參見筆者所譯《達・芬奇與白日夢》，弗洛伊德著，上海譯文出版社）畢竟是有區別的，前者的「邏輯」是「神祕的」，而後者的「邏輯」多少有著現實的依據。

我也沒搞明白雅思帕斯生前為什麼不把他的真實思想公諸於世？為了虛偽的友誼？抑或是時間、身體狀況等其他什麼原因？如果他生前就發表了他的看法，比如《海德格哲學批判》，未必不是一本很及時並有意義的好書。為了友誼，書名可以是《海德格哲學入門》或《海德格哲學指南》。然而這樣做，對雅思帕斯來說，是否有點丟分（北京話：有失身分）？難道還有這種可能，懷疑自己的懷疑是否妥當，像我一樣？

我是很晚才發現雅思帕斯的，並且發現他的「直覺」相當敏銳。我的很多判斷一開始也是出於直覺。這麼比喻吧：我把讀書看作吃飯。比如說，看叔本華的書就像是吃盛宴，才思敏捷，文筆流暢，精彩不斷……色香味俱全，你很難挑出毛病。起碼他告訴你什麼才叫「寫文章」。而有些書不那麼好吃，但是有營養，令你強健，像康德。他能改變你的思維方式，讓你變得聰明、謙虛，或說開發你的智商。還有些書卻像堅果，剝皮就費不少勁，結果果核還占了不少地方，不能當飯吃。在我看來，海德格就是此例。當然更多的書淡而無味，吃了還鬧肚子。

若干年前，我的「現存在」懷著崇敬的心情打開了《存在與時間》，發現這是我從來沒見過的「奇書」，當然你得有耐心，因為那畢竟不是享受。當我進入了「實存範疇」的分析，終於按捺不住了，他簡直就像叔本華說的：「他們……企圖使讀者相信他們的思想比實際上要廣博和深刻得多。……他們杜撰新詞，他們寫出一些囉嗦的段落，圍繞著所要表達的思想兜圈子，並用一種偽裝把它包藏起來。他們在表達他們所要說的與掩藏他們所要說的這兩個對立的目的之間戰戰兢兢地徬徨。他們的目標是要把他們的思想喬裝打扮，以便使它可以顯得博大高深，因為他們要給人們一個印象：這思想的內涵要比你一眼看到的多得多。」（〈論風格〉）叔本華並不是針對某一個人，而是針對德國哲學的普遍文風。如今，海德格把這種文風發揮到了極致！

海德格的這些分析對於沒有生活閱歷的年輕人或許有點什麼「意義」，比如珍惜生命；但是對於那些飽經風霜並頑強生存的人，都是老掉牙的故事。簡直就像用河南話朗讀《聖經》。每當我一有懷疑，我就開始懷疑自己是不是智商欠缺？難道海德格的哲學真的只針對極其少數的幾個高智商？如果真有這樣的哲學，這又是什麼哲學？雖然我也像黑格爾一樣反對「大眾哲學」，不過有一個事實我不能否認：他刨根問底（「新的起點」），這和中國人普遍的學風很不一樣。但是這並沒有使我發生什麼改變……根據「我思故我在」的原理。這造成海德格文風的又一個特徵，那就是虎頭蛇尾。為了表現得比他人深刻，像討論「存在」時一樣，在論及「真理」時也用了同樣的戰術：我們知道一個一個的真理，但是這些真理的根據是什麼，我們真的知道真理的本質嗎？……但是，還是老一套，最終沒有下文，或說以神學的思辨收場。就連他自己的「現存在」也沒有因為他的哲學而變得正直和聰慧，我還能指望什麼？甚至於在我看來，海德格是個「反面教材」，通過他，我才知道什麼是哲學、即與人的思想和品格相關的哲學。他的一生只管提問，並且從各個角度來說明這個問題的重要性，但是卻沒有答案。好像這就是哲學的本來面目。在我看來，「人的哲學」才是哲學。簡單說，思想是可以「傳染」的，就像感情和靈感可以傳染一樣。聽了貝多芬的音樂、看了梵高的繪畫或者一部思想深刻的電影，你會有一種衝動：「我是不是也得幹點兒什麼！」這就是傳染，也是「改變」的開始，也是尼采的精華。當然，對於有些人來說，任何作品都感動不了他們，因為在他們看來，世界本身就淡而無味。按照費爾巴哈（Ludwig Andreas von Feuerbach，1804-1872年）的邏輯：對於無聊的人世界是無聊的。而對於另一些人，他們也會感動，感動的結果是對名利更加執著。或許有一點不可否認，事實證明，海德格的著作教會了不少莘莘學子如何寫作經院論文，比如「海德格如是說」之類，進而取得學位和教職，就如元明清時代的儒家經典的效用。也許，海德格的發想具有啟發性，因此有可能像柏拉圖一樣永垂不朽，與此同時，還有一種可能，像黑格爾大部分理論一樣日趨沒落，因為忽悠的比重過大。

就風格而言，海德格是最像哲學家的哲學家。有點兒老子和龍子的味道。一方面他從被「忽視的」、「最基礎的」概念出發，就像建築家從磚瓦的質量入手。另一方面，他設計了一套全新的概念來組建他的哲學體系，就像建築家為了建築一座更加堅實的大廈而採用全新的材料，儘管這材料有「空心」的嫌疑。就此意義，他也與黑格爾最為相近並有過之而無不及。這些概念和他的思想能否真的生根長葉開花結果，現在下結論也許為時過早。當然，這是說好聽的；說不好聽的：他自以為飛離了地球，但是他的腳仍在地球上行走。也有可能更壞，像不會游泳的人希望岸上的人相信他游得不錯，上身好像是蛙泳，而腳卻沒有離開河底。因為他只是換了一種方言，談論的還是別人談過的問題。

喜歡哲學的年輕人為了不被忽悠，為了不誤入歧途，一定要關注像康德、卡西爾、尼采、叔本華這樣的哲學家，因為他們有一顆真誠的心。他們自己不會被忽悠，閱讀他們的著作也可以使你避免被忽悠。其中，叔本華的方法最為簡便（更為難以掌握？），他通過一個人的說話方式就能判斷說者的意圖，甚至他的人格。他是真正的鑒賞家、鑒定家，他認為風格是人格的外貌。他以「風格是精神的外貌，對人物性格來說，它是比面孔更可靠的標誌」一句作為〈論風格〉的開頭。我猜想，叔本華如果生活在海德格的時代，一定會像嘲諷黑格爾一樣嘲諷海德格。一方面海德格也是用一大堆晦澀的、甚至前後矛盾的道理來說明一個並不難理解的事情，這是「風格」問題，也是人品問題。另一方面，他像唐吉坷德挑戰風車一樣，對能動的思維本身發起了攻擊，甚至抹殺思維的作用。沒錯，思維是有局限性的。但是面對局限性的態度卻迥然相異：是正視，還是無視（例如獨斷論）。希望揪住自己的頭髮就能離開地球就是無視地球引力的典範。對「Dasein」頗有研究的海德格追隨納粹應該有其並非偶然的邏輯關係，否則納粹會接納他？

說到文風，不得不提到天分。眾所周知，掌握任何一種技能，無論體育、文藝，還有科技，都有天分的要素在內。掌握知識也是如此。這並非「歧視」，而是殘酷的事實，就像人的身高、相貌、智商並不平等一樣。達．芬奇（又譯：達文西）說：上帝造人賦予了每個人以才能。說得有點過，不過意思是：要發現自己的才能所在。有的人可以拉一手好提琴，有的人可以縫製出精美的皮鞋。總之，矮個不一定非要打籃球，高個不一定非要練舉重。叔本華強調風格也因為風格是才能（天分？）的表現。康德的文風取決於他的方法論，他的真善美表面上的分家是近代科學方法的產物。到了叔本華，已經出現了克服這種文風的傾向。在『作為意志和表象的世界．康德哲學批判』中，他一方面高度讚揚康德用「哥白尼的倒轉」把思想從「獨斷論」中解放出來，並一再重複「我的哲學是從康德哲學出發的」；另一方面又批評康德構建的體系像「哥特式建築」，說「他特別喜歡整齊勻稱的格局」。徹底克服真善美分家的是尼采，他重新融真善美於一體。他的精神是有血有肉的生命，無論在思想方面，還是在表達、即文風方面。如果真有天才，尼采就是其中之一。尼采希望人們通過閱讀他的作品體驗到那個有血有肉的生命，並且用有血有肉的生命來進行價值判斷。還有，掌握一斑見豹的能力，避免被忽悠。然而到了深受尼采啟發的海德格，我們再一次失去了善和美，只能面對垂死掙扎的「現存在」、

「真」。這就像海德格肢解康德，把屍體的某一部分當作康德的生命。幸虧康德和尼采都已經去世了，海德格才得以重唱經院哲學（形而上學、神學）的老調……理解也需要天分。理解尼采的人會發現，無論從思想上，還是從文風上，海德格那類缺胳膊（美，斷臂的維納斯？）短腿（善）的「真」是什麼玩意，海德格用自己的「現存在」也證實了這一判斷。

●海德格的政治生涯

正如曲解康德一樣，海德格也曲解尼采。尼采著作《偶像的黃昏》（*Götzen-Dämmerung*）的副標題是「怎樣用錘子從事哲學」，很顯然，這個錘子是對付偶像的。尼采的理想是思想與個性的解放，超越自己，作自己的主人。然而海德格雖然常常把尼采的反人道主義、反基督教、反啟蒙主義放在嘴邊，但主張的正是尼采所反對的諸現象的集中表現：偶像崇拜！他在一九三三年的講座「哲學的根本問題」中說：「在指導者的領導下，回歸自身的民族創立自己的國家，組成國家的民族成長為國民國家，這個國民國家又承繼著民族的命運……」（來自學生聽講筆錄）並以此來創造自己的民族哲學。在以「新帝國大學」為題的講演中說：「遵從未被人道主義、基督教思想窒息的納粹主義精神……進行戰鬥……民族的宰相希特勒集結實現新帝國的諸勢力正是為了進行這場戰鬥……。」「納粹革命是德意志的現存在的徹底改革……Heil Hitler！」（〈德意志學生〉，一九三三年）（均為筆者摘譯）太多啦，省略吧，本文並不想羅列海德格為人詬病的各種言行，而是想探討哲學與政治之間的必然聯繫。要點在於：當哲學進入政治，「現存在」就變成了德意志民族，變成了希特勒。個人的現存在可以變身為民族的現存在，民族的現存在必須製造出一個偶像。這就是他的構想，也是他根據尼采的理論推導出的結論，而這個偶像正是以抹殺個人的創造意志（自由）為前提。

偶像崇拜是人的動物本能，它出自於自我保護意識：消失於人群之中。就像身材較小的魚類喜歡扎堆，以逃避鯨魚、鯊魚或海豚的攻擊一樣：被吃掉的很可能不是我（其實其危險性並不比獨自一魚的狀況更小）。這就是偶像誕生的條件。可以看出，海德格的這些想法正是尼采所反感的德國精神現狀。還可以看出海德格有選擇權的「現存在」的尷尬境地，一旦與現實（「在世界中存在」）接軌會多麼不靠譜，起碼像斷了線的風箏，gone with the wind。難怪親納粹的教授們對海德格的評價也不高：「政治上不可信任」、「危險的分裂症患者」、他的著作不過是「精神病理學的素材」……

海德格的政治思想的形成也有歷史原因。一戰期間，他作為國民軍的一員，就在德國必勝的氣氛中從事郵件檢查工作（一九一五至一九一八年）。他所選擇的妻子是個希特勒的忠實粉絲。一戰後，他的政治生命蒙受的第一次打擊來自於他所支持的衝鋒隊被希特勒鎮壓。而最終使他不得不放棄政治生涯的事件是由於上層對他的不信任，據說他被排除於免除勞役的五百名教授之外，不得不在敗戰之前去萊茵河修築防禦工事。這種不信任更多地是由於海德格的能力所致：在納粹蒸蒸日上的時期，他加入納粹黨並擔任了弗萊堡大學校長（一九三三年），儘管大力推行「強制性同一化」，儘管為希特勒的選舉奔走呼號，儘管他規定大學授課前後都要向希特勒致敬、行納粹的舉手禮。然而不久就因為自己的「歷史問題」而無法收拾亂局，只能被迫辭職（一九三四年四月）。一種解釋認為他擔任大學校長要比其他人好。再進一步是不是可以這樣說：他加入納粹黨正是為了改變納粹黨，就像共產黨員加入國民黨是為了改變國民黨一樣？可以理解，因為海德格如果能夠擔任希特勒的宣傳部長，很可能改變德國的命運。可惜的是，這只是一種猜想。我這樣說有點馬後炮、事後諸葛。這裡並非無視當時的時代背景、即德國人對納粹的普遍認知確實與今天不能同日而語。還有，希特勒走向極端化也有一個過程；由於失望，海德格也有一個與納粹漸行漸遠的過程。我關心的是同時代那些有「良知」的哲學家，他們才是「先知」。我還猜想，如果尼采生活在那個時代，估計他不會跟風，因為那明顯違背他的哲學思想。

據海德格的兒子赫爾曼（Hermann Heidegger）說，海德格生前曾給他留下遺言：「我死後手稿要封存一百年。時代尚不具備理解我的條件。」是否可以說這是海德格最後的忽悠？按照雅思帕斯的說法，海德格的忽悠出自於他與生俱來的「自負」、「自我陶醉」的性格。在筆者看來，海德格頗似哲學領域裡的騎士唐吉坷德。尼采先前也說過類似的話，但是他有資格這樣說，事實證明尼采的哲學確實沒有受到同時代人公平的待遇。叔本華、梵高、舒伯特他們也有資格這樣說。但是海德格卻不然，他像黑格爾一樣生前就已聲名顯赫，粉絲絡繹不絕。他得到了太多的讚揚和寬恕。對他的非議最多的是來自他的政治觀點，雖然這政治觀點有著他的哲學的堅實基礎。他如是說，是否意味著這些未發表的手稿與他已發表的著述不同，因為它們更加「不合時宜」？是否意味著與他同年（一八八九年）誕生的希特勒擾亂了他的出版計畫？是否表示對他生前享有的世界聲譽仍不滿足？而他的「理解我的條件」是否指百年後對二戰慘劇的淡忘？無從可知，只能猜測，因為至今還沒有一部令人信服的著作的題目是《希特勒如果統一了世界，世界將更加美好》。

對於那些只見樹木、不見森林的人來說，海德格可能很偉大，就像中國的儒家那樣偉大。我們很難希望這些人會對「作為一個偉大的哲學家，海德格為什麼會加入納粹？」、「為什麼對奧斯維辛視若無睹？」……這樣的問題給出回答。對於海德格的崇拜者來說，王陽明的「知行合一」的理論不一定具有普遍性，「怎麼說」和「怎麼做」是兩回事。或許這樣說更為恰當：根據「知行合一」的原理來判斷海德格的「存在論」到底是怎麼一回事兒。一些人會認為他是被假象蒙住了眼睛，就是說，海德格被希特勒給忽悠了。頂多，他們會像海德格一樣，認為那是一個「幼童」做了一件「蠢事」、即犯了一個低級的「錯誤」，而任何人都有可能犯錯誤。有些人很納悶為什麼海德格在戰後不但沒有對自己的行為進行深刻反思，還在不知疲倦地彌補他前期的哲學？反思會不會導致他的哲學大廈的崩塌？然而海德格的這一切——做過的和要做的——在筆者看來都是必然的。反而，提出問題的人正是因為站在了海德格的對立面——「人類中心主義」、「主觀主義」——來看待問題。這就像曾受到海德格影響的、主張「實存先於本質」的薩特不自覺地站在了海德格的對立面。

在海德格的哲學裡沒有傳統倫理學和美學的位置。如果非說有，那也是出於「存在論」偶然的要求。這是因為在他的哲學裡，甚至沒有人本主義意義上的「人」的位置。倫理學和美學都是立腳於人的，而在海德格那裡，「人」與其說是為了與「動物」相區別，不如說是與「Seiende」相區別的「Dasein」。善惡的問題，包括希特勒的善惡問題，超出了海德格的思考和他的哲學的範圍，屬於「形而下學」的問題，不屑於議論和回答，至少不知道怎麼回答。

在某種意義上海德格和儒家是事情的兩極。和中國所謂哲學的「滿口仁義道德」正好相反，海德格的哲學超越了現實的仁義道德，完全進入了抽象的領域，包括「現存在」的「現」。大概也是因此，當他進入現實社會，他選擇了納粹，實現了「在世界中存在」。在形而上學的意義上，「在世」意味著主觀與客觀的統一。世界與我不再是水與杯子的關係，而是我在世界中，世界在我中，彷彿一種水乳交融的狀態。換句話說，自然科學的、乃至康德的世界觀都是水與杯子的關係，要想克服這種二元論，必須換一個角度，必須克服主觀性。「實存」（existenz）的語源是拉丁語的「ek-sisto」（站在外面），只有站在（自己的）外面才能「在世界中存在」，成為世界這個大鏈條的一環。

實際上，形而上學的主觀與客觀的統一只是一個理想，或曰幻想。就像你不能變成桌子、桌子也不能變成你，除非在神話與童話之中——這也是神話與童話的魅力。換個角度，任何的客觀都有主觀的成分，就像任何主觀都有客觀的在場。統一的理想只能在藝術和宗教中「實現」，就如「莊周夢蝶」，還有「善」與「愛」，即我成為他人，他人成為我。估計正是這個沒有中介的統一使海德格發現自己也中了形而上學的圈套，仍舊沒有逃出牢籠：即使如自己的「統一」，也還是只能在意識中實現。經過漫長的沉默，海德格也開始了求助於中介（詩和語言）的探索。而同時代的卡西爾早就開始了對語言的性質和歷史的研究，不但極具說服力，還有著深遠的指導意義（參見《象徵形式的哲學．卷一．語言》）。

這裡強調的是，不管縱觀還是橫觀，如果說海德格哲學強調的是「真」，那麼在他的哲學裡幾乎找不到「善」的立足之地。進一步說，如果真理失去了客觀標準，是非、善惡也會因人而異，結果反而是幹什麼都不用擔責任了！這恐怕也是海德格親納粹的哲學上的根源吧。他肢解和閹割了哲學，把哲學引上了一條狹窄的死衚衕。就像海德格在康德的認識論裡看到了本體論一樣，在《實踐理性批判》中，他也看到另一種「道德」。利奧塔（Jean-Francois Lyotard，1924-1998年，又譯：李歐塔）在對比了康德的原文和海德格的解釋之後說：「像這樣的文本證明了海德格對公正問題的麻木。這種麻木主宰了他對巨大的不義的沉默，對奧斯維辛的沉默。就（一般）存在的真理而言，大屠殺不過是（個別）存在。自海德格的『轉向』之後，這種無知將繼續存在，甚至變得更盲目。」（談瀛洲譯《後現代性與公正遊戲．海德格和「猶太人」——在維也納和弗萊堡的學術討論會上的發言》，一九八七年）當海德格把「存在者」與「存在」分離開來的那一刻，他就走進了形而上學的死衚衕。再想把兩者合一，只能依仗「魔術」，或曰忽悠。如前所述，海德格的手法是把「存在」逼進「無」的境地，之後再想辦法「無中生有」。

海德格當紅有諸多原因。首先，他好像指出了一條道路，給人一個希望：有可能突破人類思維的局限性。其次，他嶄新的概念又吸引了人們的求知欲、進入他茫茫的概念林海。作為無神論神學家的海德格深知：沒有「神」，只有「神化」，「神」只是「神化」的結果。就是說，神是造出來的，只有那些不瞭解神的本質的人才會信神。在這個意義上，他是成功者。還有，他的哲學家兼納粹黨員的身分引起了人們的好奇。最後，就是跟風。比如先在日本，後在中國。在跟風的人群中不乏有一些人對海德格哲學的宗教傾向十分感興趣，覺得很親切，這跟東方哲學與宗教有著千絲萬縷的聯繫、或說還未與宗教徹底分離有關。在這個意義上，海德格哲學與儒教有著某種親近性。不過從這些粉絲的共同的立腳點，我們也可以發現他們的思想狀態，乃至智商。

德國大學在任命教授的時候需要被任命者提供「不同凡響」的著作，並且哲學教授可以在課堂上自由地講授自己的哲學思想。應該說這是德國哲學發達的原因之一，也是不少奇談怪論的溫床。這起碼在中國是不可能的，不信你就「百花齊放」一個試試。即使僥倖出版了，也會重回造紙廠，屬於曇花一類，而且還面臨著生命危險。真理和生命孰輕孰重，一般的智商都能想明白。

◎關於海德格和卡西爾的「達沃斯討論」

達沃斯是瑞士的一個小鎮，那裡風景秀麗，因而也是著名的旅遊勝地。達沃斯聞名遐邇還因為那裡常常舉行一些很難達成共識的討論，卡西爾與海德格的關於如何理解康德的討論（一九二九年三月十七日至四月六日）就是其一。

其實，分歧由來已久。這分歧不但代表了德國哲學的兩大流派，也意味著德國哲學未來的走向。應該說海德格是挑戰者。他在《存在與時間》中明裡暗裡多次對卡西爾發起詰難：「人們試圖把握『語言的本質』……『表達』、『象徵形式』……即使人們用調和的方法把這些五花八門的定義堆砌到一塊，恐怕於獲取一個十分充分的語言定義仍無所補益。決定性的事情始終是——在此在的分析工作的基礎上先把言談結構的存在論生存論整體清理出來。」（陳嘉映、王慶節譯，三聯書店，下同）……「闡釋工作的意圖是純存在論的，它同日常此在的道德化的批判和『文化哲學的』旨趣南轅北轍，涇渭分明。」矛頭所向十分明顯，不只是卡西爾，甚至涵蓋自己的導師胡塞爾。

卡西爾高度評價胡塞爾的工作（可參考《卡西爾遺稿》中關於「基礎現象」的議論），但不可能認同排除一切主觀因素的純粹現象分析的可能性。在康德指出的道路上，為了避免單單從概念出發，他引進了「文化」這一「現象」作為認識的根據和證明，甚至將《象徵形式的哲學》第三卷的副標題定為「認識的現象學」。更早，在《象徵形式的哲學》第一卷，他就以「語言形式的現象學」作為此書的第一部的題目，一脈相承。只是第三卷在更為廣闊的背景下展開了這一主題。認識的媒介是語言，廣義的語言就是象徵，正是象徵構成了文化。應該注明的是，卡西爾更強調自己的「現象學」類似早於胡塞爾的黑格爾「精神現象學」，即追蹤統一諸多現象背後的什麼。當然不是「絕對精神」、乃至「存在」之類的東西，而是統一「起點─中間過程─終點」三者的根據（前言）。他希望從文化出發確認認識，再以認識確定人，即海德格所謂的「此在」（現存在）。「終點」即是《人論》。相比之下，海德格是徒步，越過胡塞爾、康德，甚至亞里士多德，回到更為遙遠的那個哲學啟蒙的時代。很像尼采，但是他們在墓地裡看到的景象卻南轅北轍：尼采看到的是「多」，而海德格看到的卻是「一」。海德格要一斧子砍斷此在、存在與道德、乃至文化的關聯，從純淨的存在出發！就是說，非要揪住自己的頭髮離開地球。在這個意義上也有點維特根斯坦的味道。

更早，「一九二三年十二月筆者（海德格）曾在康德學會漢堡分會發表關於『現象學研究的任務與方法』的講演，在這次講演中已經勾畫出了生存論分析工作的輪廓。在這次講演會上，筆者曾有幸同卡西爾進行過辯論，那次辯論已經表明，在要求進行生存論分析工作這一點上，我們的意見是一致的。」等於什麼也沒說，至少是避重就輕、和稀泥，因為出發點就不同。甚至有拉大旗作虎皮的嫌疑。海德格對卡西爾的詰難是建立在誤解之上的：「新近，恩斯特．卡西爾把神話的此在變成了哲學解釋的課題，參考《符號形式的哲學》第二卷：神話的運思；一九二五年。這裡對某些概括的指導線索進行了探索，可供人們用於人種學的研究。（這裡不得不指出「人種學」這一翻譯太離譜，儘管海德格有褒貶之意。廣義可取人類學，狹義可取民俗學。）[9] 但若從哲學問題的提法方面來看尚有疑問：解釋的基礎是否充分透徹？特別是康德《純粹理性批判》的『建築術』及其系統內容究竟能不能為這樣一種任務提供可能的藍圖？或說這裡是否需要一種新的原始的開端？」不知究竟是誤解，還是故意歪曲，不是康德為卡西爾提供理論根據，而是卡西爾為康德的「建築」重新奠基——也許這樣說更準確：「改建」。卡西爾的問題意識十分明顯：語言、認識、文化起源於神話，然而作為思維形式的神話在認識論裡卻沒有一席地位。那麼，精神「結構形式」的統一性到底在哪裡？

海德格認為卡西爾把事情搞顛倒了：「人種學本身就已經把某種有待充分的此在分析假定為它的指導線索了。」……「把形形色色的東西安排在一張表格上也並不保證實際領悟了秩序井然地擺在那裡的東西。秩序的真實原則有它自己的事情之內容，這種事情之內容從不是通過秩序排列才被發現的，而是在秩序排列中已經被設定為前提。所以，排列世界圖像須得對世界一般具有明白的觀念。」不知道海德格是否理解了康德的意義（幾乎所有的康德專家都認為他「漫畫」了康德），反正他決定無視康德的忠告，重新從零開始，為獨斷論開闢一條新的生路：「我說了算！」這種思路是否與他日後的政治生涯有關呢？

打開窗戶說亮話：海德格強調的「存在」只是它的「日常性」、「實用性」（原初體驗的、實踐的），而這種思考形式在卡西爾那裡只是諸象徵形式中的一種，根本無法到達事物的「本質」。說難聽點，就如「猴子撈月亮」。例如，關於「空間」的分析。海德格說：「『客觀上』遙遠之途其實可能頗近，而『客觀上』近得多的路途卻可能『行之不易』，或竟無終止地橫在前面。但當下世界如此這般地『橫陳面前』才是本真地上到手頭。」……「此在日常生活中的尋識去遠活動揭示著『真實世界』的自在存在，而這個『真實世界』就是此在作為生存著的此在向來就已經依之存在的存在者。」囉嗦了半天，翻譯成人話

9　此為作者注。

（叔本華引用福爾斯塔夫的話說：你說的話要「像這個世界的人說的」。）就是：科學測量的空間並非真實的空間，而現實中感覺經驗的空間才是真實的空間。海德格還生動地舉例說明（據說這些例子頗為有名）：「例如，眼鏡從距離上說近得就在『鼻梁上』，然而對戴眼鏡的人來說，這種用具在周圍世界中比起對面牆上的畫要相去甚遠。……再例如對街道這種行走用具來說，上面這點仍是有效的。行走時每一步都觸到街道，似乎它在一般上手的東西中是最切近最實在的東西了……但比起『在街上』行走時遇見的熟人，街道卻相去甚遠，雖然這個熟人相去『二十步之遠』。」（《存在與時間》）這裡不厭其煩錄寫譯文，是希望讀者能一斑見豹，展望海德格的實存分析方法和他的文風。特別是「眼鏡」的比喻，它使我聯想到海德格似乎從來沒有想到他自己鼻梁上也架著一副老花眼鏡，只不過這眼鏡是無形的。對於卡西爾來說，這兩種空間不過是認識的兩種形式而已。海德格真應該看懂了卡西爾之後再來思考和寫作，免得製造垃圾。

對此，卡西爾說：「我們的考察和課題與海德格的考察和課題之間的區別在於，首先，並不停止於『作為用具的存在者』階段、它的『空間性』樣式，即使不否認這個階段，也是在超越這個階段的背景下提出問題。」（筆者摘譯《象徵形式的哲學．第三卷》）卡西爾的「超越這個階段的背景」正是多種象徵形式，以及它們得以存在的根據。

分歧無處不在：討論從新康德派是一還是多開始……康德究竟是認識論意義上的，還是實在論意義上的？康德的必然和自由、有限和無限（想像力）？真理的根據？哲學家的立腳點（人是什麼）？

為了便於理解，我們用比喻的方法來說明兩者的分歧。面對「太陽是什麼？」，卡西爾回答：我們有神話的太陽（太陽神）、宗教的太陽（太陽教）、藝術的太陽（「啊，我的太陽！」）、日常的太陽（日出而作、日落而息）、化學的太陽、物理學的太陽、天文學的太陽……（處於歷史中的）太陽的真理隨著人類精神的進化而逐漸成形並繼續形成。語言是客觀與主觀相交的寓所，是「客觀精神」。因此太陽的概念不是實體的，而是功能的。卡西爾前期，在科學領域裡，把它叫作「功能概念」，後期，在更廣闊的的視野中，把它叫作「象徵」。提一句：卡西爾選擇「象徵」這一概念正是為了克服像海德格那樣言之鑿鑿的「獨我論」，而「獨我論」正是康德盡終生的努力來克服的「獨斷論」的典型表現。卡西爾說：「康德說：『迄今為止，人們認為認識必須以對象為根據。但是現在，可以試著把問題倒過來。不是我們的認識必須以對象為根據，而是看看對象必須以我們的認識為根據會如何。』這就是說，對象的規定性問題以對稱性一般的存在構成的問題為前提。就是說，對稱一般的妥當性必須適用於存在構造內部的所有對象。這個哥白尼的倒轉的革新無疑在於諸多的存在構造裡不只有唯一的一個東西存在，而是意味著我們有多樣的存在構造。所有新的存在構造都有對應的新的先驗的前提。康德是說這個存在構造是與經驗的可能性的條件連在一起的。康德哲學的所謂新形而上學的存在，用我的話來說，不是實體的存在，而是源於具有功能性的規定和意義的多樣性的存在。我以為這就是我與海德格的立場不同的關鍵之處。」（《ダヴォス討論—カッシーラー対ハイデガー》，二〇〇一年，第40節）

然而海德格卻像個二桿子，堅持要問：這麼多太陽！它們有沒有一個統一的標準？到底太陽的本質是什麼？……海德格說：「總而言之，如卡西爾所言，存在自體分裂成多種樣式。但是很顯然，為了從存在的理念出發理解存在樣式的多樣性，取得這一理解的基盤才是中心問題。並且我所關心的正是獲得作為中心問題的這個存在一般的意義。我苦苦追尋的正是唯一、存在、及獲得提出存在結構與多樣性問題的地平線。」（同上書）海德格的「存在」是沒有歷史的，他完全不能理解他的「現存在」的存在只是「存在」的一種形式，而「存在」是不能僅憑這一種形式得到說明的！

康德和卡西爾都白幹了，而海德格還是老一套：從零開始（「新的開端」、「原始的開端」）。這點倒真有點尼采的味道，不過兩者的「存在」完全不是一回事：一個是「多」，一個是「一」；一個是活的（生成的），一個是死的「虛無的」；一個給出了標準，一個反對或說懼怕給出標準。海德格徹底復活了形而上學，為尼采所痛恨的「虛無主義」增添了一個新的概念「存在」。但是要想說明這個像上帝一樣的「新的開端」，海德格顯然力不從心，他的哲學也證明這一點。卡西爾是想從大樹的成長來說明樹種，而海德格非要從樹種出發來說明大樹：「卡西爾在最初的講演中使用了起點和終點這樣的表述。卡西爾的終點應該是指，在解明形成的意識的諸形式的全體性的意義上的，文化哲學的全體。而卡西爾的起點卻是完全蓋然的（應該被質疑的）。我的立場與之相反。起點構成了我的問題中心，問題由此展開。問題是，在我的場合，終點是否明瞭？對我來說，終點並不存在於文化哲學的全體中，而是存在於 τί τό ὄν、即究竟存在是什麼的問題中。對我來說，問題是要為形而上學的根本問題獲得一個基地，而形而上學的問題構成正是由這個問題中產生出來。」（均為我摘譯，盡可能讓人看懂。從海德格的遣詞造句就可以知道他的個性：反對直來直去，還非要擰著來。另：海德格喜歡從古代語言中尋求支持，而殊不知那些語言正是卡西爾所謂的「象徵」，或曰某一階段的人的認識的結果：知識。）

換一個說法，用一個比喻。當貓A看到電視中的貓B跑出了電視螢幕，它會「本能地」跑到電視的背後去尋找貓B，除非它是一隻對貓B毫無興趣，或是對尋找貓B已感到「絕望」的貓。這就像人類很容易把事物的某些性質，例如物理性質（重量、體積等等）當作事物的「本體」。它無法「理解」作為「表象」的貓B的「本體」並不「存在」。進一步，當貓發現鏡子中的貓不見了，它也會跑到鏡子背後去尋找那隻「消失的貓」，它並不會想到那隻「消失的貓」正是它「自己」。這是貓的「認識」的局限性，並且它的智商還達不到理解自身局限性的程度。我們或許會覺得貓十分可笑，卻很少有人——特別是海德格，聯想到自身處於相同的處境。如果承認「人是動物」，那麼這個本能的反應也是人的「正常反應」。請記住這個鏡頭。根據因果的思維方式，人類本能地認為在這個世界的背後一定隱藏著一個決定一切的原因。柏拉圖認為那是理念的世界，宗教名之曰神、上帝，黑格爾稱其為「絕對的」精神，叔本華稱之為「意志」（請注意叔本華的「意志」與前者的本質區別：「精神的寓所是我們，不是陰曹地府，不是天上星辰：這兩者都是活在我們之中的精神所製作的。」（《作為意志和表象的世界．第二篇：世界作為意志初論．意志的客體化．題詞》））

海德格譽之為「存在」，尼采貶之為「虛無主義」、「瘋狂」，而我卻稱之為「幻象」。因為你看到的東西並不在鏡子的背面，而在鏡子的前面，就是你自己和這個世界。「背後的東西」只不過是人類根據「幻象」的各種性質想像或推測出的一個「集合體」，或說「原點」，就像卡西爾說的「一條線」。康德最先發現了「鏡子」的存在，但仍不懷疑鏡子的背後有一個「物自體」。只是到了卡西爾，他終於發現鏡子背後的東西其實就是你自己——人類不斷創造出來的文化。是否認識到這個局限性，如何理解這個局限性，決定了哲學的意義。離開了這一立腳點，任何哲學理論都有忽悠的可能性。例如太陽，它可以是神話的、宗教的、情感的、實用的、化學的、物理的……進而表象的、實體的……根據人類思維的進化，人類學會從各種角度觀察太陽，並把觀察的結果歸於太陽。而實際上太陽就是太陽，它會隨著人的認識的深化而呈現出更為豐富多彩的形象。想要把對太陽的認識等同於太陽的想法只是一個幻想，你甚至都不可能完全瞭解與你相親相愛、朝夕相處的愛人！與對象的「同一」只能出現在神話或藝術之中，而且這些也是認識的某種形式。所謂「物自體」的問題是形而上學思辨的精華，正是在這個意義上：它處於人類認識的局限性的臨界點。就像泥鰍，你彷彿抓住了它，瞬間它又從你的指縫間溜走了。在我看來，海德格非要死死地抓住這隻泥鰍，直至把牠捏死。

貓的處境也許會使我們聯想到柏拉圖的「洞窟」，這裡無需再討論柏拉圖這一「發現」的優劣，而只想指出其精華：人類認識的局限性。人們相信狗和貓會死，但是不願意相信人會死。因為人有「靈魂」，即使肉體消失了，「靈魂」也會進入天堂和地獄繼續他們的人生。各種宗教正是基於這種信念，即便如科學先進的美國。而實際上，天堂和地獄的存在也是基於人類認識的局限性。人類智商的發展使人類產生了「萬能」的幻象，即使自己不能無所不能，也要創造出一個「無所不能」的東西，不管給它冠以何種高帽：理念、上帝、絕對精神……這一切在尼采眼裡都是虛無主義的東西。

在哲學討論中首先自覺地考慮到人的因素的哲學家，一般首推康德，他的「哥白尼的倒轉」對頑固不化的「獨斷論」的鬥爭延續至今。也許更早的還有貝克萊等人，而真正有意識地著書立說的哲學家應該是卡西爾。他沿著康德的道路，終其一生試圖通過對人類文化的發展的探討來定義「人是什麼」，並在《人論》中把人定義為「（使用）象徵（symbol）的動物」。（順便提一句，「symbol」被中譯者譯為「符號」，而「符號」使人聯想到「sign」，但是在卡西爾那裡，「symbol」包括「sign」，外延要寬泛得多。）卡西爾試圖用科學的方法（不是數學的方法）解決人的問題，在他那裡沒有討論本體和現象、唯物和唯心的餘地，因為那些都是人的認識或人類文化發展到一定階段的產物。遺憾的是，卡西爾的哲學因為「偏離」了傳統形而上學的軌道，至今沒有得到哲學愛好者們足夠的重視。

追蹤所有的論點、論據不是本文的目的，特別是所有論據的根據都在他們各自的哲學體系之中。總之，達沃斯討論是各抒己見，公說公有理、婆說婆有理，驢唇不對馬嘴。例如關於「人」，海德格針鋒相對：「我想再次把人是什麼這一問題作為中心問題。人的問題並不能以人為中心來定位。（誤解或故意誤解：卡西爾並沒有「以人為中心來定位」。人—文化—人：一個相互創造的循環。）[10] 人是能夠超越全體存在者和自身的存在者、即對全體存在者和自身開放的存在者，因此，人雖然具有外在於中心（exzentrisch）的性質，但同時又處於全體存在者一般之中。只有這樣考慮，作為哲學的人學的問題和理念才有意義。人的本質的問題只有從如下哲學的中心問題的構成中才能找到動機，才能獲得唯一的權利和意義。這個中心問題的構成即是使人超越自身並進入全體存在者，並明確在完全自由（幻

10 此為作者注。

覺，因為人是被文化決定了的。）[11]的情況下，人的現存在就是無這一問題的構成。無並不是悲觀厭世、憂鬱等等的誘因，而是如下理解的誘因，即：作用，就其本意，是因為存在著抵抗才存在的，哲學應該理解它的課題：脫離把人單單作為精神的作品來利用的敗壞了的定位，而是把人投進人的嚴酷命運中去。」（真拗口！翻譯過英法德日書籍的我頭一次遇到了難題，如果「忠實原文」，說得就不像人話了；如果意譯，又不是海德格了。由此又想到了叔本華的〈論風格〉，他引用莎士比亞《亨利四世》的台詞諷刺那些裝腔作勢的人：說話一定要「像這個世界的人說的」。）說得好像挺有道理，又好像什麼也沒說。這也是海德格的文風之一。問題的關鍵是「現存在」如何「在世界中存在」？他們沒有可利用的媒介，因此只能處於偶然和特殊的狀態之中。

正是為了避免這種狀態，卡西爾強調語言、文化的作用。語言就像人與人、人與世界之間的橋梁：「……我們通過使用語言而要求作為共同的場所的這個（象徵形式的客觀性）。這正是我所謂的客觀精神的世界。這個客觀精神的媒介正是把作為現存在的我們與其他現存在聯繫起來的繩索。除了這個（語言＝象徵）形式的世界，沒有任何方法可以把現存在與現存在聯繫起來。因此我不知道，沒有語言這種形式的存在，如何可能做到相互理解……」

再例如：海德格問：「人如何才能到達無限性？人用什麼方法才能與無限性發生關係？」這種好像沒看過卡西爾著作的提問方式是為聽眾著想？還是看了卻沒看懂？

卡西爾的回答很簡單：「只能通過形式這個媒介。」

我的解釋是：海德格的哲學是對康德哲學的極大嘲諷，彷彿說哥白尼的倒轉已經過時。但是就像日心說不會過時一樣，康德哲學或許不被接受，卻不會過時。邏輯很簡單：任何不借助翅膀，只要使勁抓住自己的頭髮就能離開地球的想法只能是幻想。

大概是感到了這種「討論」的無望？無益？作為收場白，卡西爾說：「我以為對立在於何處已經十分明瞭。再繼續討論這個對立不會有什麼收益。我們處在單靠邏輯議論已經不可能取得更多成果的位置上……」接著，他道出了最有預見性的一句：「選擇什麼作為哲學，要看選擇者是什麼人。」多麼睿智的語言，充滿了康德（人本主義）的氣息。插一句，同樣的說法最早出自費希特之口（《知識學第一序論》，一七九七年），費希特接著說：

11 此為作者注。

「因為哲學體系不是能夠隨便買來、隨便處理的無生命的傢具，而是與這個這個哲學體系的所有者的精神共生的。」卡西爾（作為德國第一位猶太人大學校長）沒有在演講時說明出處，大概是因為那是人所共知的名言。難道會是因為費希特對猶太人充滿偏見？卡西爾說得比較含蓄，儘管也預示了不遠的將來。我們可以把他的話說得更為直率和透徹：所選擇的哲學決定了選擇者是什麼人。智商決定行為。反過來說也可以，行為是鑒定智商的根據（卡西爾的方法論）。選擇是自由的，但是選擇的後果是應該由選擇者來承擔的。因為這後果是由選擇者的人格決定的。人格的評價者是歷史，歷史越是久遠，人格就越是清晰。這是筆者對海德格的「開示」、「澄明」做出的「獨我論」的解釋。

可以肯定的是：卡西爾與海德格的討論就像兩條平行線，絕不可能有交叉的地方。與其說是在進行討論、辯論。不如說是「獨白」，如果不是「非難」的話。這也正如雅思帕斯與海德格的討論，儘管他們盡量保持面子上的友誼。

沒有答案。就像海德格提出的許多問題一樣，在「體系」的意義上，好像都沒有答案（結果、結尾、水落石出），就像未完成的交響樂，這也就是我說他虎頭蛇尾的原因。一個音樂家如果淨是些未完成的交響樂，儘管他可以給你片段的激情和很多猜想、幻想，但是作為聽眾，畢竟還是感到沒著沒落的吧：我的猜想究竟是不是他的思想？海德格的技巧在於讓你把答案寄託在他下一部作品上，以此來拖延——拖延那個他也沒想明白的結果的到來。然而下一部作品，他又從頭開始講起。固然，哲學，作為歷史，是沒有答案的；但是好的哲學家，他的一個概念就可能讓你展望他的整體思想。他的每一部作品都是一個台階，幫助你到達他思想的頂端。如果說尼采的每部作品都是教人如何避免各種被忽悠，那麼，海德格的每部作品就都是教人各種如何忽悠。

我估計海德格根本沒認真讀過卡西爾的《實體概念與機能概念》（*Substance and Function*，一九一〇年，又譯：《實體概念與功能概念》），我甚至懷疑他沒搞清楚康德哲學的意義！他要把康德的「哥白尼的倒轉」再倒過來，拋棄與文化為一體的人，來談論「存在」，其實是要拋棄科學的手段重走那條走不通的、舊式形而上學（神學？）的純粹思辨的老路。走吧，也許過上幾百年還真的走通了。還有，瞭解尼采的人一定會認為海德格是當代最大的虛無主義者！難怪卡西爾在達沃斯討論期間的私人筆記裡寫道：「海德格在此不像一個注釋家在說話，而是像一個篡奪者。」（以上均為筆者摘譯）

如果說卡西爾的「真理」在歷史的意義上是開放性的，海德格的真理也是開放性的，但是是在個人的意義上，即個人超越「非本來性」而向「本來性」（如其所是）的不斷努力，即追求真理的過程。關於「本來性」的分析可參見阿多諾（Theodor Ludwig Wiesengrund Adorno，1903-1969年）的《隱語：本來性》（*The Jargon of Authenticity*，一九六四年）。插兩句：在阿多諾那裡，「隱語」意味著由於顧忌等原因換一種說法或叫法，但說的還是同一回事。「本來性」就是這樣的隱語。阿多諾認為「現存在」的意義在於把個人消解於全體之中，它承繼著納粹時代泯滅個性的、國家一體化的全體主義。因為「本來性」這個隱語來自於德國人的「怨恨」（Ressentiment），而根據尼采，怨恨是奴隸的典型特徵（參見都魯茲的《解讀尼采》中關於奴隸和怨恨的指摘）。阿多諾說：尼采要是多活兩年，看到這個「本來性」非吐了不可。阿多諾甚至認為：海德格在戰後那個屈辱的年代繼續使用他的隱語是使其能夠在少數同伙之中流通，形成共同語言，即我們所說的「暗語」。戰後，海德格毫不羞愧地出版了他一九三五年納粹興旺時期的講稿《形而上學入門》（*Einführung in die Metaphysik*），也是上述說法的明證。

阿多諾還說：「本來性」暗指德國人就應該是德國人的樣子。「本來性這個詞只不過指『不說某一現象是什麼。而是說（某物）是否是已經作為概念前提的「本來的」東西、在多大程度上成為了這個東西。』就是說它不是一個有具體內容的詞，而只是指某物是否是某物自身的形式上的狀態，即指自身同一性。」因此，「就連拷問官，只要是（第三帝國的）『正式的』拷問官，借著現今人氣的『本來性』的名義，也可以申請各種各樣的『存在論式的』恢復名譽了，是不是這麼個理？」阿多諾可真有意思，比我有過之而不及。這大概是因為我既不是猶太人、也不能以天上沒有星空，心中沒有律令的「現存在」的身分來領悟他們之間的不同處境的緣故吧。

阿多諾更多的是著眼於「善」，即社會道德方面。就認識論而言，「本來性」與「非本來性」的設想更表現在立腳點是從主體出發，還是去主體化。在海德格那裡，前者意味著科學主義、主觀主義，而後者卻是對前者的顛覆。對「存在的真理」的領悟就像日本的「道」（茶道、花道、劍道），追求永無止境。據說這就是海德格哲學在日本頗受歡迎的原因之一。且不說真理變成了追求真理的過程，就說「Dasein」吧，它具體到每個人，而每個人的悟性肯定不同。如果「本來性」說的是矮個不要打籃球，高個不要練舉重，還算說得過去；但要是在哲學的意義上，說對抽象的「存在」的領悟，那麼與其說是邏輯的理解，不如說是佛教的「悟」。因為真理並不是個人意見的集合，就如納粹時代證明的那樣。這就是我懷疑海德格在忽悠的原因之一，據說也是日本人接受他的原因之一。還有，跟風。德國哲學確是百花齊放，處於世界的領先地位。或許還因為德國和日本都是軸心國成員，又都經歷了戰敗？最後，這也是我將要說的，與王陽明哲學的局限性的類似之處。

作為此小節的結尾，我想指出：實際上，卡西爾對海德格影響極大，儘管海德格對此不置一詞。從海德格的研究軌跡來看，海德格也終於進入了知識（詩、語言）研究的領域，而這類研究卡西爾早就開始了，並且要廣泛得多。

◎簡說維特根斯坦

說到這，對不起，好像還應該插一段。我的這種做法實在不符合叔本華對寫作的要求，但是為了把對象——包括卡西爾與海德格的分歧——放在一個更為廣闊的視域裡，又想不出什麼別的更好的辦法。

從一九二〇年到一九三〇年這十年間，至少出現了三位據說具有巨大影響力的哲學家，他們還代表了德國哲學的三個主要流派：卡西爾、維特根斯坦、海德格（弗洛伊德的《自我與本我》發表於一九二三年）。如果再加上本雅明他們，那就更多了。這可真是哲學史上的奇觀！其中兩位，海德格和維特根斯坦，都誕生於一八八九年。這一年又是一個多麼不尋常的年頭啊：希特勒也降生了，而且後來還與維特根斯坦同校，只是不同期。一戰中，作為志願兵，老維和希特勒一樣奔赴前線，據說《邏輯哲學論》的部分手稿就是在戰壕裡寫就的。那十年間，值得注目的還有羅素的師父、老維的師爺懷特海（Whitehead，1861-1947年，又譯：懷德海、懷海德）。他先是以數學家的身分度過了劍橋大學時代，又以自然哲學家的身分經歷了倫敦大學時代，最後，從六十三歲開始，作為哈佛大學的哲學教授度過了晚年。也因此，他在科學論、形而上學、認識論，甚至神學宗教方面都有一些影響。有意思的是，他在一九二七年出版了他當年的講義《象徵作用》（*Symbilism-Its Meaning and Effect*，又譯：《象徵系統其意義與作用》）。雖然只有幾十頁，還是能從中發現他與卡西爾的思路幾乎一樣，也是針對亞里士多德的「實體概念」提出了「象徵」的說法，只是沒有展開。是時代所致，殊途同歸？還是受到了卡西爾的影響？筆者認為很可能有後者的因素。否則也太偶然了吧。相對於他的其他創見，這本小冊子很少有人論及，也許就有如上原因。

不過，他有兩句名言為人津津樂道：「所有的西方哲學只不過是柏拉圖哲學的注腳。」「柏拉圖如果在現代復活，肯定會把（懷特海的）有機體哲學作為自己的哲學來講述。」（《過程與實在》〔*Process and Reality: An Essay in Cosmology*〕，一九二九年）

再說維特根斯坦。（我的這種敘述方法是不是有點「俄羅斯套娃」的味道？）我想像，如果「達沃斯討論」再叫上他，一定會更加有趣，因為三個人立場各不相同。那樣的話，哲學本身，而不是康德，就會成為問題：「哲學到底是什麼？」沒叫維特根斯坦大概是因為他不合群、說話又太慢，並且只出版了一個小冊子（《邏輯哲學論》，只有一處指名道姓提到了康德），和康德還沒什麼直接關係的緣故吧。如果非要維特根斯坦站隊，後期的他很可能站在卡西爾一邊，因為卡西爾實現了他的部分理想；而在他看來，海德格很可能和前期的他一樣，患上了他所謂的「哲學精神病」。

對哲學著作的恰當評價需要時間，特別是對所謂的「世論」而言。這不但因為大眾對哲學相對陌生，還因為，一個哲學家在某個方面做出貢獻並不意味著他的主導思想也有價值。還有，「品牌效應」：德國哲學確是領先世界，但是並不是所有的德國哲學家都具有品牌的價值。在這個意義上，很多哲學家都受到了不公的待遇。當然，就連美術這樣直觀的領域，情況也是一樣。例如梵高、高更、塞尚、莫迪里阿尼（Amedeo Modigliani，1884-1920年，又譯：莫迪利亞尼）……在以崇尚藝術為榮的巴黎的境遇。藝術如此，何況哲學！同時代的黑格爾和叔本華就是一例。連「野路子」的維特根斯坦都聲稱受到了叔本華的影響。真是這樣嗎？據說《邏輯哲學論》的結尾關於「梯子」的比喻就來源於叔本華（《續意志與表象：7》），其大意：知識（梯子）是深化理解的工具，而不應成為負擔。維特根斯坦借用梯子來比喻自己的著作。與叔本華不同的是，這個「梯子」也招來了不同的解讀：是自我否定，還是自我肯定？如果「梯子」有價值，那麼它必然溶解於求知者的血液之中，怎麼還能扔掉？可能是因此，過了一段時間，他又說：「我對所有靠著梯子就可以碰到的事物都沒興趣。」叔本華是為讀者寫作，他妄想所有的人都能看懂他的著作。但是他的謙卑遭到了報應：冷遇。維特根斯坦與之正相反。他在序言中寫道：「這本書也許只有那些自己已經思考過在此書中所表述的思想或者類似的思想的人，才能理解。因此這不是一本教科書。」（郭英譯，商務印書館）多麼傲慢，甚至輕狂！（就個人而言，我很讚賞老維無拘無束的生活道路，也欣賞他特立獨行的哲學探險。）好像在測驗讀者的智商，就像在說：「你們看不懂不能怪我！」……「凡是能夠說的，都能夠說清楚，而凡是不能說的事情，就應該沉默。」這句話雖然是對到他為止的哲學的批判，但從另一個角度來看，不也是對他自己的諷刺嗎？能說的我都說了，再多說就都是廢話了。對於自己的語言表達的「不確定性」（也可以說成是「確定性」），說什麼也沒用！對於讀者是否理解，我不負任何責任！不錯，康德也說過類似的話，那是為了幫知識畫分領域。維特根斯坦把它應用到語言之中：「這種界線只能在語言中畫分。」並且毫不領情：「我並不指出任何所根據的資料，因為我所想的是否已為在我之前的某人所想，這對我是不相干的。」確實不大適合做先生，不管是大學教授，還是小學老師。

難道，在和他有「一樣」思想的人與學子之間就沒有別的路嗎？怪不得連把他捧為「天才」、為該書出版奮力奔走，並寫下導論的導師羅素都不能正確地理解其著作。不僅如此，幾乎他所有的讀者都在猜謎！他把自己的思想用「格言」、「定式」或「警句」一樣的方式記錄下來，既沒有概念的解釋，也沒有邏輯的說明，就像《聖經》，也像中國的許多「古典」，而這正是叔本華所說的德國哲學風格的最惡劣表現之一：「他們或者用短促、含糊和似是而非的句子一點一點地草草記下他們的思想，這些句子似乎比他們說出來的話意味著更多的東西……」（〈論風格〉）不過，維特根斯坦似乎「謙遜地」

承認了叔本華的指摘，他說：「……思想表述得越好，它的價值就越大。就更能抓住要領。——在這裡我得承認我是遠遠地落後於可能作的了。理由很簡單，因為我的力量不能勝任這個任務。其他人會來做得更好的。」（均取自《邏輯哲學論・序》）前邊不是剛剛說過，「凡是能夠說的事情，都能夠說清楚」嗎？這麼快就忘了？正如音樂的構思用音符，繪畫的構思用色彩，思想的形成靠的是語言。不能清晰地表達的思想就是不清晰的思想。把思想與表達分開考慮，這真的是出自大名鼎鼎的維特根斯坦？真令人難以置信！而且，「任務」不是先天的存在，而是只存在於維特根斯坦心中的、未經表述的思想，其他人怎麼完成這個尚且未知的任務！？畢竟和炸碉堡不一樣……是我吹毛求疵？……加之，他的說法與他的「不能從現在的時間，推論出將來的事件」也不協調。他是在挑釁嗎？「說我做得不好？你來試試看！」

在謙遜了一番之後，他緊接著說：「另一方面，在這裡所闡述的真理，在我看來是不可反駁的，並且是確定的。因此我認為問題基本上已經最後解決了……」兩個對立的態度，哪個是真心話？他是在說這是一個沒有得到完美表述的真理嗎？一斑見豹，讀者將會因此而聯想到他的「邏輯哲學」的邏輯。這些現象也顯露了維特根斯坦的性格：優柔寡斷。表現在思想方面，就成了自相矛盾，因此在風格上，寄希望於用一套模糊的概念來提供一個明確思想的野望。前提應該是沒有絕對客觀的科學真理，因為科學也是人的科學。他說：「命題不能描述本身反映在命題中的邏輯形式。……命題表明現實的邏輯形式。它揭示了現實。」既然如此，他就應該像卡西爾那樣，通過具有多種形式的文化這個「現實」來「表明」具有同構性質的「邏輯形式」。然而他的做法正好相反，仍然寄希望於某個超驗的公式可以解答「邏輯形式」的問題。所謂「它揭示了現實」也弄顛倒了，應該是作為「客觀精神」的「現實」揭示了「邏輯形式」！這才是科學的意義所在！他斷言：「能夠表明的東西，不能夠講述。」（「What can be shown, cannot be said.」「Was gezeigt werden kann, kann nicht gesagt werden.」）；老維的目標在於用（狹義的）語言為哲學畫定界限，但是卻不得不面對一個矛盾，或說，兩個障礙：「sagen」（言說）與「zeigen」（表示）的區別。一方面必須把非科學邏輯的東西（藝術、倫理、宗教等）排除於哲學之外，因而使哲學失去了批判的對象而變得空無一物；從而，另一方面，使廣義的語言失去了立錐之地。因為，所謂的「表明」靠的是什麼媒介？難道不是廣義的（神話的、宗教的、倫理的、藝術的）語言？用這種語言「表明」不也是「講述」嗎？此外還有什麼「講述」？他真的是要用謎語來考驗讀者的智商嗎？還是羅素最早注意到了這一點，他在導論中不無幽默地說：「使人發生猶豫的是這樣的事實，即維特根斯坦先生終於還是說出了一大堆不能說出的東西……」——（插一句：我對羅素的鑒賞力是持懷疑態度的，因為他的情緒多少左右了他的判斷。例如：他因沒有看到維特根斯坦的根本問題而偏袒了自己的弟子；在《西方哲學史》中，對於自己沒有理解，因而不喜歡，更可能是因為不喜歡而沒有去深入理解的尼采的評價更是離譜。）是我吹毛求疵？我的哈哈鏡的問題？幸虧後期的維特根斯坦經過反思，改弦更張了。說好聽些：他的一生是勇於探索真理的歷程，是知錯就改、不斷改錯、不斷探索的歷程。

在前期維特根斯坦的哈哈鏡裡，被放大了的語言涵蓋了所有的問題。他把哲學問題的混亂歸咎於語言權利的濫用，希望用一套合乎邏輯的語言來分開可以言說的事實和不可以言說的東西。然而，幾乎所有維特根斯坦的讀者都沒能清晰地理解他。究其原因，是因為他們希望通過閱讀建立起像他一樣科學的邏輯思維（儘管這個邏輯思維可以像「梯子」一樣被扔掉），因此中了「第二十二條軍規」的圈套。在沒有邏輯必然的「邏輯」裡尋找邏輯，結果可想而知。儘管如此，人們還是相信這是自己的理解問題。邏輯很簡單，只有在未知的東西裡面才可能有更多的東西。神就是這樣煉成的，賭博也是建立在這個邏輯之上的。幾乎所有的占卜師都瞭解這個簡單的邏輯。

維特根斯坦的問題就出在他的立腳點，這個立腳點可以用他最為著名的名言，即作為《邏輯哲學論》結尾的那句話來表示：「一個人對於不能談的事情就應當沉默。」然而這些「不能談的事情」卻構成了世界的一大半！既然「世界是事實的總和」，「在邏輯空間中的事實就是世界」，那麼一半以上的、被認為不可言說的文化現象是不是事實？它們是否處在「邏輯空間」之中？說？還是無視？抹殺？像抹殺猶太人那樣？（這個比喻不大恰當，何況維特根斯坦還有猶太血統。）這個「世界」到底是一個什麼樣的世界？老維的理想好像是一個真空的哲學……

語言有狹義、廣義之分。狹義的語言就是日常用語，而廣義的語言還包括了神話語言、宗教語言、科學語言，甚至音樂語言、美術語言。學過外語的人或許會有這樣的體驗：你看懂了某種外語的小說，但是卻看不懂這種外語的哲學著作，甚至經濟方面的報紙。這是因為除了語匯方面的問題，還有邏輯方面的問題。有更為寬泛的說法，認為動物之間也存在著語言交流，只是它們的「語言」僅限於情緒的交流，這種情緒與現實也存在著一定的邏輯關係。而人類的語言即是發源於這種「語言」。哲學既要求自身具有嚴密的概念、邏輯，又以廣義的語言、邏輯為對象。因為多種形式的語言，包括哲學語言，都是精神的載體。老維的問題就發生在「語言界定」的問題上。前期的他著眼於日常語言的濫用，並且把詞語限定在實體概念範圍之內，希望從此出發來規範哲學。很難想像那是一種什麼樣的哲學，哲學在失去了過去的同時也沒有了未來，因此哲學也將不復存在。

維特根斯坦的「科學觀」驅使他把語言邏輯精簡（像精簡他的著作一樣）為像自然科學那樣的公式，然而實際上，這種公式（「相對真理」）也只能在時間和空間的限制下在數學、物理學、化學中存在，更何況在人文科學領域、即不存在不可分割的「原子事實」（事態、Sachverhalte）、「原子命題」，也不存在放之四海而皆準的、亙古不變的公式。這些東西不過是「唐吉坷德面對的風車」。筆者並非反對邏輯，而是強調邏輯也是一種「象徵」，並且像象徵那樣具有多種形式。如果把邏輯簡化為一，那麼這個「一」一定是黑格爾「絕對精神」那樣的東西，簡稱「萬金油」。聰明的維特根斯坦首先應該利用他的公式檢驗一下他自己的理論。實際上，他似乎也這樣做了，因為我們可以明顯發現，前期構成「原子命題」的「名字」是「實體的」，他多次強調：「命題中所使用的簡單記號稱之為名字。」「名字表示客體。客體是它的意義。」「在命題中名字代表客體。」「一個名字代表一件事物……」「命題的可能性是建立在用記號來代表客體的原則上的。」……這樣做無疑是給語言做了節育手術，如果不說閹割的話，使概念即使在自然科學領域都難以施展它們的才能。這是維特根斯坦的致命傷，可謂「千丈之堤，以螻蟻之穴潰」。而卡西爾在一九一〇年就已對「實體概念」進行了徹底分析。維特根斯坦好像不大關心他人的事情（不排除派閥之見），喜歡閉門造車。不過，可喜的是，後期的他隨著立腳點的位移，他的實體的名字也向機能的名字轉向了。也許應該這樣說，隨著實體的名字向機能的名字轉向，他的立腳點也發生了位移。從另一方面說，即在實踐方面，我們可以根據卡西爾象徵形式的理論區別什麼是科學、什麼是神話，什麼是忽悠、什麼是理論，然而至今，至少我沒有見過有誰用維特根斯坦的公式區分開了真假哲學。按照維特根斯坦的邏輯，甚至哲學本身都很可能從精神科學中被閹割掉。藝術、宗教之所以存在，是因為它們有它們的邏輯，而不是純粹的胡說八道。除非你無視這一現象，認為那不是邏輯，像維特根斯坦一樣。而邏輯學如果說有什麼意義，它首要的任務是畫分存在於文化之中的各種邏輯之間的區別，至少像康德那樣。

維特根斯坦挺有意思，他把書稿寄給羅素，羅素看完之後在回信中提出了問題，維特根斯坦回信說：「……你好像沒有真正理解我的主要論點。對於我的主要論點，邏輯命題的論述只不過是次要的。主要論點是討論用命題——即用語言——能夠表現（言說，即思考）的東西與不能用命題表現、只能表示的東西。」（筆者譯）意思是說，我所說的並不是主要問題，主要的問題是以此區別開還有另一半不能說的。他在給《布蓮納》（*Der Brenner*）雜誌主編路德維希·馮菲克爾（Ludwig von Ficker，1880-1967 年）的信中更清楚地表達了同樣的意思：本書由兩部分組成，可說的和不可說的，重要的部分是「書中沒有寫出的所有東西」。本書是關於倫理的書，「就是說，通過我的書從內部給倫理問題畫清了界線。並且我確信，只有這樣做才能畫清這一界線。簡言之，我相信，對現今所有眾說紛紜的毫無意義的言論保持沉默，用這樣的方法才能在我的書裡確定這一界線。」（筆者摘譯）他這樣做的理由很簡單，倫理問題不是「事實」，即命題所能表現的，而是價值判斷的問題。價值不是事實，因此不在「世界」之內，而在「世界」之外，是某種「超越的東西」，是不能言說的。大概是根據這一點，有人非要讓維特根斯坦與康德（理論理性與實踐理性）發生關係，這也是哈哈鏡效果。

前期的維特根斯坦立腳於一個針尖上，這是他的致命傷：「名字表示客體。客體是它的意義。」（喜歡中國古典，並熱衷「比較哲學」的人可以自豪地說：這不就是N千年前公孫龍子的「物莫非指」嗎？接著，還可以根據後世的哲學為龍子接上一條長長的尾巴，儘管龍子本來並沒有尾巴。）

後期的他發現，已經被自己解決了的問題並沒有得到解決，它還活著！非但如此，自己還為哲學史增加了一個問題：維特根斯坦的「邏輯」到底屬於什麼邏輯？大概是因此，他結束了「隱居」，又回到了哲學界，試圖重新解決這一問題。也是因此，他的立腳點發生了「位移」：從語言與現實的邏輯結構上的相似性向語言與其使用者關係的語言實踐方向偏移。一直困擾著他的語言的意義問題終於見到了一絲曙光：我的語詞（概念）究竟是實體的，還是功能的？在多種「生活形式」中，它們如何被理解和交流？他發現了「語言遊戲」，他說：「設想一種語言便意味著設想一種生活形式。」這不僅意味著存在著不同形式的語言，更重要的是同一種語言可以遵從不同的遊戲規則而在不同的遊戲中存在……然而這些領悟距離卡西爾「功能概念」的分析已經又過去了很多年。卡西爾一九一〇年出版了《實體概念與機能概念》，其中他發現概念在科學的不同領域具有不同的意義和作用。在一九二三至一九二九年的《象徵形式的哲學》中，又把這一思想貫穿於文化領域。而且，老維的位移又過於偏激，從一個極端跳到了另一個極端：如果說他的前期追求的是「一」、「本體論」的，那麼後期則是「多」、「經驗論」的。我們仍然不大清楚老維的「生活形式」涵蓋了文化的哪些方面，不同的遊戲規則之間有什麼本質區別？……因為立腳點的問題，老維終生都在修補他的理論，致使「奉獻一本好書」（《哲學研究》）的願望在生前最終未能實現。

判斷一種哲學到底有多大價值，一定不能僅從這種哲學出發，而是要把它放在哲學史、特別是同時代的哲學史中去。部分與全體的原則在這裡不但適用，而且非常必要。這也是避免被忽悠的唯一方法（老維的畢生努力也是為了避免被哲學忽悠，不過僅從一種語言形式的角度出發。）他從事的工作是否別人已經嘗試、「完成」？「完成」到什麼程度？當然，這並不容易，不少志向哲學的學生都是因為被忽悠而浪費了不少寶貴時光。畢竟，一百塊錢對窮人和富人來說，感受並不一樣。哲學家們在走不下去了的時候會自覺或不自覺地「位移」，我們發現維特根斯坦和海德格都有位移現象，不同的是海德格不像維特根斯坦那樣坦率地承認罷了。維特根斯坦把重心從前期的語言（包括語言與事實的關係）向人、即語言與人的關係——語言實踐——方向移動；同樣，海德格把重心從前期的物（物化的現存在）向語言藝術的方向移動。如同維特根斯坦的語言在使用中呈現它的意義、進而發現了「語言遊戲」一樣，海德格也發現了現存在不僅在實存中，還要進一步在語言中才能發現它的價值：「語言是存在之家」。

為一個「說法」尋找根據，把根據歸於客觀或是歸於主觀，在這個意義上，「唯物」、「唯心」的區別或許成立，因為便於理解。但是用這個區別去鑒定一個哲學家的立場，並給他貼上標籤，就太簡單粗暴了。這種做法一般是出於政治目的的需要，即忽悠的需要，因而必將使問題脫離學術而誤入歧途。任何一個說法都處於主觀與客觀之間，就如處於人與物之間，並尋求兩者的「統一」，無視任何一方都是一種單弦思維；所謂「徹底的唯物主義」與其說是心理問題，不如說是生理問題，即智商問題。換一個角度或者可以這樣說，唯物主義阻礙了智商的開發。道理很簡單：對主觀進行反思是發現正確道路的條件，並且還能起到開發智商的作用；否則只能像朱熹那樣去「格物」。其實道理並不複雜：世界是存在的，但是脫離了人來談論它，就難免獨斷論；同樣，人也可以拿來分析分析，但脫離了具體的文化史的背景，分析不外是水中撈月。然而一遇到具體問題，大多數人還是喜歡偏執一詞。特別是對維特根斯坦這樣的哲學家來說，他把重心放在這個「說法」的根據、即邏輯上。一方面，要求這個邏輯必須與事實同構：「它們都具有共同的邏輯結構。」另一方面是主體的無所不在，問題是你是否意識到它的在場。「我就是我的世界（小世界，Der Mikrokosmos）。」（根據文脈，「我」應該＝我們、人。）這裡有老維最美麗的比喻：你可以看見「一切」，但看不見自己的眼睛。「這裡我們看到了嚴格貫徹的唯我論是與純粹的實在論一致的。唯我論的『自我』縮小至無延展的點，而實在仍然與它相合。」「『自我』之出現於哲學中是由於『世界是我的世界』。」令人無法滿足的是，老維沒有就他的論點展開論證，即說明到底我、邏輯和世界處於何種具體的關係之中？而研究者們只能猜。不過幸好，這個「猜」是在思想的意義上，或許可以激發讀者的想像或靈感，也許這就是老維的魅力所在；不像中國古典，是在字義上的考證，令人如坐針氈。

我沒有對維特根斯坦進行過專題研究，大概是因為我對把數理式邏輯應用於哲學抱著懷疑的態度吧。根據卡西爾，它們應該屬於不同的象徵形式。固然，如果再進一步，能夠把一套科學的公式運用到藝術領域，那可就方便多了，就像中國的電視劇；不過更可能的是，藝術就此就消失了。我所談的只是一些直觀的感受，在我相信這些直觀感受的同時，當然也懷疑它，只是還沒有充分的理由來推翻這個懷疑。一開始，我對維特根斯坦的特立獨行產生了興趣，大概是「同病相憐」的原因吧。接著，我對他居然引起了那麼大的反響感到好奇。最後，我懷疑有炒作與「烏合之眾效應」（參見勒龐〔Gustave Le Bon，1840-1931年〕的《大眾心理學》〔*Psychologie des Foules*〕，又譯：《烏合之眾》）的因素在內。推手最早是他的導師羅素和摩爾。廣為人知的《邏輯哲學論》的拉丁文題目、也是英文題目「Tractatus Logico-philosophicus」（一九二一年）據說就是摩爾（1873-1958年）參考斯賓諾莎（Baruch de Spinoza，1632-1677年，又譯：史賓諾莎）的著作而定名的。但是作為論文，老維的「論文」裡幾乎沒有「論」的部分，而只是列出了思考進程的綱要，就像人體骨骼，好像後面還會有一部大著來使這個綱要有血有肉。但是沒有下文了。如果叫作《邏輯哲學綱要》是否更恰當呢？因為許多綱要要比老維的還要細緻、詳細。（是否只有我才會提出這麼愚蠢的問題？）

而且，這個綱要彷彿源自即興而成的筆記，有思考得來的靈感，也有源於生活的感悟，更多的是讀書或聽講之後的銘感。我們可以感覺到他的思想與其他哲學家的思想的關聯，但是不能確定，因為他拒絕標明這些影響的來源，彷彿與他人無關。這是不是屬於「貪天之功據為己有」呢？在這一點上，有點像中國人，你搞不清楚他們的技術是「自主研發」的，還是哪兒來的。起碼給研究者帶來了不便。我甚至可以想像《邏輯哲學論》成書的過程：將這些筆記按一定順序裁剪、歸類、拼接，因為它的思想是跳躍的，有的地方步子小，有的地方步子大……排除古希臘的殘篇，老維的寫作風格可算是獨樹一幟了。

筆者高度評價老維強調的語言邏輯在哲學中的地位，儘管在他的腦海裡，就像「名字表示客體」一樣，「……邏輯形式，即現實的形式。」但是不能贊同語言邏輯和哲學兩者直徑相同的看法，即如他所說：「倫理學是不能表述的……（倫理學和美學是一個東西。）」凡超越維特根斯坦的「邏輯」的東西都是神祕的、無嚴格意義的、不能言說的、說了也沒用的，因此人文學科中的許多學問，諸如美學、宗教學、形而上學、倫理學的存在都成了問題。事實上，後期的老維針對「哲學病」也改變了自己前期「截肢」的做法，而是主張採用「不同的治療法」。其實道理很簡單，你可以解剖屍體，但不能解剖生命。因為真善美是一體的，它們共同構成了哲學的生命，也構成了人的精神。而從屬於善的倫理學和從屬於倫理學的政治學就像血管和毛細血管，你盡可以在醫學上對其進行命名，但是卻不能否認它們在血液循環的意義上是同等重要的，只是作用相異罷了。

在肢解屍體的意義上，海德格和老維類同，不同的地方也許在於現實為前者提供了實踐他的理論的舞台。筆者此文並不想羅列海德格在政治生活中為人詬病的各種言行，只想指出哲學與政治的關係，即，作為「現存在」的人如果失去了善的支撐會落得如何下場。在這個意義上，海德格為我們做了傑出的榜樣。

如果忽悠分為有意（動機）的忽悠和無意（效果）的忽悠，那麼海德格基本上屬於前者，而維特根斯坦大致屬於後者。鑒定德國哲學與鑒定古董一樣，一定不能為單一的表面現象所迷惑。不少德國哲學家正是打著科學的旗號來忽悠的，就像希特勒打著為人民服務的旗號一樣。

◎續說王陽明

如前所述，在西方哲學裡，「在」和「有」有著嚴格的區別，這關係到是否與主體有關及其理論的性質，因此還誕生了不少哲學家和流派。但是在古漢語裡，你很難發現古人有區分兩者的意識。王陽明的「心」與貝克萊的「感知」十分類似：「天上的星辰，地上的山川，宇宙中所含的一切物體，在人心靈以外都無獨立的存在，它們的存在就在於其為人心靈所感知。」兩者都強調主體，區別在於「心」（意識）的主體是個人意義上的「我」，而「感知」的主體是普遍意義上的人。這也就是為什麼說前者的認識有著濃厚的佛教色彩，而後者卻被歸為純粹的哲學。與佛教側重個人修煉的「悟」相比，哲學更追求普遍的「真」。指出區別並沒有厚此薄彼的意思，兩者都有積極意義。

還有，與宗教不同的是，哲學希望用一套嚴格的概念和邏輯來認識、說明問題，甚至包括形而上學自身的功過。且不說這種做法是否科學、是否真的能夠通達「自然」，無疑的是，這是哲學的立腳點、存亡的分水嶺。就「意識」而言，在貝克萊那裡的「感知」雖然是一個概念，但是「感」與「知」還是處於不同的層次。儘管他的「知」有著先天和超驗的性質，但是他還是說明了兩者之間的關係。但是在王陽明這裡，我們很難找到他關於「心」的構造的說明。就是說，「心外無物」的心、即意識的心與他的「良知」的心之間存在著何種關聯。「致良知」的「良知」究竟是先天的（「心即道，道即天」）還是後天的（「無善無惡心之體」），是經驗的還是先驗的（「知善知惡是良知」）？如果是先驗的，那麼它是如何誕生的，或說如何被植入我們的「心」的？如果是經驗論的，我們又是如何與世界打交道而「致良知」的呢？換句話，假若，空無一物的「心」與「意」（有善有惡意之動）不是一體的，那麼到底孰先孰後呢？它們處於何種關係之中呢？……這個「格物」（為善去惡是格物）的「良知」，前面也提到了，除了善惡觀念之外就沒別的了嗎？就是說，它與自然科學、社會科學、人文科學處於何種關係之中？當然，這些「科學」是現代用語，但是不能否認它們所畫定的分野（真善美）在古代並非不存在，或古人並非沒有區分它們的意識，例如在亞里士多德那裡……但看不出王陽明有這種刨根問底的意識。就問題意識而言，很難說王陽明的說法是在哲學意義上的認識論問題，因為儒教、佛教的色彩十分顯著。如果把《大學》修身養性的方法、即「格物、致知、誠意、正心」倒過來，恰巧與「四句教」的順序十分合致。不過，「心外無物」對主觀能動性的強調確是認識論意義上的一條通衢的起點。

我們知道，經過「致良知」的「心」變成了「靈明」：「我的靈明，便是天、地、鬼、神的主宰。天沒有我的靈明，誰去仰地高？地沒有我的靈明，誰去俯他深？鬼、神沒有我的靈明，誰去辯他吉、凶、災、祥？天、地、鬼、神、萬物，離卻我的靈明，便沒有天、地、鬼、神、萬物了；我的靈明，離卻天、地、鬼、神、萬物，亦沒有我的靈明。如此，便是一氣流通的，如何與他間隔得？」這是中國文字中最偉大的一段，為中國人行將泯滅的精神能動性注入了一絲生命力。有意思的是：比較王陽明的「我的靈明，便是天地鬼神的主宰」和費爾巴哈的「上帝不過是內在的理念向外在的投射，不是上帝創造了人，而是人創造了上帝」，就會發現它們的異曲同工之妙。然而後者被定性為唯物主義，前者卻被戴上了唯心主義的高帽，足見這種「馬克思主義」的區分多麼武斷、不科學！

王陽明應該能夠更進一步：「我的靈明便是天理的發明家、便是皇權的主宰！」估計他也許認識到了，只是不能說，或不敢說，因為他畢竟隸屬儒家。他轉彎抹角說：「『惟天下之聖，為能聰明睿知』，舊看何等玄妙！今看來，原是人人自有的。耳原是聰、目原是明、心思原是睿知，聖人只是一能之爾，能處正是良知。眾人不能，只是個不致知，何等明白簡易。」只要「致良知」，人人可以為「聖人」。

王陽明的「心學」是一個矛盾的體系：一方面是能動的創造精神，而另一方面是傳統的儒家思想。這從陽明的另一表述我們也能看出：一方面認為「心外無物、心外無事、心外無理」，乍一看，彷彿消滅了先天的「理」、外在的「理」；然而深究下去，另一方面卻「心即道，道即天」，回歸儒教，如果不使用「玄學」這個字眼的話。「心一而已，以其全體惻怛而言謂之仁，以其得宜而言謂之義，以其條理而言謂之理。」即是其宗旨：作為「真」的「理」和作為「善」的「仁」、「義」是一回事，和陸九淵「禮者，理也」的傳統觀念如出一轍。按照邏輯，前者應該能夠顛覆後者，但是好像王陽明沒有這個意思。遺憾的是，前者的影響力還十分微弱。我們在泰州學派頗有「平等」觀念的「聖人不曾高，眾人不曾低」，「庶人非下，侯王非高」，「滿街都是聖人」，「人人君子」，「堯舜與途人一，聖人與凡人一」等言論中還可以找到前者的延續。當然，這在中國思想史也屬於「異端」。

王陽明「心外無物」的必然結果就是「知行合一」。因為「外心以求理，此知行之所以二也。求理於吾心，此聖門知行合一之教」。這是中國思想史上最偉大的貢獻。脈絡清晰，切中要害！就是說，中國人之所以言行不一是由於沒有一個科學的哲學觀念，或說因為「國家哲學」與「善」互相矛盾。在王陽明那裡，「知」就是「行」；反之，「行」就是「知」。就是說：只有在行為中表現出來的認知才是真正的「知」，同樣，只有自覺的認知（不是教條）的意志才能體現為「行」。由此看來，王陽明是徹底的一元論者。按照這個原則，筆者可以用現代漢語把他的「知行合一」表述得更加豐滿：「知」是「行」的原點，「行」是「知」的延長。這個邏輯也適用於哲學與倫理學的關係。或者說：「知」是「行」的內在，「行」是「知」的外在。在薩特那裡，對這種一元論的表述彷彿存在著缺陷，他一方面說「實存先於本質」，接著又說「人的本性是不存在的。……人只是他自己創造出來的東西」。彷彿前後矛盾。當然我們知道，前者是為了否定「本質先於實存」而提出的，但是單從這句名言還是難免使人產生「實存」和「本質」都存在的感覺。

中國人彷彿都知道有個王陽明，但是可以說對他的「心外無物」和「知行合一」都不可能理解，因此也才有肯定後者而否定前者的「定論」：閹割王陽明。之所以可以這樣下結論也是根據「知行合一」的原則，沒有「行」固然也就沒有「知」。也因此，不存在好人幹了壞事的情況或壞人幹了好事的情況。比如：官員受賄。共產黨的官員不接受賄賂是出於自覺，還是由於「黨紀」，這是兩碼事。當然，陽明是否用一套科學的哲學概念來證明他的論點，這是另一個問題。陽明沒有認識到：「知行合一」之所以是「心外無物」的必然結果，是因為他的「理」純屬「善」的領域，「知行合一」

與其說是認識問題，不如說屬於道德領域、即「實踐理性」的問題，是「行」的問題；因為「知」如果最終不表現、或說、落實在「行」，那麼這個「知」便不是「真知」、「良知」。正所謂「滿嘴仁義道德，一肚子男盜女娼」，或孔子所言：「巧言令色，鮮矣仁。」這是「知、情、意」中「知、情」和「意」的關係問題，前者屬於哲學、美學；後者屬於倫理學或說道德哲學。這也是人格統一的問題。就是說：好像知道什麼是真理卻反其道而行之，知道什麼是美卻以醜為美，這樣的人就是「偽君子」或「人格分裂」，後者在精神分析學中屬於一種精神疾病：精神分裂，輕者的表現為「憂鬱症」或稱「抑鬱症」。其病因是由於受到外界或「超我」的強大壓力而使精神和意志受到壓抑，甚至逐漸減弱、最終喪失了思考和行為的能力，而患者時時處於矛盾的心理以至痛苦之中。下面提到的王國維與他的投湖自盡就是一例，可作參考。為了逃避精神分裂，中國人自古就自行閹割了思考和行為的能力，如果有「知」，他們的「知」也像圖書館裡書架上的圖書，只用來觀覽。更不用說在中國的圖書館，統治者自古以來就有意無意地用歪理代替了知識。

在目前的西方，由社會制度導致壓抑、精神病變並非一個普遍問題，因為一般情況下不需要撒謊和偽裝，來自現實或超我的壓抑不會難以勝任地強大，除非某人處於某種特定的環境之中，例如家庭、愛情、工作等等，而此人又生性懦弱。在西方「知行合一」屬於常識範疇，因為誠實是做人的基本條件。但是在中國這卻是一個普遍而又嚴重、甚至無解的問題。在中國，從古至今、從上到下，你很難找出幾個真正能夠「知行合一」的人，王陽明或許算作一個，儘管他的「知」也不那麼徹底。還有下面談及的李贄也是如此。魯迅對造成這種「中國現象」的因果早有描述，儘管是通過小說。他說中國的史書裡寫的盡是仁義道德，但是仔細看，字裡行間卻掩藏著「吃人」（《狂人日記》）。這仁義道德本是無本之木，建立在一個不平等的社會之上，無法作為行動的準則，只能作為信仰的教條。這是「偽君子」如朱熹之流得以生存和繁衍的原因之一。我們甚至無法得知朱熹是否真的相信他所說的那些「天理」，還是迫於社會的制約。這就像我們無法分辨主席、不管是毛主席還是習主席，是否相信他們所說的那一套一樣。據說習主席對西方名著如數家珍，但是他所主張的路線方針卻與之背道而馳。中國的所謂知識分子也大都屬於此類。他們說一套做一套，嘴上口口聲聲追求真理，行動卻顯示他們在強姦真理。當然更多的是連真理是怎麼一回事都搞不清楚。這種習慣性動作甚至表現在國際事務當中，例如好不容易加入了WTO，卻機靈地逃避幾乎一切應盡的責任，殊不知這責任或說契約也是真理的一種表現，儘管有著強制的的一面。

我要是習主席的朋友一定會告訴他不要宣傳王陽明。王陽明的「知行合一」就像「照妖鏡」：看你的行為就知道你在想什麼。我也會叮囑習主席不要在很多外國人面前背書單。那些書無不是主張平等、博愛、自由、民主、法治的外國經典，如果你想證明你知道這些道理，但是又看不出你領導的中國有走這條路的跡象，這不是在表明你並沒有看懂嗎？如果是這樣，那不成了單純的好虛榮嗎？這比沒什麼文化還要糟糕。難道還有這種可能：當著外國人的面羞辱他們，告訴他們這些書都是垃圾？似乎不像。並且王陽明的「我的靈明，便是天地鬼神的主宰」很容易導向對統治合法性的懷疑。他的嫡傳泰州學派就是例子。如果大家都認為「庶人非下，侯王非高」，你還怎麼領導？按照最簡單的邏輯，要想鞏固政權，要想黨天下、家天下，最好不要吹捧王陽明，因為他的思想裡有顛覆政權的要素。

「維基百科」的「日本陽明學」詞條說「陽明學是中國古代哲學思想自朱子學之後唯一一次能全面影響日本，是日本明治維新的主要精神來源」。這裡無暇討論維基的投稿人和編輯缺乏漢語語法基礎知識到何種程度，引文就是一例，這也是「中國式教育」的必然結果。而是想說這種毫無根據的誤導也是產生文化垃圾的根源。當然，維基還算是瑕不掩瑜，不像沒有底線的「百度百科」。在日本幕府時代，王陽明特別是對武士階層產生了巨大的影響，無可置疑。但是如果認為他的思想促成了明治維新，那可就是張冠李戴了。日本正是因為大膽引進西方文明而驅逐儒家影響，才走上了維新的道路，這正巧與戊戌變法形成鮮明對照。而殘存的王陽明思想中的儒家成分與西方文明中的殖民主義思潮相結合，正是把日本帶入戰爭泥潭的軍國主義「武士道」的精神來源。在這裡詳述又會跑題，有興趣的讀者可以自己去查閱資料，問題並不複雜。

上面提到的李贄（1527-1602年）是深得王陽明真髓的一個，並且還進一步，對王陽明的「理」展開了批判：「及乎開口談學，便說爾為自己，我為他人；爾為自私，我欲利他」，實際上都是「讀書而求高第，居官而求尊顯」，「無一釐為人謀者。如此口是心非，言行不一的偽君子，反倒不如『市井小夫』與『力田作者』實實在在，幹啥說啥。」「陽為道學，陰為富貴，被服儒雅，行若狗彘。」「以欺世獲利」，「口談道德而心存高官，志在巨富」……有人歌頌科舉為平民提供了晉升的機會，殊不知這正是為了便於統治。於是便有了一對矛盾組合：求取功名要通過科舉考試，而考試內容卻是儒家的道德文章！古往今來竟很少有人覺得奇怪。功名和道德到底有著怎樣的關係？從制度上，統治者就為知行分離設定了模式。怪不得十官九貪！

如果讓筆者從中國古代挑出一位頗具尼采「重估一切價值」精神的思想家，那麼我當然選擇明末的李贄。可以把他的「童心」看作「新的開端」。他所要做的正是「推倒－重建」的工作，雖然不是在哲學意義上，而是在批判傳統的儒家思想的意義上。他應該說是繼承王陽明邁出了勇敢的一步，只是因為勢單力孤而不得不在獄中以自殺了卻殘生，因此，他也成了「知行合一」的典範。

中國從古至今就是一個神話語言和宗教語言橫行的國家，科學語言從來被視作「異端」、遭到鏟除。李贄的命運就是一例。如果把在精神上鏟除科學語言比喻為在肉體上的閹割，那麼中國人的創造能力也就隨著最具創造力、或說生殖能力的科學語言的被閹割而消失了。當然，中國人並不這麼想，因為大家都是閹人，無法比較，彼此沒什麼區別。科學語言對於中國人，就像性生活對於宦官。

其後似乎就連思想家也十分罕見了……對了，陳獻章（1428-1500年）的「學貴知疑」

頗有西方的哲學精神，這也歸於他「天地我立，萬化我出，宇宙在我」的「我」為主體的思想。

除了極個別的知識分子，中國人是不會「為真理而鬥爭」的，儘管有些人似乎瞭解真理。這是因為從古代開始，「知」與「行」就被割裂開來，更何況中國的「知」僅限於為了權力、地位和名利，特別是只在社會科學方面。除非極個別具有叛逆性格的人，就連倡導「知行合一」的王陽明都不會、也想不到徹底貫徹他的理論。「真知」的理念，或說「知行合一」的觀念被從中國人的DNA中閹割了，「求知」被理解為「學而優則仕」（不管是根據孔子的意思還是後人的點化）、「書中自有黃金屋」（皇帝勸學似乎值得稱讚，不過這裡的書是指五經，換言之：讀書不過是洗腦的一個手段。）只有中國才有海瑞、包公這樣的傳說，因為十分罕見，得歌頌一下裝裝門面。而在歐美諸國，我們很難找到這樣的傳說，因為制度規定了行為守則，一旦逾越，即刻走人。當然，中國歷史上也不乏叛變、造反和起義，但那不是為了真理，而是為了利益。為利益而鬥爭才符合中國的傳統觀念。這也就是中國可以改朝換代，但總是換湯不換藥的原因。

到了清代，似乎找不到什麼正經的哲學了。不過清代也不是什麼都沒有，皇帝喜歡的瓷器書畫、皇后喜歡的玉器翡翠……為後人樹立了審美的標準：乾隆的愛好是男人的榜樣、慈禧的愛好是女人的理想。

【四】
近現代的新儒家

如果說王陽明的思想是守舊和革新的矛盾體，那麼新儒家便是繼續守舊的一支。從性質上講，新儒家的「崛起」不過是統治者用來轉移視線、混淆視聽的老把戲：忽悠。在這個意義上，他們比「老儒家」更加可惡。哲學不單是學問，它關注的是現實，而且是最本質的現實問題——新儒家它敢嗎？

有兩首歌（香港、台灣）一時紅遍大江南北。之所以能夠紅遍大江南北，是因為它唱出了統治者和被統治者的「共同心聲」，儘管譜曲相當平庸。歷史證明，在中國，「走紅」跟才能關係不大，跟統治者的意志卻有著直接關係：讓你紅你就紅，讓你黑你就黑。不僅如此，這兩首歌還真是準確地刻畫出了中國人的精神面貌，儘管今天看來頗具諷刺味道。〈我的中國心〉和〈龍的傳人〉這種提法頗具「號召力」，可以給你「歸屬感」或說「認同感」，使你忘記自己的卑微與愚昧，產生能夠摧毀一切的精神力量和優越感，比單純的「壯陽歌」要親切多了。

「洋裝雖然穿在身，我心依然是中國心。」在新文化運動中，我們看到的幾乎清一色都是留學西洋的儒家人物。

「黑眼睛黑頭髮黃皮膚，永永遠遠是龍的傳人。」異曲同工，只是結尾不大好，「巨龍巨龍你擦亮眼，永永遠遠地擦亮眼。」這是對巨龍的褻瀆，好像巨龍天生有眼病似的。

這些歌曲好像要證明：任何狹隘的愛國情緒，時過境遷，都會成為笑料！這是因為藝術雖然訴諸感性，但是要想「永恆」，必須由理性來支撐。

舉一個「洋為中用」的例子，因為它是一個象徵。

遊學歐洲八年的徐悲鴻回國以後又回歸了水墨，頗似好容易學完了提琴的基礎教程，又拉起了二胡。為人熟知的他的「奔馬」據說象徵著民族精神。徐悲鴻被譽為繪畫界「洋為中用」的代表人物，他也曾試圖用油彩開出一片天地，但還是戛然而止了，這大概是因為他最終沒有找到一個屬於自己的風格。他留學法國應該正是開創繪畫新時代的後期印象派逐漸被理解的時候，但是我們在他不多的油畫作品中，除了傳統的技法，看不到革新精神的任何影響（當然，這不妨礙他的作品現在可以賣出高價），就好像他沒有去過法國一樣。這大概是因為他終於沒有搞明白繪畫不是畫什麼，而是怎麼畫，就如塞尚的蘋果或者梵高的葵花。

在後期印象派之中，塞尚（1839-1906年）是第一個有意識地把「客觀真實」轉變為「主觀真實」、把模仿轉變為創造的畫家。他影響了眾多的畫家，拓寬了藝術的道路，開闢了一個新的時代，也因此被稱為「現代繪畫之父」。

高更（1848-1903年）是一個「渾身充滿藝術細胞」的人。還記得第一次看到高更的生活用品時所感到的震驚：他的椅子、乃至臉盆無一不是他親手製作的「藝術品」，這大概就是他躲避現代文明，讓藝術回歸原始和自然（本源）的觀念的體現吧。高更的藝術生涯開始得也很晚，這些畫家似乎都想要證明：繪畫不是「再現」，而是「表現」；不是技巧，而是觀念：一種觀察世界的新的角度和方法！並且高更的一生可以說是顛沛流離，因而繪畫也時斷時續，再加上晚年病痛的折磨……他在使繪畫脫離傳統觀念和技法的同時，摒棄繪畫的文學性傳統，使繪畫更加獨立，也更具備象徵性和裝飾性。這些大概就是他頭腦中繪畫的原始性質吧。也大概因此，他的作品曾創下了拍賣市場的最高價。

有誰把繪畫當作生命、當作信仰、當作神嗎？還真有，那就是梵高（1853-1890年）。繪畫在他那裡，已經不是愛好，更不是生存的手段，你可以說他「走火入魔」了。明知道這樣畫賣不出去，卻還要忠實於自已的眼睛，甚至變本加厲，真是瘋了！在這一點上，他類似尼采。他們都有神職人員的血統，梵高甚至還當過傳教士。如果把人的性格進行分類，他們都屬於「信仰型人格」。這種性格表現在他們對待生活中一切事情的態度上。正如尼采始終追究和證明「哲學是什麼？」一樣，梵高也在不斷地追問和證明「藝術是什麼？」。他起步非常晚，「藝術生命」只有十年左右，死於三十七歲。他的才能已經表現在他早期的素描和油畫中，但是他的追求使他不由自主地越過傳統，走上了一條通往未知的道路。他瘋狂作畫，追求表現的極限，他的每一個筆觸都滿含著火一樣的熱情和渴望，這是靈魂在燃燒！這就是他的價值所在。在「道路的盡頭」，他們都「瘋」了。與尼采不同的是，儘管尼采哲學被當時的學者視為偏離哲學的軌道，但是尼采很樂觀，他堅信一百年以後人們一定會重估他的價值。但是梵高沒有這份自信，他的自殺和拒絕救治說明他當時是清醒的。他等了太久，對崇尚藝術的巴黎徹底絕望了！如果他知道自己的作品若干年後可以賣出天價，他還會自殺嗎？他是想為自己的作品殉葬嗎？他的自殺與其說是對自己的人生的絕望，不如說是對人世的絕望——信仰的徹底破滅！

談及繪畫（「美」）是因為想要說明：類似哲學，藝術的精神和價值在於批判、在於提供前所未有的新的視角，而不是迎合所謂的「時代」。後期印象派的畫家都用自己的作品反思和批判了繪畫傳統，甚至包括誕生了他們的印象派。他們創造了新的「繪畫語言」，強調精神和主體，這種繪畫語言讓人們的思維方式發生了巨變，看待世界不僅用透視、光、線、色的眼睛。油彩的這種表現的深度和廣度，水墨畫是否能夠企及呢？徐悲鴻對此有什麼感觸，我們無從得知。但是他的作品，真可謂「洋裝雖然穿在身，我心依然是中國心」。既然這樣，長袍馬褂有什麼不好呢？幸虧中國人對此並不深究，他們是根據炒家所定的價格來進行「審美判斷」的。

瞭解日本的油畫、雕塑歷史的人會發現他們走的是另一條道路。明治維新的「和魂洋才」從西洋學來了造船的技術，北洋水師的「中體西用」從西洋買來了堅船利炮。這就是中日之間本質上的區別！中國是大款，有的是搜刮來的白銀，因而從起點、思維方式就不同凡響：造船不如買船……

在文學方面也是如此！最糟糕的是林琴南（林紓，1852-1924年）！他被譽為譯介外國文學的先驅者！現在，除了個別希望瞭解他的人，誰還借助他的「翻譯」去瞭解外國文學？他好像對外語一竅不通——這是他的短板，也是他的學術觀乃至世界觀所決定的。若非如此，我很難相信他有大量「翻譯」外國小說的功夫，竟沒有時間粗通一門外語！——但他畢竟間接地接觸到了外國的思想和表達思想的方式。糟糕的是他竟沒有想到改造語言去適應那些思想，而是舊瓶（文言文）裝新酒，甚至隨意刪改自己不理解或「不滿意」的地方，乃至令新酒變了味！之所以翻譯，是因為值得翻譯。翻譯的精神首先是尊敬，對作者，也對作品，拋棄個人好惡，抱著謙虛的態度。有了尊敬才有「忠實」。林先生並不是個別現象，通過別人的翻譯去研究、介紹、講授外國文學、哲學、美學的教授在中國的大學裡，直到近年仍很普遍！

我甚至懷疑這些人是不是想用這種方法阻止新思想的入侵！幾十年以後，王了一（王力，1900-1986年）把波德萊爾（Charles-Pierre Baudelaire，1821-1867年，又譯：波特萊爾）的《惡之花》（*Les fleurs du mal*）裝進了古詩！我一直想搞清楚：他真的瞭解波德萊爾嗎？他到底是想介紹波德萊爾呢，還是想表現一下自己的古詩文功底？這些「翻譯家」是否能搞清楚「愛」和「占有」之間的區別？不過話說回來，我們似乎還應該感謝他們：在那個飢渴的年代，一碗粥也是一席盛宴，哪怕是餿了的粥！

想來想去，得出的結論是：王了一肯定是中了辯證法「一分為二」的圈套，把詩分為「形式」和「內容」，因而才給洋人披上了馬褂。而實際上：形式就是內容，內容就是形式，兩者一體，相比古詩是格律的遊戲，難免繡花枕頭，洋詩更關注的不僅是「說了什麼」，還有「怎麼說」。

如果說「永遠回歸」就是「宿命」，那麼在中國，這個「宿命」似乎應該叫作「怪圈」。就像循環往復的起義和革命一樣，中國近代的「知識分子」們好像站在了一個新的起點，但是終於還是走在老路上，就像阿Q，最終用自己的一生畫了一個不圓的「圓圈」。

造成上述現象的原因除了配合統治的尚古守舊的傳統，還有就是，中國的「知識分子」不但遇到了新思想，還遇到了新問題：「翻譯」。中國本沒有正經的翻譯理論，也必須仿造。只可惜仿造的「翻譯理論」從起點上就背離了翻譯的精神，因而造成了亂象叢生的局面。在各種翻譯理論中，嚴復（1854-1921年）最具影響，且居然無人質疑。貼一篇筆者過去的網文，也省得再費筆墨。

「信、達、雅」是個假命題！

據說「信、達、雅」作為「翻譯的標準」最先是由嚴復老先生提出來的，他在《天演論》的「譯例言」中寫道：「譯事三難：信、達、雅。」而後，這「信、達、雅」作為信條竟然在中國翻譯界統治至今。我孤陋寡聞，不大瞭解嚴復何許人也，早年讀過《天演論》，知道他是翻譯家，積極介紹西方思想，並且知道他擁戴恢復帝制，僅此而已。且不管嚴復老先生是何方神聖（失禮，其實是我的老校長），我這裡就事論事，就說說「信、達、雅」。我也有過拿著雞毛當令箭的年代，一邊翻譯一邊想著「信、達、雅」。後來到了國外才知道：「信、達、雅」不是放之四海而皆準的真理。外國只用一個詞（或說詞組）來要求翻譯，那就是「忠實原文」。「信、達、雅」的「信」其實應該就是忠實原文的意思，如此看來，「達」和「雅」就成了廢話。這也就是我為什麼說「信達雅是個假命題！」根據嚴復老先生的意思，我猜想：他恐怕把「忠實原文」想得過於簡單了，否則不會畫蛇添足，或說脫了褲子放屁，在「信」的後面再加上「達」和「雅」。「忠實原文」指的不僅是在意思上忠實，還要在風格上忠實。這是一個更為高端的要求，它要求翻譯者要十分瞭解作者，和作者有著一樣的（起碼是近似的）思想和感受。一個有翻譯價值的文學家，或者哲學家、思想家，他的文風與他表述的內容是渾然一體的：他的樸實或者華麗、他的艱深或者流暢、他的幽默或者粗俗，都是他思想感情的表露，像血肉一樣不可分割。你怎麼可以用「達」和「雅」來統一要求呢？比方說偉大的美國作家薩林傑（Jerome David Salinger，1919-2010 年，又譯：沙林傑），他作品中的人物張嘴就是粗話，這表達了他們對美國現狀的態度，你把他們「雅」了，那你什麼意思？有人還強詞奪理，說該雅就雅，該俗就俗，雅俗都有美學意義，這就是「雅」。這也就是我說脫了褲子放屁的道理。「忠實原文」不就得了嘛！「達」更是廢話。因為我們很難想像一部詞不達意或者前言不搭後語的作品卻值得翻譯出版。反過來說，如果一個翻譯者連忠實原文的表達都感到困難，那麼他是否該考慮考慮從事其他更適合他的工作。

說穿了，嚴復的留學經歷不足以給他足夠的外語能力和思想境界：他的「達」和「雅」最終成了隨意刪改原著的理由。

回到哲學。先說最糟糕、也是「最中國」的例子：馮友蘭（1895-1990年）。據說馮友蘭也是中國著名「哲學家」——其實區分是否哲學家有一個最簡單的辦法，你就看他是為了哲學而吃飯，還是為了吃飯而哲學，足矣。因為很少有人會為了一個虛無縹緲的目標而放棄眼下的利益，除非智商有太大問題。前者的例子：尼采。尼采為了獲得獨立自由的思考，在二十三、四歲就藉口身體不適而辭去了大學教授的職務（我總是提到尼采，也總是擔心是否有人會質問我：「你見過尼采嗎？你瞭解尼采嗎？你……」），而有人卻為了守住教職或說飯碗，而根據風向不斷地改換自己的「思想」，彷彿這「思想」就是用來換飯吃的。這號人物在中國很常見，你說他有自己的思想嗎？更不用說「精神」與「靈魂」！

馮友蘭的思想經歷了數次「革命」。據說他的經歷始於儒家經典，之後在北京大學和哥倫比亞大學接受了哲學的「洗禮」開始了中西比較，然後又蛻變成歷史唯物主義儒家，最後終於成了馬克思主義以階級鬥爭為綱的「哲學家」。這樣說很籠統，這是因為你實在找不出這些變化在哲學意義上的內部傳承關係或邏輯關係。何況馬克思主義就是個死衚衕，模仿馬克思理論與哲學精神更是自相矛盾！如果能從馬克思的理論中提煉出對現實的批判精神，那還可以另當別論，但是馮友蘭正好相反。哎！這麼簡單的邏輯都搞不懂……據說馮友蘭還正是因為對「邏輯」產生了興趣才走上了「哲學」的道路。黑色幽默！

「學問」之初，馮友蘭覺得：「西洋所謂哲學，與中國魏晉人所謂玄學，宋明人所謂道學，及清人所謂義理之學，其所研究之對象，頗可謂約略相當。」「所謂中國哲學者，即中國之某種學問或某種學問之某部分之可以西洋所謂哲學名之者也。所謂中國哲學家者，即中國某學者，可以西洋所謂哲學家名之者也。」就這麼簡單粗暴！這是忽悠的起點。讀者們也許還記得我曾說過：忽悠的典型手法就是混淆不同形式的概念之間的本質區別。馮友蘭還覺得：「哲學與科學，即在科學之目的在求真，而哲學之目的在求好。」這是他忽悠的依據。但凡有一點哲學修養的人就知道：科學與哲學同步，精神一致，目標都是「真」，而「好」隸屬於（或等於）「善」，屬於倫理學範疇。為了高抬儒家學說，唯一的手法只能是忽悠。北京大學培養出不少智商欠缺因而沒有靈魂的教授不只是今天的事情，而是有歷史傳統的。馮友蘭還自豪（或曰恬不知恥）地說：「中國沒有科學，是因為按照她自己的價值標準，她毫不需要。」「中國哲學家不需要科學的確實性，因為他們希望知道的只是他們自己；同樣地，他們不需要科學的力量，因為他們希望征服的只是他們自己。」這裡有邏輯嗎？一邊高抬「中國哲學」，一邊又說「中國哲學家不需要科學的確實性」。有哪門學科不需要科學的確實性？是不是嚇你一跳我無從可知，但是看到這樣的文字著實嚇了我一跳。難道他居然沒有想到：正是他所謂的「中國哲學」占據了科學的空間，才阻礙了科學的發展？不過馮友蘭說的沒準也是「事實」：統治者的願望。在他的這些話裡，你找得到一點西方哲學的影響嗎，無論在方法上，還是在精神上？這倒使我想起了徐悲鴻的「奔馬」……

據說馮友蘭是杜威（John Dewey，1859-1952年）的弟子，在後者的「指導」下還拿到了博士學位。還據說中國現代有留洋經歷的所謂「哲學家」出自美國教育家杜威門下還不少，足見杜威的門檻有多低！杜威的教育頗似「放羊」，來一個算一個，而且都發學位證書，這大概也是他桃李滿天下，威名遠揚的原因之一吧！杜威在中國特別有名，或許還因為他不遠萬里跑到中國來講學，據說唬暈了不少學生。不過，話說回來，「放羊」確實有放羊的好處，學生們可以「百花齊放」。在杜威的眾多弟子之中就有出類拔萃者：

胡適！

中國現代如果有一位堪稱「學者」、即具有學者精神的知識分子，筆者認為胡適先生應為首選，儘管「學問」有待商榷。有人會問：你如此高度評價魯迅，怎麼又出來一個迥然相異的？如何定義魯迅和胡適眾說紛紜。不過可以確定的是：一個主要是作為文人，一個更是學者。他們的動力都是來源於對現實的不滿和改變現實的願望，但是一個是理想主義者、「悲觀主義者」；一個是現實主義者、「樂觀主義者」。一個專注於精神的批判，一個著手於制度的建設。性格上，一個似乎吹毛求疵，一個看上去寬容大度……如果他們還有什麼共同點，那就是他們都是幸運兒，一個去世於解放前，一個逃往台灣，否則後果不堪設想。魯迅以小說和散文著稱。他的《阿Q正傳》不單是中國小說的頂峰，也是世界文學中的瑰寶；而胡適則側重於一手「整理國故」，一手為學問開闢更廣闊的未來。一九一七年，胡適還是留學生的時候，就在《新青年》上發表《文學改良芻議》，提倡白話文。也許也只有他，深切感到了中西語言的差異，感到了中文表達的局限性吧。他說：「死文字決不能產出活文學。」他不但主張，還身體力行。胡適為中西「接軌」所做出的貢獻無論如何高度評價都不為過。同時胡適對中國文化的貢獻也是多方面的，但是他也不能算是個哲學家。胡適的聰穎在於他的自知之明，他說：「有時我自稱為歷史家；有時又稱為思想史家。但我從未自稱我是哲學家，或其他各行的什麼專家。」

大實話！《中國哲學史大綱》開篇，他寫道：「凡研究人生切要問題，從根本上著想，要尋一個根本的解決，這種學問，叫作哲學。」如此寬泛的「定義」實在讓人不得要領。什麼是「人生切要問題」？吃穿住用？娶妻生子？什麼是「根本的解決」？有哪一位哲學家做到了「根本的解決」？一個稱職的哲學家無非是提供了一個看待問題的新的角度、一種新的言說方式，或曰研究方法。儘管胡適列舉了一二三四五六對定義加以規範，但是還是沒有畫龍點睛。而且，如果你把一二三四五六琢磨一遍，還會發現有些問題離題太遠。比如一，天地萬物怎樣來的？三，人生在世應該如何行為？五，社會國家應該如何組織、管理？再比如四，怎樣才可使人有知識、能思想、行善去惡呢？六，人生究竟有何歸宿？如果這些都算作哲學，那麼也太「泛哲學」了吧？和當今的「人生哲學」、「愛情哲學」、「政治哲學」、「處世哲學」、「生活哲學」能有一比，實在是糟蹋哲學、消滅哲學，貽害無窮。這說明胡適確實不是真正意義上的哲學家。或者這樣說：他是根據中國「思想家」所關心的論題得出所謂「哲學」的定義的。如果你用胡適給出的定義去考正規大學的研究生，甚至本科生，估計沒戲，不信你就去試試！這說明胡適尚沒有掌握如何界定和使用概念的觀念。幸虧是在那個時代的美國，幸虧碰上了杜威。而胡適就是靠著這樣「簡明扼要」的定義開始了他的哲學史！

另一方面，胡適又很自信：「我自信，治中國哲學史，我是開山的人，這一件事要算是中國一件大幸事。這一部書的功用能使中國哲學史變色。以後無論國內國外研究這一門學科的人都躲不了這一部書的影響。凡不能用這種方法和態度的，我可以斷言，休想站得住。」胡適的特色之一是強調史料的真實性，因此「校勘訓詁」又成了胡適的首要任務，而不是「尋找哲學」。固然，這裡並不否認考證對史學的重要性，只是想到胡適仍然沒有跳出清代經學的舊巢。這與本文的宗旨完全不同，本文的前言中說：二，不同於中國傳統的考據、訓詁，這裡省卻對著作權及其年代的討論，也就是說只關注著作的內容，不管它出於何人之手、何種年代，只希望能找到中國的「哲學」。當然，這也因為本文與《中國哲學史大綱》的著眼點不同。歷史上有不少匿名或無名、甚至張冠李戴的著作照樣成為了不朽之作，只要它為人類提供了有價值的思想。就哲學史而言，只要它是貨真價實的哲學！

因為對哲學沒有一個明確的定義，或說認識，「名不正則言不順」，胡適在哲學方面的嘗試都以失敗告終。其一著述，他試圖舊瓶裝新酒，為中國古代思想注入哲學的血液，或說披上洋裝，但「洋裝雖然穿在身，我心依然是中國心」。聰明如他，也不得不「慟哭而返」，《中國哲學史大綱》止於先秦就是一例。與此同時，他的學術活動也遠離了哲學。胡適對西方哲學沒有一個宏觀的把握，只是偶然跟從杜威研習了實驗主義方法論，致使他的這個方法在「中國哲學」領域與他的終極理想發生了衝突。而當他放棄了哲學，他的方法論與清代的學風就同路了。希望調和水火的痛楚只有他最有體會。這裡不再羅列胡適的偉業，只想指出一點：如果說他為中國將有哲學做出了什麼貢獻，那就是他促使中國的語言盡快走出古漢語的藩籬而接近西方的表達方式，進而有可能使用哲學的概念和邏輯。當然，歸根結底，這也是他希求民主、平等的意願所致。

當然胡適的功績還有教育。據說胡適在北大首開「西方哲學史」一課，但限於史料，詳情不得而知，只能猜測，根據胡適的哲學水準。

說到教育。一些不習慣動腦子的人把日本的明治維新與中國的維新變法混為一談，實際情況是：兩者根本不可同日而語，即有著性質上的區別。儒教與德川時代的社會體制是配套的，因而並不覺得「和魂漢才」有什麼不適。但是明治維新時期的「和魂洋才」卻是前者的反動。「魂」是一個觀念，可以信其有，也可以信其無。筆者認為「魂」即「精神」，只存在於「表象」之中，就是說只能在具體的表象中得以體現。所謂「和魂」只是一個象徵，用以達到「認同感」、「凝聚力」的效果，在感情上滿足民族的自尊，就如天皇。順便提一句：初到日本參觀天皇故居和遺物，大吃一驚，這麼窮，和中國皇帝怎麼能比！？怪不得日本人不造反。「洋才」才是根本，才是體現。從明治維新至今，我們發現，不僅在物質方面，也在精神方面，日本都達到了「洋才」。它表現為不僅在科學技術方面，也在觀念方面，不僅在人才培養方面，也在體制改革方面，無一不採納西方先進的要素。儘管儒教總是遲滯這一過程，但其影響力日漸式微。和服已經成了喜慶的象徵，就像日本刀只是勾起人們對武士精神的記憶一樣。

對比日本的「和魂洋才」與中國的「中體西用」、朝鮮的「東道西器」，就能發現從根本上後兩者與前者的不同。不管如何解釋，實際情況是：洋務運動除了買了些洋槍洋炮，頂多就是建了些鐵路、工廠，跟「體」的改革沒什麼直接關係，「星星還是那個星星……」不管這「體」是體制還是維護體制的觀念；反而，一旦涉及「體」的改革，誰都可能會死於非命，就如戊戌六君子。其中最為激進、也最有思想的恐怕要數譚嗣同，他認為：「二千年來之政，秦政也，皆大盜也；二千年來之學，荀學也，皆鄉願也。惟大盜利用鄉愿，惟鄉愿工媚大盜。」同魯迅的「吃人」能有一比。用如此之少的文字概括中國兩千年歷史，而又如此精準，真是無出其右者。他的「改革」近似「革命」，因此連改革也斷送了。究其原因：在中國不像在日本，「皇帝」就是體制，而不只是體制的象徵，你想改革體制就是想要搶皇帝的錢，他能答應嗎？

到了後來，「中體西用」進一步墮落為「洋為中用」。與「洋為中用」同樣享有盛譽的是「古為今用」，其傑出成果是「樣板戲」，模式為「三突出」，最終突出毛澤東。所謂「洋為中用」的「洋」意指馬克思主義的階級鬥爭，離了它，一切免談。大量的右派分子和反革命分子的命運就是證明，比起慈禧的菜市口來，主席才可謂大手筆！延續至今，中國人在物質上享受著西方文明帶來的各種成果；但是在精神上，特別是意識形態上，跟明清時代沒什麼明顯的區別，在很多方面甚至不如明清時代。

這種區別也同樣貫穿於中日的教育之中。一八七七年，與東京大學同時起步的東大哲學科從一開始就全面展開了西洋哲學的研究和教學（之所以有所瞭解，是筆者為了避世曾有幸在東大大學院人文學科美學藝術學研究室混了九年）。如果說明治維新時期成立的哲學科是為了「和魂洋才」，似乎還不夠恰當，不如說那是個幌子，他們簡直就是為了西洋哲學而設立了哲學科。「和魂洋才」本身就是個相當矛盾的概念，因為那些好像「和魂」的學者經過了「洋才」的洗禮，幾乎都成了「洋魂」。一個饒有興味的現象是在文學部歷史中，哲學科幾乎總是領先於其他學科而排在第一位。而北京大學始建於一九一二年（一九一四年開始招生）的「中國哲學門」從一開始就不倫不類，起碼是照貓畫虎、趕鴨子上架。從師資隊伍來看，幾乎清一色是搞中國思想史的，有過學習西方哲學經歷的也頂多是個半瓶子醋。一九一九年甚至換了一個更大的招牌「哲學系」，可謂羊頭狗肉。在此意義上，日本倒是挺謙虛，或說有自知之明，至今沒有創建什麼「日本哲學科」。一九九五年京都大學有了一個「日本哲學史研究室」，其研究目的也是給明治維新以來日本的西洋哲學研究定位。

上述作為就是偉大如蔡元培、胡適者的治學理念和方法的體現！再加上馮友蘭，三人成虎，中國突然之間就好像真的有了「哲學」！還屬王國維的悟性出類拔萃：「故我國無純粹之哲學，其最完備者，唯道德哲學與政治哲學耳。」王國維的學術成就是多方面的，唯獨沒有哲學。據說他十分喜愛叔本華、尼采，令我不解的是：果真如此，他的人生怎麼會與他的精神領袖們背道而馳？他真的理解了叔本華和尼采嗎？特別令我不解的是這個既有靈性又肯於埋頭學問的人，正當盛年卻自殺了！而他推崇的叔本華正是自殺的反對派。關於他投湖自盡的原因說法眾多，溥儀甚至認為他是被羅振玉逼債逼的。不過我倒是傾向於性格懦弱又脆弱的他是由於多重矛盾的無法調和而精神崩潰，即抑鬱症：他追求「新思想」卻又「不合時宜」（反尼采之意而用之）地追隨既倒的宮廷，最終只有用一死來為他的初戀（初衷）和理想殉葬，或說謝罪。如果他真的理解尼采，那麼他應該知道他正處於由駱駝變成獅子的大好時機！不單對王國維，對早期留洋的幾乎所有論及西方哲學的學者，我都懷著一個疑問：他們真的領會了哲學的精神嗎？

說蔡元培也稀裡糊塗、馬馬虎虎，似乎顯得很不嚴肅、違背師道尊嚴，因為他已經被定性為「偉大的教育家」；但是大家可以平心而論：他的同樣稀裡馬虎閃亮登場的「中國哲學門」是不是有點「掛羊頭賣狗肉」的嫌疑？而這「掛羊頭賣狗肉」也是中華文明的光榮傳統之一，不單在食品方面。就是他，因為理不清自己互相矛盾的想法又急於求成而不按「科學規矩」辦事，繼洋務運動之後又把中國的「學術」引入了歧途。他說：「最近五十年，雖能漸漸輸入歐洲的哲學，但是還沒有獨創的哲學。所以嚴格的講起來，『五十年來中國之哲學』一語，實在不能成立。現在只能講講這五十年中，中國人與哲學的關係，可分為西洋哲學的介紹與古代哲學的整理兩方面。」然而既知「不能成立」，他還是為自己的這篇文章命名為「五十年來中國之哲學」（一九二三年）！這就是中國偉大教育家搞學術的態度！純屬「業餘範」。不過值得讚許的是蔡校長在「吹牛」的時候畢竟還有點心虛，這和後來黨的喉舌或發言人撒謊都毫無羞恥之感有著相當的距離。一般認為：一個小偷如果尚有羞恥感，或許還可救藥，如果不但不感到羞恥，反而感到愉悅，那麼你就是關他幾年監獄，一旦出獄，很可能重操舊業。固然，在蔡校長領導下的北大「哲學系」也是這麼個路子，使人誤以為中國已有或將有哲學。正所謂英雄所見略同，偉大如胡適者，也是這麼個路子。

據說蔡元培的「哲學系」、胡適的《中國哲學史大綱》（卷上，一九一九年）和馮友蘭的《中國哲學史》（一九三一—一九三四年）都是里程碑式的事件。中國人寫文章也和外國人不一樣：外國人寫文章題目很「小」，往往僅從一個概念入手，結果卻改變了傳統的思維方式，就像塞尚的「蘋果」；而中國人的文章，一看題目就令人聯想到鴻篇巨製，結果卻還是「拉洋片」，老一套。他們的論題不是針對現實，而是永遠來自古代；並且，他們不是為古代「縫製」一件愚蠢的人才看不見的「皇帝的新衣」，而是真心為皇帝縫製一套西服！兩者相比，誰是騙子呢？

當時也並非沒有異議，上述王國維就有想法，據說傅斯年也有不同意見。儘管他也沒搞清楚哲學為何（不是我說，而是他自己說：「當我方到英國時，覺得我好像能讀哲學書，甚至德國哲學的書。後來覺得不能懂得德國哲學了，覺得德國哲學只是些德國語言的惡習慣。現在偶然那〔拿〕起一部Hume來，也不知所謂了。總而言之，我的腦筋對於一切哲學都成石頭了。我於這個成績，也很歡喜。」看來留洋混學位的自始有之。），但是他卻看到了中西之間的差異。他在給胡適的信中說：「因為中國嚴格說起，沒有哲學……」還在給顧頡剛的信中寫道：「我不贊成適之先生把記載老子、孔子、墨子等等之書呼作哲學史。中國本沒有所謂哲學。」感覺很準確，但是也沒有、也不可能上升到理論。

通過拔苗助長，中國一夜之間突然有了「哲學」，但是這比乾脆沒有哲學還要糟糕，就像不懂裝懂，不但扼殺了求知欲，而且必然阻塞通往真理的道路。你可以立馬買一件西服套在馬褂上，但是掌握一種哲學思想卻沒那麼便捷。自豪連接著狂妄，因而一錯再錯。這是根據邏輯，歷史事實也確是如此。看來「大躍進精神」並非毛澤東的首創，而是中華民族的優良傳統之一。一個極其有趣的現象是：日本幕末的留學生們回國之後「痛改前非」，斷然改弦更張，促成了明治維新。而清末的留學生回國以後在暫短的「中西博弈」之後又回歸了本源，連甲午戰爭的恥辱也不能令他們深刻反思，真可謂「衣帶漸寬終不悔」。這之間的區別是什麼呢？

談回馮友蘭。中國現代所謂的「哲學家」之中，最慘不忍睹的恐怕就是馮友蘭。不過，他確實是一個身體力行的儒教信徒，誰上台他就為誰跑腿抬轎，無論國民黨還是共產黨，因而他那一大堆「中國哲學史」總是「跟不上形勢的發展」，改了又改。一個所謂的哲學家、哲學史家的學術做到這個份上能不令人悲傷？因為不瞭解西方哲學，因而也不可能瞭解中國古代思想，在這方面馮友蘭也是一個典型。他覺得：「中國哲學家之哲學之形式上的系統，雖不如西洋哲學家，但實質上的系統，則同有也。講哲學史之一要義，即是要在形式上無系統之哲學，找出其實質的系統。」在此，馮友蘭頗似道士，有點石成金之術：「中國需要現代化，哲學也需要現代化。現代化的中國哲學，並不是憑空創造一個新的中國哲學，那是不可能的。新的現代化的中國哲學，只能用近代邏輯學的成就，分析中國傳統哲學中的概念，使那些似乎是含混不清的概念明確起來……」馮友蘭試圖用拔苗助長和削足適履的方法把中國的產品貼上西洋的標籤後裝進哲學的櫃櫥裡，大概是因此，維基百科把馮友蘭定位為：「中國哲學家、哲學史家。他還被譽為現代新儒家」。「譽為」，看來「新儒家」是一種名譽！

在我看來，在網上亂扔垃圾和在街上亂扔垃圾，在道德上屬於同一種性質。進而，馮友蘭大量製造文化垃圾，性質更為惡劣。不是我這樣說，他自己也這麼說。剛「解放」，十月五日，他就致信新領導毛澤東：「過去講封建哲學，幫了國民黨的忙，現在我決心改造思想，學習馬克思主義。」他居然搞不清楚哲學與誰當權沒什麼關係。在偉大領袖毛主席的啟蒙之下，他說：「我過去的著作都是沒有價值的……」「沒有價值」與垃圾有什麼區別？難怪同為杜威弟子的胡適早就給他下了「定義」：「天下蠢人無出芝生[12]之右者。」「蠢」應該與智商有關，這也足見胡適具有多麼卓越的判斷能力！

評論馮友蘭會把你降低到寫大字報的水平。這就如你在網上和五毛吵架，不但不能形成什麼觀念，反而會下降到五毛的水準，而這正是五毛的雇主所希望的結果，這也是一個簡單的邏輯。無論中國特產大字報還是五毛，都只屬於「忽悠」的初級階段：煽動感性，泯滅理性。這裡提到馮友蘭，是因為你在幾乎所有同時代的中國「哲學家」身上都能看到他的身影，改變思想像心臟移植一樣簡單快捷。說穿了，他的問題不是如何做學問，而是如何做人！這是常識。但是，或許是我孤陋寡聞，好像沒有人懷疑他起碼是個「學問家」的地位，也沒有人從「做人」的視角從事研究，比如研究馮友蘭和時不時關照他的毛澤東，如果馮友蘭小時候沒有讀那麼多「聖賢書」，而是像魯迅說的那樣「要少——或者竟不——看中國書，多看外國書」，並從事一些開啟智商的訓練，也許還有救。一般說來，中國書和外國書的最大區別在於：一個是麻痺思辨能力（不排除培養奸詐的品性）並窒息向善的人性，一個是開啟智商、培養愛心。一個沒有靈魂的人，他的作品注定也沒有靈魂。針對馮友蘭的討論就此為止吧，叔本華說：瞭解一個作家並不需要通讀這位作家的所有著作，只要讀上幾頁，「瞭解一下他是如何思考的……我就很清楚地知道他能帶我到多遠的地方去。」（參見筆者所譯《論風格》，叔本華著，文學研究第1期）一個沒

12 馮友蘭，字芝生。

有獨立思想的人卻要著書立說誨人不倦，哀哉，馮先生和他的學生、讀者！

中國的第一本《中國哲學史》出現於一九一六年謝無量（1884-1964年）之手，大概是受了日本的影響，開了「中國哲學史」之先河。其中僅從黃帝到清末就收錄人物達百位之多，人數就勝過英、德、法、義等任何一個國家、甚至總和，足見中華文明的光輝燦爛！一般來說「濫竽充數」的「濫竽」畢竟是少數，而此書卻大不相同，完全無視哲學思想的獨創性和系統性。眾所周知，凡史書中有所記載的人物或多或少總會留下富有哲理的隻言片語，但是他們真的就可以被稱作哲學家嗎？而哲學史是由哲學家的著作構成的！可以肯定的是，這位謝無量沒有接受過正規的哲學訓練。據介紹說他在日本待過一年（一九〇三至一九〇四年），期間還學了日語、英語、德語！一年？而且三門！那也叫「學」？此刻又想起了魯迅的偉大（魯迅也有軟肋，比如他的日語。參見筆者的網文〈哎呀，魯迅的翻譯！〉），他好像並不精通精神分析學，但是他的阿Q精神卻精確地刻畫出一個充滿不平等、又屢戰屢敗的民族無時無刻不表露出的精神勝利法，堪稱中國人的「集體無意識」。

不知是因為缺乏基本的哲學訓練，抑或是智商問題，或是在感情上拯救文物心切，近代以來，特別是現代——也許是為了與世界接軌，或是為了推廣中華文明，也沒準就是為了騙錢——中國的一些學者拼命地想要為古漢語中的詞彙找到對應的西方哲學概念，於是中國古代不但有了邏輯學，還有了認識論……談何容易！連法語的「餐具」和漢語的「餐具」在日常用語中都不是指稱同樣的東西，更何況服務於皇權的理論與追求真理的精神之間的差異！一方面為科學的落伍而惶惶不可終日，一方面又大談中華五千年文明：「老子先前比你闊多了！你算什麼東西！」在這個精神分裂的狀態下，於是東拼西湊生拉硬扯不斷為中華文明塗脂抹粉，企圖還半老徐娘以青春。難道不知道中國學者仿造的「文化」，就像中國製造的勞力士和LV一樣，都是垃圾？還有恥辱！追求真理的道路永無止境，那麼多假象有待揭示（這才是哲學的精神！），他們難道真是閒得蛋疼嗎？

中國的西方哲學研究者，不管冠以何種頭銜、著作如何等身，大都是一些只見樹木不見森林的傢伙，他們或許對某個偉大的西方哲學家耳熟能詳，但是卻不瞭解哲學的基本精神，更惶於面對現實啟用某些哲學的手段。他們甚至沒有自己的思想！更有甚者：還記得我看到頂頭上司習主席當著外國人背自己讀過的著作家名單的視頻時，當他讀出了狄德羅、孟德斯鳩的名字，我頓時渾身冒汗！我猜想，他應該是在表示我不但尊敬而且瞭解你們西方的文化，但是他的所作所為與這些西方文明的著作家所倡導的卻背道而馳！他是在耍小聰明？想要愚弄或羞辱外國人，表現自己更高明？好像不可能，也不應該狂妄到藐視一切的地步。能解釋的似乎是他連「讀書」二字的含義都不甚了了。難道真的單單是為了虛榮？沒什麼值得表現的最好別表現，否則更糟！

中國哲學之所以自始至終處於病弱的萌芽狀態，是因為中國幾乎自始至終存在著「官方哲學」，敢於挑戰官方哲學就等於自取滅亡。官方哲學是皇權統治或中央集權的必然產物，也是扼殺想像力和創造力，甚至國家生命力的罪魁禍首！如果真有所謂造物主上帝，這位上帝大概是故意不想讓哲學在中國誕生！哲學的誕生需要條件，首先是人格的獨立，而在中國社會制度之下，這是多麼珍稀而難能可貴啊！在中國，你可以看到一些為自身利益而以死相拼的「英雄」，但是幾乎找不到一個為了有哲學根據（以區別於信仰）的「理念」而捨生忘死的人。這是因為理念在中國沒有生存的土壤。在這個意義上，春秋戰國時代也許是最適合產生哲學的時代。其次，需要一個新舊交替，即思維方式不得不發生改變的「天時」。遺憾的是中國雖然改朝換代卻一如既往，沒有改變思維方式的需求。在這個意義上，甲午戰爭應該是一個哲學精神、即懷疑和批判精神覺醒的契機。

但是很遺憾，哲學仍然沒能降生。再其次是語言：嚴格意義上的哲學需要明確而精準的概念系統，而一如既往的漢語的詞彙卻是多意的、因人而異的、缺乏定義的，加之我們的思想家們沒有哲學精神中最基本的求真精神，因而從來沒有在使用一個概念之前先為這個概念給出一個定義的習慣。最致命的是：在他們試圖為理論尋找依據的時候，又回到了「諸子百家」。

進入二十世紀，情況似乎有了變化。知識界好像發現靠中國人自己的理論解決不了根本問題，於是開始翻譯和介紹西方的哲學著作，但是翻譯和介紹只是學習哲學的起點，當然不能稱作哲學。魯迅的「人以文傳，文以人傳——究竟誰靠誰傳，漸漸的不甚瞭然起來。」雖然是幽默，但說出了人與文的關係。哲學和哲學家的關係也是如此。沒有自成一體的哲學著作就沒有哲學家，同樣，沒有哲學家也就沒有哲學，哲學家的本質就是他的哲學。中國有這樣的哲學家嗎？

緊接著，中國人選擇了馬克思主義，因為它最適合中國人的認知水準：「全世界無產者聯合起來！」與農民起義最為相近，終於為農民起義找到了「合理」的依據。

中國現當代的一些學者認為，中國的許多思想一旦冠以哲學的頭銜，不但有了身分，身價也會倍增。而實際上，這不單是一種賤賣中國原產思想的造假行為，一眼可知，還是出自投機取巧的心理。

舉個淺顯的例子。眾所周知，中國也出產勞力士，其產量甚至可以與瑞士媲美。但是除了牌子，無論部件、工藝和裝飾，都出自中國。如果不以勞力士命名，它還是一塊手錶，儘管質量值得商榷。但是一旦冠以勞力士的品牌，他就連「手錶」的資格都受到了懷疑。除非抱著欺騙的目的：賣家騙取錢財、買家騙取虛榮。要想改變這種狀況，只有洗心革面：懷著對工藝的虔誠之心，研習所有的工藝技術，經過刻苦的訓練，另立門戶，創造出超越前輩的產品。當然，這並不簡單，而且還需要時間、成本。

看到這裡，肯定會有人反駁說：手錶和思想不是一回事！一個是個人行為，一個是官方意圖。對於這種智商，說什麼好呢？這裡說的是行為的性質！

◎關於新儒家

在這提到「新儒學」，是想告誡年輕人，盡量遠離它。它在你還沒有哲學概念的時候，會趁機把你引入歧途。等到你花費大量的時間跟著它繞來繞去——如果你具有中等以上的智商——終於弄明白了是怎麼一回事，一定會猛抽自己兩個嘴巴，或者為自己的青春時光而悲嘆！馬克思教導我們說：「在科學的道路上是沒有平坦的大路可走的。」如果你有志於哲學，一定先要掌握至少英法德日（日本的翻譯基本上是可以信賴的）之中的一門外語。最好是用原文閱讀原著，這是從事哲學的最起碼條件。你只要真的理解了，哪怕只有一部哲學經典，能夠設身處地地用它的「大腦」來思考，就能很快發現：哲學並非新儒家們說的那樣，新儒學和哲學之間隔著多麼遙遠的距離……

眾所周知，一般沒有「中國數學」或「中國化學」這樣的稱呼，也沒有「法國經濟學」或「德國心理學」這樣的學科，這是因為科學或說真理具有普遍性，因而不受國界的限制，否則就不配被稱作科學或真理。哲學雖然起源於古希臘，但是它這樣那樣的概念、方法、命題卻在各國哲學家那裡延續著自己的生命，並且變得更加充實和豐富，獲得了更加旺盛的生命力。這就是「古希臘哲學」、「英國哲學」、「德國哲學」、「法國哲學」等「中式」稱呼的來源。其表示的與其說是各自不同的側重、角度、方法，更是一種互補、承繼的關係，就像接力賽，彷彿異軍突起（訴諸感性的文學藝術是另一層面的問題）。

但是卻有「中國醫學」簡稱「中醫」這麼個學科，以區別鴉片戰爭之後隨外國人、基督教一起湧入中國的「西醫」。外國並沒有「西方醫學」這樣的稱呼，因為醫學作為一門科學也沒有國界，它為人類所共創共享。西醫也經歷了漫長的從迷信到科學的發展過程，但今天終於在理論、方法以及設備方面初具規模。與此相對，中醫的處境越來越尷尬：要想成為科學必須脫胎換骨，固守似乎不是辦法。更何談把這種「中國模式」向西方推廣，中醫好像只適用於中國人。不過在日本的小街至今確實還能看到為顧客解除筋骨勞損的針灸按摩。如果不忽悠、或說不借助愛國教育，中醫的生意越來越不好做。實際上，這一脫胎的演變也正在悄悄進行，你在中醫院裡會看到西醫越來越大行其道。一個明顯的例子是獲得了諾貝爾獎的屠呦呦（1930年-）。她是一個幸運兒，因為戰爭的需要、根據頂頭上司的批准而進入了國家研究項目，因而躲避了文化大革命的衝擊。她的青蒿素真可以說是歸功於黨，正如更多的科學家的夭折也歸功於黨一樣。重要的是她給了我們一個啟示：某種「中藥」的知識如果能夠經受臨床的考驗並上升為具有普遍意義的理論，而不僅僅停留在經驗的水準，那麼它必定為醫學所接納，因為它經受了科學原理的檢驗，符合了醫學的基本要求。並且，當這種「中藥」進入醫學而變身為科學的成分，它的「中藥」這個身分也將隨之成為歷史。

脫胎換骨是否可能呢？中國有「巫醫同源」的說法。這說法本身並沒什麼毛病，如果根據卡西爾，人類文化就起源於神話。根據《說文》：「巫，祝也。女能事無形，以舞降神者也。象人兩褎舞形，與工同意。」這樣的話，說「巫舞同源」也能成立，因為「舞」起源於遠古為神靈舉辦的祭祀活動。「巫」是「巫覡」的省略，根據《說文》：「能齋肅事神明也。在男曰覡，在女曰巫。」這也就是說，「巫」是人與神之間的中介，上通下達。遠古的「醫學」也是根據借助神靈來驅除病魔的觀念而成立的。

「巫」在周代以前應該是一種普遍的觀念，之後才演化出一套具有專職人員的系統。據說區分巫醫的企圖在周朝就已存在，據《周禮》，六宮體制中把巫祝畫入春宮之列，把醫師歸於天宮管轄。當然，這種區分的標準本身就帶有神話色彩。到了春秋戰國時期扁鵲的「六不治」（《史記．扁鵲倉公列傳》），其一就是「信巫不信醫者，不治。」……漫長的道路，直到今天人們還在為明代的《本草綱目》的科學性而爭論不休。

不妨提一筆，魯迅對中醫的看法饒有興味。他在《吶喊．自序》中寫道：「我有四年多，曾經常常，——幾乎是每天，出入於質鋪和藥店裡，年紀可是忘卻了，總之是藥店的櫃台正和我一樣高，質鋪的是比我高一倍，我從一倍高的櫃台外送上衣服或首飾去，在侮蔑裡接了錢，再到一樣高的櫃台上給我久病的父親去買藥。回家之後，又須忙別的事了，因為開方的醫生是最有名的，以此所用的藥引也奇特：冬天的蘆根，經霜三年的甘蔗，蟋蟀要原對的，結子的平地木，……多不是容易辦到的東西。然而我的父親終於日重一日的亡故了。有誰從小康人家而墜入困頓的麼，我以為在這途路中，大概可以看見世人的真面目……」

不知魯迅「蟋蟀要原對的」的敘述是否有些誇張，但他對中醫的態度卻一目瞭然。因為一場病「便從小康人家而墜入困頓」，看來也不是今天才有。

最令人厭惡的是這樣一類中醫大夫，儘管他們在確診自己是不是患有癌症時也是寄希望於CT（電腦斷層掃描）、B超（超音波）、驗血等西醫手段，而不再依靠望、聞、問、切，但是他們或許是怕丟了飯碗，或是出於愛國情結，更可能是兩者兼備（兩者常常是一回事），絕不懷疑中醫的「科學性」！在這一點上，他們跟那些據說具有「超能力」的氣功大師、還有武術大師一模一樣。把這些人稱作騙子或許有人不滿，但是他們的行為怎麼解釋呢？

中醫是一個縮影，中國文化的縮影。一斑見豹，這種停留在經驗層面的半瓶子醋的「知識」在中國所謂「真、善、美」的領域隨處可見。如果細細追究起來，可以說所有關於中國「神功」的記載都毫無科學根據，只屬於「神吹」。就像「自相矛盾」這個成語所言，一方面「刀槍不入」，另一方面又「削鐵如泥」，好事都占全了，就是智商還沒跟上。但是這樣的「神吹」不但古來有之，而且至今幾乎占領了中國所有的電視頻道，頗受老百姓特別是民工的歡迎。要說古代還有點靠譜。據說《水滸傳》的「神行太保」戴宗日行八百里，儘管「里」的長度有所變化，但自秦漢以來逐漸接近五百米、也就是半公里，那麼八百里就是四百公里左右。一天二十四小時，戴宗就是不吃不睡，跑完這四百公里也得用馬拉松世界紀錄保持者的速度！這可能嗎？馬拉松只有四十二公里多點，最少兩個小時多點，已經是體力的極限，當然還得是經過科學訓練的世界上最頂尖的神行太保！二十四小時保持這樣的速度？信不信由你，反正我不信，但是不管怎麼說，還有點靠譜，加上小說的藝術加工。為廣大群眾喜聞樂見的武俠片、功夫片裡的武功，比如「飛簷走壁」，就更不靠譜了，五、六米，甚至十幾米的高牆一躍而上，比當今世界上最優秀的撐桿跳高運動員還麻利。這與其說是藝術，不如說是神話；與其說是神話，不如說是忽悠。幸虧中國人喜歡忽悠，不管是忽悠者還是被忽悠者（金庸很聰明或說狡猾，他正是利用這一點而暢銷）。如果非說這些也有什麼歷史依據，那麼中國人的身體素質退化得也太快了點吧？

這樣一齣戲以不同的場景也在「新儒家」那裡上演：這些隔離於西方哲學之外的「學者」（有些還留過學、甚至生活在國外、有的還翻譯過西方哲學著作），不但不是以哲學精神對過往的中國思想進行整體的反思，反而企圖把與哲學精神迥異、與外國哲學無法「接軌」的儒家思想塞進哲學、科學的行列。他們毫無哲學素養，因而不斷地回歸中國古代思想的軀殼之中，彷彿那裡有取之不盡用之不竭的源泉！

所謂「新儒家」由來已久，應該說肇始於清末民初、中西接觸之時，作為抵觸西方思想的一種勢力，並且是一個普遍現象。就是說，你在很多當時的「學者」那裡都可以找到他們的蹤影。可以肯定的是：即使統治者有一天在中國消失，作為哭喪的人種，新儒家人物也會不斷湧現。雖然名目紛呈，但基本上換湯不換藥。剛發現有一個叫杜維明（1940年-）的「新儒家學者」，（據說是艾蓓〔1955年-〕、就是那個寫作《叫父親太沉重》、冒充周恩來女兒的女人的二婚夫。從人品上論，二人可說是絕配。）拼命想要說明：儒家傳統是好的，體現了人文主義精神，但是一旦被政治化、被當權者利用成為儒教，就變成了中國傳統的封建社會的意識形態。多麼「出色的」辯解！但是只能忽悠那些缺乏判斷能力的傻子，如果沒有孔子綱舉目張的「君君臣臣父父子子」，沒有那些扼殺獨立思考的教條，統治者怎麼會看上儒家？我甚為懷疑這位杜維明先生的初衷：是不是也想學習大儒，趁機分點統治者的殘羹剩飯？

如果說王陽明的思想是守舊和革新的矛盾體，那麼新儒家便是繼續守舊的一支。從性質上講，新儒家新一輪的「崛起」不過是統治者用來轉移視線、混淆視聽的老把戲：忽悠。在這個意義上，他們比「老儒家」更加可惡。前面說過，哲學不單是學問，它關注的是現實，而且是最本質的現實問題。新儒家它敢嗎？

如果真的「懂哲學」，就會知道一個很簡單的邏輯：高度中央集權的國家必須使用一切手段在消滅哲學精神的同時窒息國民的思考、創造能力，就因為前後兩者處於你死我活的關係之中。古今中外無不如此，就像歐洲有上千年「經院哲學」占統治地位的黑暗歷史一樣，中國也有著加倍漫長的「經學」代表學術的歷史。根據同樣的邏輯：在這樣的國家，身居高位還能頤養天年的「政客」和「學者」只有兩種可能：不是沒有道德觀念，就是智商欠缺。有人認為還存在第三種可能：兩者兼備。不過，這種觀點只是指出了兩者相輔相成的關係。

在中國，為了彌補哲學的欠缺，不如說說為了徹底消滅哲學精神，政客和學者合力創造出一個具有中國特色的、叫作「國學」的東西。這個「國學」以全民皆有的阿Q精神為靈魂，以儒家的倫理道德為指南，輔之以佛、法、道，以「愛國」為幌子，以公認和非公認的「國學大師」為榜樣，以忽悠為手段，重塑「五千年中華文明」！他們的幸運在於中國人從來不可能搞懂「天尊地卑」、「道可道非常道」、「天理」到底意味著什麼！與此相呼應的是：一時間古裝連續劇、各種「鑑寶」節目充斥電視。這些所謂的「文藝工作者」、「古董收藏家」以金錢為目的，以「擊鼓傳花」為手段，終於再次樹立了以乾隆和慈禧的審美趣味為理想的中國男女的審美標準！

說到底，儒家的成立必須以統治者為前提，沒有了統治者，儒家的理論自然土崩瓦解。同樣，統治者也需要儒家這張羊皮或者這個羊頭，這是相輔相成的關係：唇亡齒寒或者唇齒相依。在某種程度上保障了「平等」的國家，儒家的理論自然就成為了「歷史」，或說文化垃圾。比如在日本，那裡有一套在根基上就已然完全不同的道德觀念。當然，儒家這種歪理在歐洲本來就沒有市場。一個現象是「孔子學院」想通過廉價教漢語的手段向各國推廣「中華思想」，順便搞些其他活動，其結果可想而知：就像往非洲出口狗皮帽子，異想天開！

「平等」是一個理念，或說觀念、理想，在現實中沒有絕對的平等。但是是否追求和保障平等這一理念卻是現實問題。如果如柏拉圖所說，世上真有所謂完美的理念，那麼當你意識到這一理念，就應該為實現這一理念而不懈努力，而不是為現實辯解、甚至美化現實。這就是作為人追求真善美的「精神」。當然以錢為判斷標準的中國人不以為然：理念多少錢一斤？……和我沒有一毛錢關係。在缺乏理念、信仰唯物主義的國度，錢與權便上升為衡量一切的標準。當然，更多的人連衡量的可能都沒有，他們為了生存而疲於奔命。正如普希金（Aleksandr Sergeyevich Pushkin，1799-1837年）的《歐根·奧涅金》（*Eugene Onegin*，又譯：《葉甫蓋尼·奧涅金》）的扉頁題詞：「活得匆忙，來不及思索」（固然普希金說的不是「勞動人民」）。中國的情況是：幾乎百分之九十九以上的人連獨立思考的能力都沒有！中國人更相信：「民以食為天」，翻譯成白話文：「就知道吃」！也只有中國人的聰明才智能創造出這樣的成語，並且毫不隱晦。

把原則問題和枝節問題混為一談，這是「忽悠」的另一特徵，也是新儒家的立身之本。然而在道德問題上，捨本求末是無濟於事的。這樣做除了證明這些所謂的「道德家」們的自私，即為了混口飯吃不惜出賣靈魂（原本就沒有靈魂也未可知），還有就是智商的問題了。除此之外沒有第三種可能！舉個例子。被稱為新儒家代表人物的牟宗三（1909-1995年）在《政道與治道．新版序》中寫道：「儒家，從古至今，發展了幾千年，它代表一個『常道』——恆常不變的道理。中國人常說『常道』，它有兩層意義：一是恆常不變，這是縱貫地講它的不變性；一是普遍於每一個人都能夠適應的，這是橫地、廣擴地講它的普遍性，即說明這個道理是普遍於全人類的。」這不是典型的「獨斷論」嗎？據說牟氏還翻譯過康德的「三大批判」，而康德的最大功績就是要顛覆幾千年來的「獨斷論」！真是黑色幽默！

翻譯家賀麟（1902-1992年）也屬於「新儒家」。這又是一個黑色幽默。據說賀麟曾留美五年研習西方哲學，對不大瞧得上孔夫子的黑格爾頗有研究（不知他對黑格爾的這個觀點是否有過深入的探討），儘管如此，他仍試圖找到西方哲學和儒家思想的共通之處，最終的結果是加入了中國共產黨，信奉了辯證唯物主義。從「思想」歷程來看，與馮友蘭類似，當然，這也是中國「學者」的普遍命運，或說唯一出路。除了不得不教書掙錢之外，這與他們對附庸統治階層的儒家文化的認同應該有關。

當然，比起「中國著名哲學家」馮友蘭的「新理學」，同為「中國著名哲學家」賀麟的「新心學」在哲學意義上要成熟得多。馮友蘭最想當然的是認為「中國古典哲學」與西方哲學談的基本上是一回事，只是說法不一樣。因此他的任務是為古漢語中頗具神話色彩的「概念」進行改裝並使其形成系統，最終給出了一個非驢非馬的四不像。無論從「新理學」這個詞，還是從其內容都可以看到朱熹的影子。從內容上：朱熹先天的「天理」被馮友蘭改造成了「無字天書」，或曰「真際」、與「實際」對立，並用「氣」來使兩者發生關係；從手法上：和朱熹類同，也是毫無邏輯的八卦，更無暇顧及四處走氣漏風的二元論。這說明馮友蘭不但沒看懂外國書，也沒看懂古書，這兩者在根源上倒是一回事。然而馮友蘭卻說自己的「理論」是「最哲學的哲學」。智商確是待查……一說起馮友蘭就頭痛！

如果說「新儒學」與哲學毫不沾邊，賀麟應該是個例外。首先，立腳點就高出一截。他看中了中國思想中最具哲學色彩的陽明「心學」中積極的一面，並賦之予德國哲學中與之相近的新黑格爾學派、乃至康德的理論支撐。其次，賀麟首次將「心」具體為對真（理性思維）、善（道德判斷）、美（直覺感悟）的認知，強調三者的統一。只不過後兩者也是西方的傳統，並不是東方的特產。他也認為「東聖西聖，心同理同」，這是筆者絕不能苟同的，因為兩者追求的目標並不相同，甚至相悖。因此兩者的「精神」也有著性質上的差異。不過，賀麟對這一差異的抹殺是「新儒學」的共同特徵。

借用西方理論把儒家「哲學化」的結果是把儒家的「仁」與上帝的「愛」混為一談，反而使「儒學」變成了「儒教」（宗教化），更加違背哲學精神。為了光大這個儒教，還要用藝術對其教條進行美化（藝術化）。像其他的「新儒家」一樣，賀麟從事的也是中西「雜交」，試圖試驗出一個新品種。無奈儒家過於貧弱，已沒什麼利用價值。他不像其他新儒家那樣急於構建體系，這是他的自知之明。在他的沒有體系的體系裡，屬於他自己的創見並不多，這也像其他的新儒家一樣。如果他能站在更高的角度更深刻地理解「中西哲學」，他一定會放棄「雜交」兩種性質不同的「精神」。他的價值在於：比起其他的新儒家，他更接近西方哲學。在這個意義上，朱光潛（1897-1986年）最為出色，他雖然聲稱自己也是個馬克思主義者，但是所翻譯介紹的著作都是「唯心論者」的經典；他雖然是個美學家，但是最能體諒西方哲學真善美的格局，因而也最能貫徹西方哲學的精神。他才是為「中國心」開闢了美的領域的功臣！

為了接著聊，先說一個簡單的例子吧。「時間」！我們有各種各樣的「時間」、或說「時間觀念」。有過愛情的人在等待戀人的時候會覺得時間走得很慢，在與戀人相聚的時候又會覺得時間走得很快。孩子們常覺得時間走得很慢，因而生命十分漫長，而老人們卻覺得時間走得很快，「人生倏忽兮如白駒之過隙」。我們有「沒有時間」的時間觀念：「長生不老」，或曰「永生」；我們還有「日出而作、日入而息」的「自然時間」；最後，我們有日晷、滴漏、傅科擺，還有勞力士和電子錶；我們有日曆，包括陰曆、陽曆；進一步，我們發現，不但有感性的時間，還有理性的時間，有想像的時間，還有科學的時間，就如有神話宗教、自然日常、以及作為度量儀器的科學的時間。

亞里士多德說「『現在』是時間的一個環節，連接著過去的時間和將來的時間；它又是時間的一個限：將來時間的開始，過去時間的終結。」他把時間、空間看作存在的形式，強調時間的客觀性。而康德認為時間是「先驗的」（a priori）範疇。a priori 的本意是「先在的」或「在先的」。這個概念在中世紀演變為「先天的」或「天賦的」等具有「超驗的」宗教色彩的意思，是康德又恢復了它的哲學面目。「先驗的」，即先於經驗、作為統一經驗的範疇。問題是這個「先驗的」東西從何而來？這就像我們想要追問：如果說世界是上帝創造的，那麼上帝又是誰創造的呢？新康德派的卡西爾則更加強調時間的主觀性，他對時間的看法令人過目不忘，他認為沒有過去，過去只是我們的回憶；也沒有未來，未來只是我們的幻想。喜歡歷史的人對此應該深有體會。即便如永恆不變的「科學的時間」也因愛因斯坦的相對論而動搖，因為他認為時間的流速也是相對的，隨條件變化而變化。這個觀點無疑支持了卡西爾時間的主觀性和多樣性的觀點（參見《愛因斯坦的相對性理論》，一九二一年）。

以時間為例是想指出：哲學研究宗教（例如宗教的時間觀念），然而宗教卻遠離哲學。這也是宗教與哲學的區別之一。「新儒學」中主張「新唯識論」的熊十力（1885-1968年）就是後者的典型。本文「前言」中曾提到「無需贅言，在討論所謂中國哲學之前，首先要瞭解什麼是哲學」，熊十力正是反其道而用之的典範，但這並不妨礙中國人仍把他視為「哲學家」！

在哲學看來，宗教中「真」的成分主要體現在它的「認識論」，即對超驗的神靈的

「感悟」，這個「感悟」或「悟」屬於「直覺」範疇。固然，神靈無法證明，「悟」也只能依賴個人的「靈性」。但是其「認識論」所強調的「心」卻對中國的儒教有著至深的影響。不過，其善惡觀念屬於倫理學範疇，其宗教情感、或曰「敬畏感」屬於「崇高」這一美學範疇。這些條條框框在熊十力那裡是絕無的。熊十力是閉門造車的典範，不過幸虧如此，如果他瞭解了西方哲學，估計就沒有「新唯識論」了。熊先生潛心發明了一種「哲學理論」，其實主要觀點在外國哲學著作中早有先例，儘管概念和邏輯不大相同。這就像你寫了一篇小說，除了時間地點、人物姓名，其他都和已有的外國小說幾乎一樣，還不如人家精彩，只好拿給不看外國小說的中國讀者。

熊十力的「融貫中西」與他的「會通儒佛」是一個意思，「西」就是「佛」，和西方哲學沒什麼關係。由儒而佛，由佛返儒，或說從崇佛貶儒到貶佛崇儒（「佛玄而誕，儒大而正」）是他的思想歷程：「《新論》文言文體猶融《易》以入佛，至語體文本則宗主在《易》。」儒佛互補：「會通儒佛，歸宗於《易》。」

「新唯識論」的「識」即「心」：「識者，心之異名。」「唯識」即「唯心」，佛教與哲學只是說法不一樣。好像強調了「心」，一切就都可以隨心所欲了。「新唯識論」

的「新」在於強調「體用不二」，殊不知這並非他的創見，且不論唯物唯心，無論在西方哲學，還是程朱理學（「體用一源」）、特別是陽明心學，甚至更早都可以找到先例，並且就源自易學、佛學的影響。幸虧他不瞭解西方哲學，否則或許會有貪天之功據為己有的顧慮。他用大海與眾漚來說明本體與現象、心與萬象、「體」與「用」的「體用不二」的關係，把《周易》的「翕辟」之說改裝成自己的「辯證法」和「宇宙論」：「翕辟成變」；把「識」分為「性智」（對本體的認知）、「量智」（對現象的認知）……就概念的科學性而言，離哲學越來越遠……當你教鋼琴的時候並不需要孩子把所學過的曲子都彈一遍，只要彈一曲，甚至幾小節，就應該知道下一步該做什麼了。

本文開篇曾篡改荀子〈勸學〉名句「吾嘗終日而思矣，不如須臾之所學也」為「吾嘗終日而學矣，不如須臾之所思也」，好像是強調事情的另一方面，有那麼一點孔子所云「學而不思則罔」的意思；而實際上，「學」和「思」是一件事，古人喜歡分開說。「懷疑」是「思」的重要內容之一，當然，是否具有「懷疑」的能力更是個問題。萬事開頭難，首先學什麼？荀子繼續說：「南方有鳥焉，名曰蒙鳩，以羽為巢，而編之以髮，繫之葦苕，風至苕折，卵破子死。巢非不完也，所繫者然也。」把哲學繫在儒家學說上，就是這個結果！不過這裡，荀子似乎也搞錯了：蒙鳩應該是指斑鳩，斑鳩是不會把巢繫在蘆葦上的。即使是體輕如燕的鷦鷯也不會。倒是蘆葦鶯（也叫剖葦）把巢築在蘆葦上，因杜鵑（布穀鳥）借此托卵（孵卵）而聞名。《詩經》有「維鵲有巢，維鳩居之」的說法，估計源於此種現象。

書籍就像食物：有的食物會增加你的食欲，而有的卻令人作嘔，常吃就沒了胃口。在某種意義上說，哲學是思辨的遊戲，我喜歡哲學正像喜歡圍棋，源於思考帶來的遊戲般的快感。讀西方哲學著作你會感到思辨帶來的愉悅，但是讀儒家，比如朱熹，特別是新儒家的東西，你只能感到教條的枯燥，就像學「馬列」、「黨史」什麼的，除非你有什麼別的目的，比如考大學。這些教條淨是些作者為了某個私人目的的臆造，既沒有認識論上的根據，也經不住邏輯的推敲，更談不上「新鮮感」，只能算作「忽悠」。所謂「新儒家」也正是這樣，談論他們，只能敗壞你的胃口，使你對人、甚至對世界感到絕望！新儒家在鬆軟的地基上妄想蓋一座大廈，其結果可想而知，就像中國生產的勞力士和LV……垃圾越堆越多，即使有清潔工也只能望洋興嘆。而這正中統治者的下懷，他們指著這座雄偉的垃圾堆教導下一代：好好學習，中華文明燦爛輝煌！總之，「新儒學」

只是「儒學」的迴光返照，為了避免再次墜入大字報的水平，也為了讀者的心情，新儒家的討論就此為止吧。

【五】

馬克思主義儒法道

如果承認哲學的精神是追求真理，同時也承認哲學在人類精神發展中的作用，那麼就必須承認「說實話」。然而，所謂的「中國當代哲學」有的只是官方哲學對哲學概念的誤解、曲解、剽竊、篡改，中國的「知識」自古以來所扮演的角色就是為醜陋的現實進行華麗的包裝，為了瞞天過海，「謊而優則士」。

馬克思是永恆的。因為世界上永遠都是「無產者」大大多於「資產者」，未受正規高等教育者大大多於受過思維訓練者，不管社會主義社會還是資本主義社會，也不管是獨裁國家還是民主國家。這就是馬克思主義的市場。對於那些因為個人條件或社會條件而無法獲得知識和技能的大多數來說，「大鍋飯」是他們本能的需求，就像無產者嚮往共產，人們嚮往天堂。對於個人來說如此，對於國家來說也是如此。問題只是大鍋飯是否存在，能吃多久？

「人人生而平等」只是一個理念，並不是現實。即使在民主國家，人人都握有選票，仍然無法避免蘇格拉底最終所面臨的悖論。你可以少數服從多數，但是無法避免「真理往往掌握在少數人手中」這一現實。一個真正為民著想的人未必能夠受到大多數人的擁戴，這就是民主與生俱來的致命傷。也是「平等」與「不平等」必將「永遠回歸」的理由。

因此，徹底排除馬克思主義也只是是一個幻想。理解這一點並不需要什麼先進的理論，尼采的「永遠回歸」就足夠。就像潮漲潮落，或者鐘擺：從左到右，再從右到左。例如民主和獨裁，只要時鐘還在行走，鐘擺不可能停止在中點上。（請注意！這裡說的並不是那種「詭辯術」式的「辯證法」：禍中有福，福中有禍，福禍都一樣。）這種左右搖擺的「永遠回歸」

還表現在代代相傳的必然性上，正如每一代人都會面臨生老病死一樣，這也就是使扎拉圖示特拉感到絕望的原因。

民主與獨裁是一對孿生的概念，或說就是一個概念的兩個方面。就像「永遠回歸」，極端的民主孕育著獨裁，極端的獨裁又哺育了民主。問題是是否有可能控制「擺幅」以避免毫無意義的犧牲和浪費。後面將會提到的「人民民主專政」貌似是一個控制「擺幅」的手段，而實際上只是忽悠。因為作為執行人的「人民」是不可能存在的。解釋一下，一般認為，為了限制和消滅資產階級，無產階級必須實行專政（獨裁）。而實際情況是，為了實行專政，必須不斷製造「階級敵人」，這才是對付人民的手段。不但在國內，還要在國外。同時，為了專政，必須讓人民赤手空拳、一無所有，不單武器，還有財產。反映在意識形態方面，必須使人民進入無意識的斯得哥爾摩綜合症（Stockholm syndrome，又譯：斯德哥爾摩症候群）的精神狀態之中。這是專政得以立足的前提條件，也是專政的「合理性」所在。在這個意義上，中國是獨裁的典範。專政越是殘暴，政權就越是穩固，直到走到極限並維持這個極限。事實證明，統治者的任何心慈手軟都會給政權帶來致命的威脅。國內如此，國際上也是如此。例如：不管美國給予過中國多少幫助，也不管中國的「解放」和發展在多大程度上得益於美國，中國必須把美國設定為「敵人」！因為美國代表著民主，也因為非此就不能證明獨裁的正確性。這就是所謂的「原則問題」，是修建廁所和製造原子彈孰輕孰重的問題。

因此，共產主義實質上就是無產主義。好像其中有你一份，但是你不能退股。你的股分還不能威脅到大股東的利益和權利（權力）。這就是共產主義必然會造成遠遠超越資本主義的兩極分化的原因，不管這財富表現為權利還是金錢。因為財富由統治集團所掌控，同時，統治集團又是國家機器的掌控者。腐敗是統治階層的特權、動力、應得的一份，就像工資。只要站好隊，也別因招搖過市而引起民憤、揭穿忽悠的騙局。

共產主義必將造成生產力、社會發展的停滯。因為一切創造力都將被視為威脅。那種在科技、經濟方面發揮創造力，而在政治改革方面消滅創造力的想法只是單相思、一廂情願。因為在你牙牙學語的時候，你的創造力就已經被閹割了。甚至更早，在你的基因裡。

共產主義把自由競爭改良為巧取豪奪，任何形式的「良心」都將被淘汰出局。這是一個逆向淘汰的過程，一個「退化論」的惡性循環，也是一種形式的「適者生存」。官越大就需要越沒有公民意識和普世價值，不管他多像一個「好人」。為了政權的延續，他頂多扮演一個善於平衡的角色，在生產力的停滯、倒退，直至國力衰竭、民不聊生的時候登台表演。但是這些都不影響人們對於一個虛無主義的、共產主義的美好理想的信仰，反而常常是堅定了這一信仰。這也是斯得哥爾摩綜合症的一個表現。

提高或維持生產力、跟上時代的步伐，或說與時代抗衡的唯一出路就是各種形式的搶、騙、偷，以及賄賂。這也是必然的。在此意義上，共產主義所造成的道德敗壞甚於其他方面，因為道德不僅停留在意識層面，還會深入到無意識層面（超我）。

共產主義和其他宗教本質上是一樣的，以自我為中心。為了爭搶地盤，它必須消滅其他的一切宗教，乃至各種思想，不進則退。

「經濟基礎決定上層建築」是馬克思的一個遍及世界的謊言。因為其中並沒有必然的邏輯關係。中國人用這個謊言和自己的聰明才智證明了美國人書呆子式的愚蠢（不排除一些「聰明人」借此大發橫財），同時也告訴了我們，共產主義也存在於資本主義國家的這一事實。同樣，或說相反，中國也不會因為餓殍遍野而改變社會制度，儘管可以改朝換代。這就像文化大革命和經濟大革命的性質基本一樣，只是換了一個領域，或說一種方式，因為參與革命的還是那麼一伙人，還是那麼一種意識形態。所謂「官逼民反」不是改變社會體制的必然條件，而且這種現象十分「偶然」，成功的概率也不高，還必然十分慘烈。歷史已經證明。

社會體制的改變也沒有一個定式可循，就像民主也沒有一個楷模一樣。把某種可能性當作信奉的宗旨的人不是騙子就是傻子。戰爭、宮廷政變、國家分裂、自上而下、自下而上，都只是可能性的一種。必然的條件只有一個：至少近一半的國民真正具有起碼的公民意識，這也是共產黨千方百計在提防著的，因為制度是由人來制定和執行的。這種公民意識可以是環境的影響，也可以從自學得來，或由於外力的強制而形成。所以，「勾結外國勢力」的罪行十分嚴重，在中國，這也是改革開放和閉關鎖國的矛盾所在，或說開放和閉關也是「永遠回歸」的表現。

意識的改變是一個漫長而痛苦的反思過程，一個自我批判、自我改造的過程。因為公民不僅只有索取，還要付出，即犧牲某些個人的「利益」。請讀者千萬不要誤解，好像筆者已經具有了某種程度的公民意識。在這裡我想強調的是對我來說，獲得公民意識是一個多麼漫長和艱難的過程。因為中國沒有公民意識的傳統，所以對中國人來說，養成公民意識幾乎不可能，就像黑人要想變成白人，或者白人要想變成黑人，也許需要經過幾代人的混血。這樣說並不意味著公民意識只是什麼「高大上」，比如享受選舉權什麼的，而是說它體現在生活中的一言一行之中。這也就是即使在膚色相同的日本，你也很容易在公眾場合把精神上「純種的」中國人和日本人區別開來的原因。

日本有一個很微妙的常識叫作「空気を読む」。這裡並不是說其他國家沒有這種意識，而是說日本人重視它到了吹毛求疵的地步。它指在公共場合，個人不要去破壞大家共同享有的「空氣」（氛圍）。在這裡，「個性」的張揚被視為膚淺、浮誇，即沒有真正的個性。這裡說的「空氣」很容易讓人聯想到中國的霧霾，這大概是「空氣」的另一種表現。日語的這個「空氣」是否可以解釋為日本獨特的公民意識？不過，還存在著另一種解釋，在某種意義上，曾經的軍國主義得逞是否與此也有關呢？當然，這是另一個話題。

還有，「思いやり」。大意為替對方著想，或站在對方的立場上考慮問題。說它屬於道德範疇、做人的準則或許有些拔高，它也只是一個普通的常識，彷彿日常生活中接人待物的風俗習慣。中國也有類似的說法，比如「己所不欲勿施於人」。但是相對而言，這種說法還是站在自己的立場上，而且是一種揣測：我不喜歡喝酒，估計對方也不喜歡……至多是為了避免遭人嫌、招人恨、引火燒身、他人也這樣對我。並且沒有普遍的指導意義，比如對於統治者來說。「思いやり」在中國很難貫徹實行，否則「朋友越多你越窮」，不信你就試試。由此我又聯想到國外那些發放福利或便宜賣的場景，平常不覺得有這麼多中國人。「思いやり」是否也是公民意識的一個縮影呢？

「善」的觀念不是先天的，也不是起點，而是不可企及的終點、理想。它體現在不斷追求、即不斷深化、不斷行動的過程（「向善」）之中。任何關於「善」的結論（教條）都是阻礙追求的障礙，即把「善」變成彼岸的信仰對象。舉個極端的例子：那些每天燒香拜佛的人是最為虛偽的一群；如果他們把時間和錢財用於「行善」，不管做多做少，他們才是「善人」。由此你也可以聯想到那些造價高昂的賭場和寺廟。根據同樣的道理，「民主」也是這樣。作為一個理想，或說理念，它自身也是在「民主化」的過程中不斷改進與完善的。民主和獨裁是社會存在的兩種方式，或說兩極，就像人性中的善惡。民主中潛伏著獨裁，就像共產主義看上去最為民主；獨裁也有可能轉化為民主。歷史上這樣的例子不勝枚舉。當民主失去了監管，獨裁便由此誕生；而當獨裁走向極端便造就了民主的溫床：對民主的嚮往。當然，素質不同，對「極端」的認識也不同。這裡所說的素質仍是指「民主意識」。越是缺乏民主意識的國家，獨裁就越有生命力，這就像有機體的抵抗力與病毒的關係一樣。希望只以少數人的意志來施行民主，在邏輯上，很難行得通，因為這與獨裁的手段一樣。事實也確是如此。即使有外力的強制，在缺乏民主意識的國家，造成的結果也常常是無休止的內戰，例如非洲的某些國家；而在民主意識已經覺醒的國家，民主就彷彿一蹴而就，例如在日本。實際上，日本本來就不是一個典型的獨裁國家，軍國主義的誕生正是由於在一個特定的時期，監管系統的殘缺和失控，加上當時列強瓜分世界的走向及明治維新的「副作用」，即民族自豪感的暴漲，致使具有獨裁意識的官僚掌控了政權。同樣的例子還有義大利和德意志。

中國有句俗話：「錢不是萬能的，但沒錢卻是萬萬不能的。」這個說法可以套用在很多場合，比如：「選舉不是萬能的，但沒選舉卻是萬萬不能的。」「民主不是萬能的，但沒民主卻是萬萬不能的。」民主很難保證民選的質量，但是卻能保證災難不可能在很長的一段時間得以持續。民主與其說是一種制度，首先是一種觀念（觀念論？）。而且這種觀念像科學一樣，也在不斷地進步。各國有各國的國情，因此民主也應該是多樣化的，程度不齊的。但是是否相互取長補短、不斷改進卻是民主的試金石。完全沒有民主觀念作為基礎而強行推行的民主制度是維持不了多久的，世界史也證明了這一點。

中國是共產主義的最完美體現。可以說共產主義選擇了中國，也可以說中國選擇了共產主義。一碼事。共產主義是個美好的「羊頭」。就是說，並不是它被當作了羊頭，而是說它本身就是羊頭：一種無法兌現的虛無主義、一個自相矛盾的悖論。在經濟學方面，他必將阻礙生產力的發展；在政治學方面，它是獨裁的土壤，因為財產的共產以思想的共產為先決條件。在此意義上，希特勒是一個近乎完美的共產主義者。這些，歷史已經給出了證明。那麼在中國，「狗肉」還得是儒法道。「儒」指宣傳，或言洗腦。儒字當頭，無孔不入，也符合中國傳統；「法」作為後盾：天網恢恢，疏而不漏。「道」作為宗教式的調和劑，用於忽悠，使所有歪理邪說天衣無縫。這不但是傳統，也是現實。中國從上到下有意無意的忽悠（如果不說欺騙的話）大行其道，就是明證。共產黨的「偉大、光明、正確」正是建立在「馬克思主義儒法道」的意義之上的。就是說，換一個角度來看，馬克思主義儒法道是共產黨的理想，幸運的是，也是中國的現實。

這一章節的寫作拖拖拉拉了一年多。其間，貿易戰、反送中、武漢肺炎……像走馬燈似地接連上演。只是今天，中華民族又到了最危險的時候，我們又回到了一個似乎與十九世紀末、二十世紀初外敵猖獗十分類似的起點上，而且慈禧對洋人的看法與習主席對美帝的看法基本一樣，這大概就是輪迴吧。前面已經提到過，儒家思想是造成這種輪迴的主要原因。它掩飾和「調和」社會矛盾，致使你最終還要回到原點。經過多年的努力，中國終於成為了世界大戲的主角，成為了世界人民關注的焦點，甚至超過了大唐大清，可謂「閃亮登場」。同時，共產黨也成功地把人們的視線鎖定在了辯證法意義上的「現象」層面，讓觀眾目不暇給。這樣做的好處在於它能不斷轉移視線，適用於無暇思考的大多數，使他們滯留於「感性」層次，無暇進入「理性」領域，而人群的多數正是生活在這個「感性」的層次。然而哲學的思考卻依賴理性，只有理性才可能接近事情的「本質」……相信受到影響的不僅只有筆者。不過，這樣做也帶來了一個出乎意外的好處：它間接證明了本書許多論點的重要性，因為它們植根於事情的「本質」。

這一章節的「發想」也曾著實令我困惑。根據「哲學」這一概念的定義，「新中國」成立以後就沒有了哲學得以生存的土壤。在這片土地上，你甚至連哲學的「雜草」都難以找到，因為哲學的花朵只開放在自由思想的土地之上。哲學建立在哲學家具有獨創性的理論之上，模仿的「哲學」是哲學嗎？在沒有哲學的國度談論它的哲學，這不是自己抽自己嘴巴嗎？如果非要談論，那麼只能談論所謂的「官方哲學」，而這個官方哲學又只是披上了一張「馬克思主義」羊皮的大中華傳統思想。

因此，首先不得不表示歉意的是：這裡的討論會遠離哲學，因為你再也找不到一個真正意義上的哲學家。所謂的「中國當代哲學」有的只是官方哲學對哲學概念的誤解、曲解、剽竊、篡改——為了某種不可明言的目的。如果說這些討論還有什麼意義，那也是在概念、邏輯的層次上檢討一些基本的常識，或說從哲學的角度觀察這些現象。造成這些現象的原因除了一黨專政使獨裁進一步組織化、系統化、科學化，因而使傳統的「儒法」兩道（筆桿子、槍桿子）更加完善，還由於現有的意識形態和社會制度必將極大地激發人性中惡的成分，使「中華文明」中僅有的一點善的要素消失殆盡、一切惡的要素發揚光大。其存在的「合理性」則仰仗源於「易經」、「八卦」的忽悠，乃至欺騙。中國的「國魂」儒法道發展到今天已經到達了出神入化、登峰造極的階段，其所有能被利用的糟粕都得到了昇華：

儒教是世界上最優秀的統治術，這一點連蒙元、滿清的統治者都不否認，儘管漢人驕傲地稱其為「同化」。儒家思想用教條和歪理邪說徹底僵化了中國人的思考能力，其結果是完全失去了判斷真善美的可能。儒家本來僅有的一點「調和」、「中庸」的「善意」也已蕩然無存，剩下的只有無條件服從統治者的意志。對於尚存一點思考能力的人來說，這已是不言自明的真相，這裡就不再贅述。

法外有法的法家思想使中國人理所當然地成為了「愚民」、「弱民」、「疲民」、「辱民」、「貧民」，俗稱「韭菜」。他們思想統一，深情地唱著同一首歌：「從來不需要想起，永遠也不會忘記。沒有天哪有地，沒有地哪有家，沒有家哪有你，沒有你哪有我。假如你不曾養育我，給我溫暖的生活；假如你不曾保護我，我的命運將會是什麼？是你撫養我長大，陪我說第一句話（我總是聽成「是你不讓我長大，不讓我說一句話」）……」[13]這種「斯德哥爾摩症候群」，或稱「人質情結」並非突然產生於一九七三年的瑞典，為了求生而依戀強者的生存本能和精神機制在精神分析學中早已被探究；作為歷史現象，

13 此為〈酒矸倘賣無〉歌詞。此曲由羅大佑與侯德健作詞，侯德健作曲，蘇芮演唱。為一九八三年電影《搭錯車》主題曲。

則幾乎貫穿了有文字記載的人類文明史。在中國，這種精神疾病甚至體現為世界上獨一無二的民族特徵，或曰「國民性」。其病入膏肓甚至甚於阿Q精神，也是阿Q精神賴以生存的土壤。然而這個民族的精神病史和其歷史淵源，卻因為「國民性」的原因，至今，即使有人談及，卻無人論及。商鞅的「五民」法，可謂致使中華民族精神疾病加重的因素之一；而現今共產黨的手法更為簡約：首先剝奪你的一切，然後你只能仰仗它時不時的開恩而求得生存和發達。這也是中國人愛國的根本原因。他們沒有一寸土地，因而疲於奔命，不是為了錢就是為了權……他們自顧不暇、也相互為敵，甚至連夫妻之間都不知道「愛」為何物，但是卻知道「愛國」。插一句，有人指責魯迅有各種各樣的毛病和缺陷，但是還有誰能像魯迅那樣深刻地展現了中國人的精神實質呢？

從精神分析學角度看，專制得以維持的心理要素是製造恐怖並使其深入民心，進而成為集體無意識。「六四」的經驗再一次告誡共產黨，一旦恐怖情緒消散，專制便面臨著土崩瓦解。專制和恐怖是孿生的、表裡一致的，當恐怖像空氣一樣無處不在又令人無法察覺，即所謂「羚羊掛角，無跡可求」，那麼專制便進入了出神入化的境界。恐怖是極端的互不信任的原因，也是結果。在恐怖之中，所有的成員都處於恐怖之中，就連恐怖的製造者也不能倖免。經過組織形式固化的極端恐怖的表現形式就是「恐怖主義組織」。「恐怖主義」是專制的手段，因而也是顛覆政權的手段。邏輯很簡單：對於統治者和被統治者一樣，都面臨著你死我活的抉擇。N千年的中國歷史證明了這一點，世界歷史也證明了這一點。「恐怖」可以作為精神分析學的博士論文的題目，多麼好的一個題目！論文的寫作對於習慣了恐怖的、或說寧可跪著生也不站著死的中國人應該更是手到擒來，即所謂近水樓台先得月，只要他們能夠領悟恐怖的心理機制。然而，這又是一個不切實際的奢望，因為他們已經習慣了「恐怖」，視而不見，就像習慣了空氣一樣。

前述歌曲的詞曲作者侯德健可為一例，他的所為可以如此診斷：他完全沒有意識到自己無意識中嚴重的斯得哥爾摩綜合症。據說他還是「六四四君子」之一。悲劇就悲在這裡：我們的黨和我們黨的反對者雖然互相不買帳，但是在無意識中，或說集體無意識中，他們的「DNA」是一樣的，不愧「龍的傳人」！據說德健兄還打算用餘生好好研究一下《易經》——又是黑色幽默！如果筆者的這個分析你還是不相信，那就去觀察一下那些「民運分子」的言行舉止。如果你具有初步的精神分析學理論基礎，經過邏輯推理，得出結論並不複雜。當然，不是說百分之百的「民運人士」。也因此，恐怖是雙向的，就是說恐怖的製造者並不單是統治者，還有被統治者！中國歷史證明，任何一個所謂真正「覺醒了的」為民奔走呼號的人都有可能首先被民眾視為「異端」，製成「人血饅頭」。你想告訴他們一個新的活法，他們卻想讓你按他們的習慣來統治他們。這也是中國歷史從古至今換湯不換藥的根本原因。在中國歷來的民主人士之中，你很難找到一位有哲學修養，或說懂點哲學的人，然而哲學卻是思想的「共同語言」（後面還會提到），正所謂「起點」。在這個意義上，我們甚至離沙皇時代的俄國都差得很遠，他們起碼還有別林斯基（1811-1848年）、車爾尼雪夫斯基（1828-1889年）、杜勃羅留波夫（1836-1861年）……

與「斯得哥爾摩綜合症」類似的還有「煤氣燈效應」（Gaslighting）、一個來自於二戰期間美國影視作品的概念：利用洗腦術使對方完全失去自我、產生人格障礙，因而無法正視現實，以致被無條件操控。歌曲〈東方紅〉就是一個典型的例子。它是一個「暗示」：中國人不是弱智就是腦殘！跟唱「我們都是大傻蛋」沒什麼兩樣：如果沒有大救星來為人民謀幸福，那麼他們只能在水深火熱中混吃等死。過去相信皇帝，現在要相信領袖。

不過話說回來，〈東方紅〉說的或許沒錯：「中國人不是弱智就是腦殘」，不然的話為什麼中國人一湊到一起就大唱〈東方紅〉呢？還有那曲〈沒有共產黨就沒有新中國〉。共產黨在表面上宣稱唯物主義是科學的，暗地裡卻把唯心主義推向極致，否則怎麼會隨時隨地把洗腦放在第一位？一方面高舉唯物主義的大旗，另一方面洗腦（精神）決定一切！這就是共產黨的「辯證法」的精髓和高明之處：既可以混淆視聽，又可以逃脫罪責，例如把人禍變成天災……

未經反思的、源自中國「最古老哲學著作」《易經》的道家思想使「忽悠」成為了生存常態、思維方式，從國到民。「忽悠」是「欺騙」的前奏。如果說忽悠還存在著對「事實」的一絲恐懼，那麼欺騙則突破了這最後一層底線，用謊言取代事實。「忽悠」和「欺騙」的區別在於：前者側重於對「事實」的解釋，而後者乾脆偽造事實。在此意義上，忽悠常常比欺騙更有效、也更長久。與忽悠一樣，說謊也分為「有意的說謊」和「習慣性說謊」。「指鹿為馬」是中國古代的一個故事，也是前者的一個例子：為了某個目的或者生存不得不說謊。謊言的成立取決於兩個方面：謊言的製造者和謊言的認同者，就是說也包括因為畏懼趙高也必須指鹿為馬的群臣。

根據條件反射的原理，在充滿謊言因而不得不說謊的世界，反覆說謊會使說謊成為「習慣」，即「無意識說謊」。這是因為不斷重複的謊言會導致認知障礙、即一種心理機制的變化：理性思維能力的缺失、無力面對現實，形成一種精神疾病。就此意義，戈培爾（1897-1945年）的「謊言重複一千遍就會成為真理」可謂成功的嘗試：對於說者，也對於聽者，畢竟具有獨立思考的人所占的比例極小，更何況攸關性命。中國也有類似的成語：「三人成虎」。

養成「無意識說謊」的習慣除了需要一個充滿謊言的世界，還需要從小培養。一個從小就歌唱「共產黨好」的人很難再想到「共產黨到底好不好？」這樣的問題，這也說明判斷真偽的能力也要從小培養。在這個意義上，中國人的說謊大多屬於「無意識說謊」，即經千百年的傳承，加之生存的需要而固化。他們不斷地重複著謊言，並且真心地以為那就是真理。他們是說謊者，也是謊言的受害者。特別是發展到現代，忽悠和欺騙已經融為一體，你無法分清那究竟是忽悠還是欺騙。

中國現代的這種所謂「文明加速退化」的現象與馬克思不無關係。當然這裡並沒有「栽贓」，即把責任推給馬克思的意思。因為主席說「十月革命一聲炮響，給我們送來了馬克思列寧主義」也是使用忽悠的手法——如果不是欺騙的話。不是「給我們送來了」，而是「我們選擇了」。當然中國的老百姓沒有區分兩種說法的可能，因為他們沒有區別科學語言和忽悠的能力。之所以選擇了「馬克思列寧主義」，是因為無產階級專政的理論與中國上千年來打土豪分田地的農民起義的傳統最為接近，也就是說，最容易被中國人理解和接受、最符合中國的「國情」。比較一下〈國際歌〉（L'Internationale）原文與翻譯的區別，或許有些象徵意義。「Le monde va changer de base: Nous ne sommes rien, soyons tout !」有著哲學意義上的法國風味，大意是世界在巨變（根本的變化）：我們不是「虛無」（什麼都不是），而是所有（「有與無」、「存在與虛無」？）。要說英文翻譯還比較靠譜，或說比較理性：「Freedom is merely privilege extended. Unless enjoyed by one and all.」（大意：自由是全民享有的「特權」。）然而一旦變成中文就成了這副樣子：「不要說我們一無所有，我們要做天下的主人！」聽著是不是耳熟？翻譯成古漢語或許更容易被中國人理解：「王侯將相寧有種乎？」於是一種民主的思潮立刻就被農民起義所代替了！觀念的篡改十分微妙：什麼是「主人」？估計不是針對「客人」，而是針對「僕人」而指向財產、權力的擁有者。「主人」與「新一代的統治者」有哪些區別？並且誰來充當「僕人」？……正所謂「烏合之眾」就是產生獨裁的土壤！

這就像中國人最適合所謂「唯物主義」一樣：中國人是「天生的唯物主義者」，「本能地」認為物質才是「第一性」的，「物質決定精神」。他們信仰物質並沉迷於物質，就像諺語所言：「人為財死，鳥為食亡。」偉大領袖毛主席教導我們說：「馬克思主義的道理千條萬緒，歸根結底，就是一句話：造反有理。」多麼簡明扼要！廢話少說，「槍桿子裡面出政權」！儒家虛偽的道德一旦無法調和貧富不均的矛盾，農民起義便應運而生。而農民起義的領袖一旦掌握政權，又只能用儒家的統治術和虛偽的道德來維護自己的統治，直至下一次農民起義。這就是有中國特色的「輪迴」，而換湯不換藥的悠久歷史又充分地表現了「中華民族」的聰明才智！

與這種「換湯不換藥」配套的是觀念上的換湯不換藥，即概念上的偷梁換柱。比如：用「階級鬥爭」取代「農民起義」，用「無產階級專政」取代「王法」，用「革命」取代「搶錢」。總之，用外國的新概念取代中國的舊概念，輕車熟路。這種糟改外國文化的習俗也是中國的優良文化傳統，或曰忽悠的表現之一。再舉個最簡單的例子。〈三套車〉不但在中國、也是在世界上最廣為人知的俄羅斯民歌。之所以如此流傳，是因為它如泣如訴的優美旋律和歌詞中滿含著的那種普遍的人情味配稱民歌。在民歌的意義上，它無與倫比，你挑不出它的毛病。但是在中國它卻呈現出另一種姿態，其區別甚至不為中國人所察：它的版本遭到了拙劣的篡改！本來是一首愛情歌曲，訴說失戀的憂傷：一個驛站的馬車夫，其相戀一年之久的情人被一個韃靼流氓誘拐。出於對乘車的這位「親愛的雇主」的信任而訴說衷腸。但是這些在中文歌詞裡毫無蹤影，有的只是「階級仇恨」，並且不倫不類！雖然是「三套車」，三匹馬卻變成了單數，而且「走遍天涯」的「這匹可憐的老馬」還要被可恨的財主「買了去」——看來這位財主也夠窮的！這就是具有中國特色的「翻譯」！然而中國人渾然不覺，照樣唱。也許只有這種版本才更適合中國人的口味吧！

據說斯大林「治民有方」，比起毛澤東那可是小巫見大巫，這可不是阿Q精神，用改造的馬克思主義來改造這首在蘇聯仍不絕如縷的〈三套車〉可謂一例。上行下效，大忽悠下面必然有一群附庸風雅的小忽悠。居然還有人把中國的災難怪在外國人頭上！一個從來不知反思為何物的民族……

毛主席莊嚴宣布：「領導我們事業的核心力量是中國共產黨。指導我們思想的理論基礎是馬克思列寧主義。」馬克思為了消滅不平等而要求平等：「一切人，或至少是一個國家的一切公民，或一個社會的一切成員，都應當有平等的政治地位和社會地位。」為了鏟除不自由而要求自由：「每個人的自由發展是一切人的自由發展的條件。」這些馬克思的初衷在主席「歸根結底，就是一句話」裡連影子都沒了。

有了經過糟改的「馬克思主義」的羊頭，或說羊皮，再與儒法中的糟粕進行雜交，於是就有了具有中國特色的社會主義，馬克思主義儒法道便順利誕生了。毛澤東就像潘多拉。潘多拉打開盒子釋放出所有形形色色的惡，當她關上盒子的時候，裡面只剩下了「希望」。在中國連希望都找不見了。主席大膽地利用了一個悖論：工人農民文化水平雖然最低，在中國甚至可以說沒有文化，但是他們卻是「覺悟最高」、「領導一切」的一群。偷梁換柱，或說變戲法：只有讓烏合之眾凌駕於知識階層之上，統治才能穩固。於是所有人，包括工人農民，不但沒有了參政權，甚至沒有了一寸土地！

馬克思的最大問題是沒搞明白一個最簡單的邏輯：不平等是「上帝」造成的，他賦予了每個人不同的能力、性格、稟賦與智商，這些又決定了他們在社會中擔任不同的角色、起到不同的作用。「全世界無產者聯合起來」的結果是「聯合」起來還是無產者，正如勒龐在《大眾心理學》中所證明的「烏合之眾」。因為他動員的不是真正意義上改變世界的精神力量。這大概就是恩格斯後來把「無產者」改為「勞動者」的原因吧！如果馬克思對中國有所瞭解，知道中國的「無產者」時不時也會聯合起來改朝換代，知道中國的「革命」結果總是換湯不換藥，或曰「永遠回歸」，只不過是換了個說法，例如把搶錢叫作「革命」。那麼他一定會在一定程度上修改自己的理論。進一步說，如果他出生於「無產者」家庭、沒機會受到基本教育，恐怕連他的「理論」也不會有了。

獨裁的土壤是愚民，或說愚民培養了獨裁。從國家的角度，「無產者聯合起來」的結果是國家社會主義：用獨裁消滅民主自由，用愚昧蠶食理性科學……，從世界的角度，就是說，把世界想像成一個國家，這個企圖瞬間消滅一切「差別」的天堂一般的烏托邦幻想會造成更大的災難，無論納粹主義還是共產主義。這些「皇帝的新衣」只有愚蠢的人才看不見，希特勒的德國和斯大林的蘇聯已經為我們舉出了例子。道理很簡單，在國內可以「槍桿子裡面出政權」，但是在國外哪個國家沒有幾桿槍？這也是「馬克思」和「尼采」的博弈，幻想、宗教和理性、科學的戰爭，更是人性中惡與善的角逐。只要人類存在，只要世間存在著差異，這個角逐將永不停歇，不同的只是改頭換面：時而在意識形態，時而在橫屍遍野的戰場；時而顯現在這裡，時而激化在那裡；時而以這樣的名目，時而以那樣的面貌……其背後邏輯也很簡單：人口在繁衍，資源很有限，誰有權規畫世界，占有這些資源？這也是關於人類生存的永恆主題。

插一段閒話。近來，中國的問題到底是制度問題，還是文化問題引起了爭論，因而出現了「制度論」、「文化論」，還有「素質論」……究竟是制度決定素質，還是素質決定制度是爭論的焦點，頗似究竟是精神決定物質，還是物質決定精神的論爭。其實這類問題在十九世紀的德國就出現過，馬克思就屬於「制度論者」，他認為推翻一個舊制度、用無產階級專政代替資產階級專政就是解決問題的根本方法。與之對立的是尼采，他所關心的是文化，特別是歐洲文化的弊病，無論傳統的還是現實的。如果強行歸類，應該說尼采是個「文化論者」。一般說來，馬克思的粉絲主要來自「樸素的唯物主義」持有者；而尼采雖無心區別「唯心」、「唯物」，從傳統意義上，屬於「唯心論」一派。馬克思的影響力主要在「無產者」；而尼采的影響力主要在知識階層，因為理解尼采畢竟需要一定的智商和脫胎換骨的自我昇華。舉個例子：在俄國，雖然有主張暴力革命的列寧，但是也有托爾斯泰，他同情無產者，但是卻認為暴力奪取的政權只能用暴力來維持，一種惡性循環。

在邏輯上，「素質論」應該屬於「文化論」，因為所謂「素質」除了身體素質，更主要的是指精神素質，而精神素質正是「文化素質」的體現。進一步，制度也是文化的一個內容，它具體化為「憲法」，並被「憲法」保障。中國並非沒有一個「憲法」，但是掌握在黨的手裡，並且是掌握在一個黨的手裡，這就使中國的法有別於西方的法。制度是黨的制度，憲法自然只能為黨服務。黨就像魔術師表演魔術，台下的觀眾只有喝彩的份。中國的「憲法」也是一個圈套，正如「第二十二條軍規」。「憲法」規定國家公民有言論的自由，但是你自由一個試試，馬上就有可能觸犯另一條「刑法」規定：「顛覆國家政權罪」。而且憲法像一根猴皮筋（橡皮筋），它的解釋權不在律師、甚至法學者那裡，除非是黨的律師或法學者。

黨不但是人民意志的體現，也是文化的結果，有什麼樣的文化就有什麼樣的人民；同樣，有什麼樣的人民就有什麼樣的黨。這是「鐵的事實」，也是哲學爭論的一個結果，儘管有人不這麼認為。這是被國人稱作黑格爾的名言「存在即合理」的實例，當然「存在」也時刻處於被否定的可能性之中，只是這否定也是人民意志的表現——例如二〇一九年的香港（否定的意志占比多少？）。在這裡，我們看見了尼采，否定首先來自對自己精神中傳統認識的否定，就是說，制度的否定起源於民眾對心目中制度的自覺而深刻的反思。當然，尼采是不會相信什麼時候會出現一個天堂般的大同世界的，只有騙子才會如此主張。

提到「存在即合理」，順便說說。在以閉關鎖國為主流的中國，會說幾句外語就已經很了不起了，哪裡還會追究「會」到什麼程度，何況也沒有誰有能力追究。這也是在某些方面「忽悠」得以存在的土壤。前文已提到「翻譯」的問題。這裡再舉一個例子：就是剛剛提到的這個「存在即合理」。不知是漢語的問題還是翻譯的問題，被簡練為五個漢字的這個頗為符合漢語審美觀念的短句廣為人知，甚至被稱為「名譯」，這大概是因為其遵從了中國人的思維習慣而易於理解的緣故吧。就連「百度百科」都說：「存在即合理是客觀唯心主義的理論，意思包括『凡存在都合理』和『凡合理都存在』。出自黑格爾《法哲學原理》序。」我們無法知道黑格爾是否有一種被強姦了的感覺。漢語已經發展到這種程度：只要你使用漢語，就難免出錯，至少容易被曲解、誤解。這也許該歸功於漢語的一字（一詞）多意的優點吧。按照中文的意思，小偷會辯解說：「我偷我有理。」（中文的「合理」意為「合乎道理、有道理」。）然而，雖然可以說「盜亦有道」，但是不能說「盜亦有理」。偷雖然有它的原因，甚至「道理」，但絕對不合理（合法）。這個自相矛盾的現象是怎麼產生的呢？難道是黑格爾的錯？

本文的開篇曾提到哲學之「難」：「這些概念有它們自身的邏輯和體系，即使出現在日常語言之中，也會多少失去它們抽象的內涵，就像肉體失去了血液。這是因為『部分』和『全體』，處於相輔相成的關係之中：不瞭解部分就不可能瞭解全體，而不瞭解全體也不可能對部分作出綜合的判斷。」換言之，概念有它獨自的語境，瞭解了他的語境，問題就簡單多了。「存在即合理」的原文是「Was vernünftig ist, das ist wirklich; und was wirklich ist, das ist vernünftig.」無論把它「忠實地」譯成英文：「What is reasonable is real; that which is real is reasonable.」或者「What is rational is actual and what is actual is rational.」還是中文：「凡是合乎理性的東西都是現實的；凡是現實的東西都是合乎理性的。」（黑格爾《法哲學原理》序。筆者建議去掉「東西」二字，因為原文是形容詞），對於理解還是於事無補。因為黑格爾的「Vernunft」有它獨自的含義，與日常用語中的「理性」（一種思考、判斷的能力、邏輯思維的能力，或曰：相對感覺能力而言的、運用概念的思維能力）相距甚遠，無論它是

「reason」、「Vernunft」，還是「理性」。

在黑格爾那裡，「理性」具有宇宙的終極目的、宇宙的原理等含義（德國觀念論的共同特徵），因此也被稱作「絕對理性」（absolute Vernunft）、「世界理性」（Weltvernunft）。說來話長，據說十七世紀末，德國哲學家萊布尼茨（Gottfried Wilhelm [von] Leibniz，1646-1716年，又譯：萊布尼茲）最先使用「idealist」（觀念論者、唯心論者、理想主義者），以此來區別「materialist」（物質論者、唯物論者、實利主義者）。前者的代表是柏拉圖，而後者的代表為伊壁鳩魯（前341-前270年，又譯：伊比鳩魯）。伊壁鳩魯認為萬物不論精神的還是物質的，都是由「原子」構成。「原子」以其無法覺察的速度作用於我們的感官形成感覺。真的知識依賴知覺，因為知覺具有判斷真偽的能力。人之所以死是因為構成「靈魂」的原子飄散而去。神也是由原子構成，但與人世互相隔絕。根據以上的「自然學」，伊壁鳩魯的「倫理學」認為神呀死呀並不可怕——「死與我們無關。因為我們活著的時候死還沒有出現，死出現了的時候我們已不在了。」對於神與死的恐怖影響了我們平靜的生活，而人生的目的是「快樂」，是煩惱的解脫，因而也是唯一的、最高的「善」。為此就要保持自由的精神狀態。因此伊壁鳩魯以「快樂主義」聞名（也被宗教信徒貶抑為享樂主義）。總之，在這種區分的意義上，黑格爾屬於唯心主義。

萊布尼茨的才華無與倫比，貢獻也是多方面的，但是越近晚年越呈現出忽悠的跡象。與黑格爾不同的是，據說萊布尼茨高度評價《易經》，大概是因為他認為「單子」是構成萬物實在性的最小單位、不可再分的單純實體。不同於原子的物質性，單子具有精神性。（很像後來發現的「基因」和基因的複製過程，假如萬物都有基因的話。）萬物之間處於類似函數一樣的正確、一致的和諧關係之中。因此，這一切只能是神（最高的單子）的安排。世界由最高的神順次排列：天使、人類、動物、植物……到最低的單純物質（連續律）。當然，人類社會也應如此。世界是具有最高的智慧、善意、權力的產物（「最善觀」），因此一切存在都有其存在的理由（「理由律」）。喜歡比較的讀者是否能看出兩者的類似之處呢？

萊布尼茨認為觀念論又分為二元論的和一元論的。把世界分為現實世界和觀念（理念）世界，認為前者只是後者的複製品的柏拉圖便是二元論的觀念論；而新柏拉圖學派的普羅提諾（204-269年）則是一元論的代表人物。他認為「to hen」（希、英：the one，日：一者，中：太一）是萬物之源，超越一切，是「存在的彼岸」，是「超善」、「超美」，它無跡可尋卻無處不在。最為接近這個源頭的是「nūs」（「精神」、「理性」、「睿智」）。在此意義上，黑格爾又屬於一元論，世界只是精神的外化。「現實」的名詞 Wirklichkeit 是由形容詞 wirklich 加上把形容詞名詞化的詞尾 keit 組成，而 wirklich 的詞根來源於 wirken（勞動、活動、作用於、施加影響於）。這樣說來，「現實」就是「實現」：按照理性成為現實。並且，只有按照理性（絕對理性、世界理性）成為現實的才是必然的。這個必然雖然包括了可能性（將會實現的必然），但是是在排除偶然性的過程中而實現的。「必然性誠然可以正確地界說為可能性與現實性的統一。」（《小邏輯》賀麟譯，商務印書館）在此意義上，黑格爾哲學也被稱作「合理論」。黑格爾的偉大之處在於他把外在之神（上帝創造世界）變為內在之神，並名之曰「精神」、「理性」。「現實的即理性的」正是要克服二元論並說明兩者相互依存、表裡一致的關係，「現實」是「理性」的顯現。如果把「存在即合理」翻譯成「合乎理性的才是現實的」或「凡是現實的都是合乎理性的」或許著點邊，但是「理性」必須是黑格爾意義上的。而且這樣翻譯卻又不符合中國人普遍的思維和說話的習慣，黑格爾十分費解是因為現代人已經失去了那種傳統的、虔誠的宗教情懷。當你把他的理論看作哲學，裡面有不少宗教成分；如果你把它看作宗教，而他用的都是哲學概念。在海德格那裡我們已經看到了類似的現象。

話說回去，無論制度、文化，還是素質，都是一體的，處於相輔相成又互相制約的關係之中，只有單弦的思維方式才主張其一。理解這一點並不需要高深的哲學理論，只要瞭解「心學」的思想方法就足夠。制度是主流觀念的固化，而且被主流觀念所左右。一個「好的制度」根源何在？從何而來？又如何被保障？這是膚淺的制度論者永遠也搞不清楚的，也是急功近利的中國人難以理解的。

馬克思的理論之中，最不靠譜的就是來自黑格爾的辯證法及其衍生出來的共產主義高級階段。但是中國人就像蒼蠅，哪裡有臭味立馬就飛到哪裡。這裡雖然用了一個「蠅之逐臭」的比喻，但沒有歧視蒼蠅的意思。因為筆者並不認為「蠅之初，性本惡」。在自然界，蒼蠅不單是食物鏈中的一環，也是生物鏈中的一環：牠們的本職工作本是傳播花粉、清除「垃圾」。這裡提請注意的是忽悠者慣用的詞彙：天堂、共產主義、明天、未來、理想、夢……因為哲學與忽悠的一個明顯的區別還在於面對的是包含過去的現在，還是不包括現在的未來。中國古代雖有「以史為鑒」的說法，但那不是在哲學意義上，而是為了「可知興替」（興衰更替）。而到了當代，這個說法更墮落為強迫他人反省的口頭禪。

和歐洲被迫接受斯大林推行的馬克思列寧主義不同，中國主動擁抱這個主義還由於「天時」：借助維新變法的東風。中國近代因為屢次被外國人欺辱，急需學點什麼新東西。與馬克思列寧主義同時進口的還有其他的西方思想，但是那不是中國人所能理解的、也是似乎與中華傳統相悖的，況且解決不了燃眉之急。培養獨立人格和獨立思考的習慣，這個目標多麼渺茫！而儒家理論和「馬克思主義」理論在「本質」上卻是一致的。它們都主張專政，不管是皇權統治還是「無產階級專政」。所不同的只是手段：前者主張皇權神授，後者主張「槍桿子裡面出政權」。如前所述，托爾斯泰雖然早就闡明了一個簡單的邏輯：暴力奪取的政權只有靠暴力來維持，但是他卻沒來得及看到：無產階級專政不僅表現在暴力推翻政權、「打土豪分田地」的初期階段，其走向必然是寡頭政治，甚至個人獨裁。這是專政的宿命，道理很簡單：不能兩個人都有槍。

以中國為例。「中國」的全稱為「中華人民共和國」。「共和」（republic）指國家的政府體系（system），其最起碼的要件是：一，民選的代表和主席（President）；二，任何社團（society）成員都具有平等的權利和特權（rights and privileges）。但是這兩條在中國都不存在。中國沒有「選舉」，有的只是「篩選」。選舉是自下而上的，而「篩選」卻是自上而下的，根據「領導」的意圖。因此，在智商和道德方面有所欠缺的「順民」或曰「奴才」才最被看好。然而這些未經民選的「奴才」能代表人民的利益？信不信由你。

中國的「最高權力機關」好像是「全國人民代表大會」，而實際上它只是一個擺設。因為天外有天，上面還有一個「中國共產黨全國代表大會」，它所產生的「中央委員會」是中國共產黨的「最高領導機關」。有點像繞口令。根據「領導我們事業的核心力量是中國共產黨」的最高指示，前者的「最高」應該是第二高。就像最高權力機構之上還有更高的權力機構一樣，法外有法，那麼法還是法嗎？乍一看，好像和外國的「共和」也沒什麼兩樣，但是中國只有一個黨，其他「黨派」、「團體」、「人士」什麼的主要都在政協，而且政協也得受共產黨領導。好像變魔術，繞來繞去卻還是羊頭狗肉。切糕改粽子，還是那一套。黨呢，說是「為人民服務」，實際上是「領導」你走「正路」。我在這裡所說的或許對許多讀者來說都是「老調重彈」，他們早已「久而不聞其臭」了。中國人的儒教血統使他們天生具有一種能夠與假惡醜「和平共處」的「五項原則」、或說「天性」。在中國人眼裡，美國西部片所鼓吹的那些嫉惡如仇的槍手都屬於天方夜譚，何況一般中國人連真槍都沒見過。

如果說「中華人民共和國」這個「羊頭」只是為了唬外國傻子的，賣的還是狗肉，那麼中國的國體的定義就是針對國內的：「人民民主專政」（the people's democratic dictatorship）！「民主」（democracy）是國家的「原則」（principles），其構成要件：一，任何一個成年公民都享有被選舉為代表的資格；二，政府允許並鼓勵公民有言論、宗教信仰、觀點、結社……的公民權，多數派要尊重少數派的權利；三，社團成員相互持平等、無差別的公民意識。中國能滿足一條嗎？

相比「民主」，中國倒是能滿足「專政」的定義。簡單說，「專政」就是「獨裁」，偉大領袖毛主席也如是說，因為各國字典上都這麼說。使用「專政」只是它比「獨裁」聽上去好一點，便於忽悠。「獨裁」意味著個人或少數人集團獨占並支配國家權利的政治形態。在這裡，統治者（ruler）具有絕對權力（absolute authority）。關鍵在於獨裁的主體，這屬於變魔術的技術活。「人民民主專政」聽上去是由「人民」來獨裁。你聽著不覺得彆扭？中國的所謂「道理」不是為了讓你理解，而是為了讓你相信，這也是儒法道的傳統。民主的主體是多數，獨裁的主體是少數。把民主專政捆在一起需要一根猴皮筋，這根猴皮筋就是「人民」。為了給不在場的「人民」一個交代，「人民」成為了「名牌」：「人民幣」、「人民銀行」、「人民政府」、「人民警察」、「人民軍隊」、「人民公社」、「人民代表」、「人民日報」、「人民醫院」、「人民英雄」、「人民法院」、「人民大學」……這裡有一個魔術：「偷換概念」。就拿人民幣來說，好像「人民幣」就是日常用語中的「錢」，但是「錢」應該可以等價交換任何你需要的商品，但是「人民幣」卻不具有這種功能，它好像介乎於「錢」與「冥幣」之間。總之，這一切都是要給人一個「為人民服務」的印象，就像新華門的影壁「為人民服務」不是朝裡而是朝外一樣。這也頗似中國領導人和外交部發言人一張口就代表十幾億中國人民，不過這些中國人裡，既沒有具體的我，當然也沒有具體的你。人民既是抵禦外敵的銅牆鐵壁，俗稱「炮灰」；也是共產黨的堅強後盾，俗稱「韭菜」。一切根據需要，這也是有中國特色的玩法。

「人民」本來就很抽象，卻還是個「中性」名詞，但是在中國，它還具有中華文化的傳統意義——與特殊階層相對立。平民、庶民、百姓、草民……都是「人民」的同義詞，無論出於貶義還是出於自謙。「人民」的上面還有皇帝和官府老爺，他們是不在「人民」之列的。荀子的「水能載舟，亦能覆舟」說的就是兩者的關係。看來政權更替的「輪迴」觀念古來有之。在中華文明裡，「人民」和政治權利是不沾邊的，除非造反。這也是現代中國不使用「公民」一詞的原因，因為「公民」意味著權利。「人民民主專政」玩的就是這套把戲：一個「圈套」，至少，文字遊戲。人民「民主」還合乎邏輯，而人民「專政」就說不通了，因為「專政」的主體只能是少數，因而前者「民主」的主體同時還兼任了後者「專政」的對象！「人民民主專政」這個詞被當作「國體」寫入憲法，其風格像毛澤東所有的文字一樣：忽悠，或曰變魔術。主席和希特勒十分類似：頗具藝術氣質卻鮮有邏輯思維的能力。結果，掛的雖然是羊頭，賣的還是狗肉：人民還是專政、獨裁的對象。不知道這裡的邏輯關係主席是真不明白呢，還是假不明白？是犯了邏輯的錯誤呢，還是就是忽悠？有人認為主席早期是有民主意圖的，但是面對芸芸眾生的愚民不得不採用專政的手法。這也是一種忽悠，因為我們從主席對「民主」的理解中就能看出他的「初衷」。

總之，不管你如何解釋，把兩個相互矛盾的概念攢在一起就是成語「自相矛盾」，也是忽悠一個手法。忽悠的技巧之一就是大量使用「模糊概念」。這也充分顯示了制定者的知識水準和民族性格。其實道理很簡單：作為任何一個階級的專政都不可能體現民主精神，而民主精神卻與專政水火不相容。這就是真理，不管你如何欲蓋彌彰。要知「民主」和「專政」是如何統一在一起的，你只要調查一下無數因言獲罪的刑事犯和死刑犯就明白了。

如果「人民民主專政」這麼先進，世界上為什麼只有中國採用這種國體？說穿了，原因很簡單，就是因為這個「概念」自相矛盾！於是我也很奇怪：中國有這麼多「知識分子」，竟然沒有什麼人對此提出質疑！或者是因為不許質疑，因而不為人知？據說我們是模仿蘇聯老大哥，但是「CCCP」看上去並不矛盾。「Союз Советских Социалистических Республик」譯為「Union of Soviet Socialist Republics」、「蘇維埃社會主義共和國聯盟」。「союз」也可以譯為「同盟」或者「聯邦」，大概也是因此它現在已經解體了。關鍵是「советских」，它的詞根「совет」被譯成了「蘇維埃」！它的本意是「忠告」、「會議」、「理事會」、「委員會」、「議會」等，在「蘇聯」這個詞組裡指「council of workers」。根據蘇維埃的歷史，「議會」或說「代表大會」的成員，即「勞動者」是由工人，後擴充為工人加士兵、再加農民、再加知識分子構成的。不管怎麼說，蘇聯雖然是一黨獨裁，但畢竟國體和政體是統一的，蘇維埃代表大會是國家權利的唯一象徵，這和中國有兩個最高機構「黨代會」和「人大」不同。大概是因為「議會」這個詞太資產階級，而中國人又搞不清或不想搞清「蘇維埃」的本意，為了便於忽悠，所以「蘇維埃」這個詞到了中國也就採取了音譯，進而變了味，就像中譯〈三套車〉一樣。據說「人民民主專政」這個詞最先由偉大領袖毛主席提出，並在《論人民民主專政》（一九四九年）中進行了自圓其說，之後寫入了憲法，成了國體。

前言中已經提到，在進行哲學思考之前必須經歷嚴格的概念與邏輯的基礎訓練，如果一個跳遠運動員的短跑成績太差，那麼他跳遠的成績一定也不怎麼樣。我們在這裡討論的並不是什麼深奧的哲學問題，而是最基本的哲學素養。據說毛主席酷愛游泳，為此還把中南海的游泳池據為己有，並且多次暢遊長江，但是毛主席的泳姿卻是中國傳統的「狗刨」，與正式比賽採用的四大泳姿毫不沾邊。當然對「游泳」的解釋因人而異，不過就此，我們能夠大概知道毛主席的所謂「游泳」是什麼意思。

通過將實體抽象，之後將其消滅的手法體現在幾乎所有中國的政治概念之中。這並非誇張，有興趣的讀者可以以此類推，如果還有思考能力，或許能做出學問。例如「階級」這一概念，無非也是魔術師自製的一個道具，為了消滅民主。根據「人民民主專政」：「第一章總綱：第一條：中華人民共和國是工人階級領導的、以工農聯盟為基礎的人民民主專政的社會主義國家。」誰是工人階級？是否包括工廠的領導和技術人才？如果工人階級可以省略為「工」，那麼好像還應該有「農民階級」……為了避免「拉洋片」令讀者厭煩，這裡省略。總之，這些中國獨創的模糊概念都是泥團，隨你怎麼捏，為了獨裁的正當性。「中華文明N千年」的精髓，按照毛主席四捨五入的說法，千條萬緒，歸根結底就是一句話：皇權統治。根據這個道理，高唱「中華文明」與讚美皇權統治是一回事！

結語

綜上所述，如果對中國所謂思想家的著述進行分類，其大都屬於倫理學範疇，可稱之為哲學的鳳毛麟角、幾近於無。而且這些所謂倫理學範疇的著述基本上都建立在一個前提之上：一個先天的權力和財富的金字塔式的社會結構。不管道德說教者把理想的金字塔描繪得多麼完美，他們的出發點首先就值得懷疑。而且這個金字塔越是牢固，維護其合法性的所謂理論就越是卑鄙！這是一個十分簡單的道理，但是想要讓中國人明白，還需要漫長的歲月。

如果承認哲學的精神是追求真理，同時也承認哲學在人類精神發展中的作用，那麼就必須承認「說實話」——或曰誠實——是高於一切的、及其難能可貴的做人的品質。

說其難能可貴不僅在道德層面，也在知識層面。中國的「知識」自古以來所扮演的角色就是為醜陋的現實進行華麗的包裝，為了瞞天過海，「謊而優則士」。因而天長日久，說謊反而成了一種「生存本能」，非此便難以生存。

在中國，「說實話」不僅需要一不怕死、二不怕死的勇氣；而且需要能夠穿透層層謊言的認知能力，或曰判斷能力。但是如今，不但在中國人的精神中已經很難找到這種能力的基因，而且統治者和「知識分子」還達成了共識：互相配合，利用各種現代化的手段來銷蝕這種能力殘存的痕跡。不錯，也有過統治者號召「說實話」的例子，比如「解放」初期的「百花齊放、百家爭鳴」，其結果是敢於說實話——即所謂「智商欠缺」——的「知識精英」幾乎被一網打盡，送進了形形色色的集中營。這就是所謂的「陽謀」。現今的中國人對「陽謀」也有了免疫力，或曰抵抗力：他們知道統治者其實是希望他們撒謊，統治者也知道他們在撒謊，只有撒謊才能達到皆大歡喜的效果。正是在撒謊這一點上，統治者和被統治者雙方達成了共識。

說謊是中國人的「護身符」，以達到自私的最佳狀態。單向的自私是一種幼稚的表現，就如嬰兒或孩子，只想到自己，還不成熟。但是在中國的社會環境裡，不自私又很難生存下去，無論就經濟利益還是政治利益而言。根據最簡單的邏輯，說謊和造假又是雙胞胎，或說兩者相輔相成。造假還可以獲得經濟效益，在謊言橫行的地方，造假必然風起雲湧，它和說謊是另一種意義上的「言行一致」。對於外國人來說，在和中國人打交道之前先瞭解這一點是十分重要的。

縱觀中國悠久的歷史，可以說是一部宏偉的「懲善揚惡」的歷史，以至於最後發展到了「久而不聞其臭」的地步。這正是漫長的專制統治造成的必然結果。儒家認為誠信是立身之本，中國的字典、教科書也如是說。但是在現實生活中，就連騙子也感嘆騙子橫行，防不勝防。究其原因，造成騙子橫行的「上層建築」才是根本：寧可騙子橫行，也不能讓他們說真話！因為後者危害到政權。上行下效，社會風氣因此形成，不用去找其他理由。一個無所顧忌地公開自己想法的人被指責為「愚蠢」，很可能有牢獄之災。在崇尚謊言的國度想要尋找哲學，這是一個多麼不合邏輯，或曰荒誕的願望啊！總而言之，如果問「中國到底有沒有哲學？」回答是：「中國沒有科學意義上的哲學。」這並不妨礙說：中國曾有過一些樸素的、原始的、零星的哲學思想。其中最為耀眼的王陽明就像燦爛的彗星一閃而過，美麗而神祕。但是如前所述，提出論題只是問題的一個方面，科學並縝密的論證是問題的另一個方面，而且是更為重要的方面，因為它決定你的論題是否能夠進入哲學的領域，為更多的人所理解和接受。這也是哲學對哲學家的最低要求：哲學意識或說素養，遑論獨樹一幟的哲學思想。

造成這種「中國現象」的原因是什麼？道理也很簡單：哲學的生長像植物一樣，需要適宜的土壤。因為中國沒有可以培育「天才」的種子生根發芽、產生系統的哲學思想的土壤。

中國的歷史基本上是皇權統治的歷史，除了「官方哲學」，任何有哲學思想的人都難以生存，除非他至死保持沉默，而沉默並不證明什麼。遠的不說，在偉大的毛澤東時代——乃至今天，誰敢有自己獨特的哲學思想？瞭解中國文壇的人或許可以得出類似的結論。自從列寧號召「打倒非黨的文學家！」以來，文學就姓黨了。一些甚至連中國話都說不利索的「半文盲」登上了文壇，成為了黨的宣傳工具，徹底泯滅了民國時期尚待生根長葉的文學萌芽的生命力。我們還能找到呈露中國人「靈魂」的作品嗎？繼魯迅之後，也許王朔的「我是流氓我怕誰」可以算上一個，還有趙本山的小品，形象地描繪了什麼叫「忽悠」。也有人從各個方面批判魯迅，但是你只要問他一句：有誰比魯迅能讓中國人更瞭解中國人嗎？

一種學說之所以成為統治階級的「官方哲學」，就說明這種學說本身本來就不具有真理的性質，這是最為簡單的推理。並且，在它成為「官方哲學」的同時也必然墮落成為「說教」，成為信仰的僵屍。因為他違背了「懷疑」的精神，不再是一門真正意義上的「學問」。毋庸置疑，吹捧這些官方哲學的人離哲學更加遙遠，例如「新儒家」。進入了近現代，很多不瞭解哲學為何物的「學者」把翻譯、介紹、借鑒、剽竊西方哲學的人也稱為「哲學家」，他們不能理解：並不是談論哲學問題的人——不管是用傳統的方法還是用他人的方法——就是哲學家，而是只有那些具有哲學精神、使用哲學的思維方式和概念、邏輯的手段談論問題、並用獨創的理論促使哲學更加科學化的人才配得上哲學家這一稱號，而哲學正是由這樣的哲學家構成的。

本文能夠以書的形式出版，首先得感謝八旗出版社的總編富察延賀先生。他在我尚未完稿的情況下就決定與我簽約，這種勇氣確確實實地激勵了我。這裡我不好意思首先提到他的眼光，是因為會產生「老王賣瓜」的嫌疑。本來，我對自己在有生之年還能出版自己的書已經感到絕望，因為我是用中文寫作、在中國出版。儘管我曾翻譯過一些著作，並且在祖國暢銷和長銷，但是這並非我的本行。外語是我的短板，這真不是謙虛。我的翻譯是為了學習外語，進而搞懂外國人到底是如何思考的，順便讓不懂外語的國人瞭解一下外國的奇思怪想。因此《中國有哲學嗎？》最初的定位是隨筆，即即興的所產，並且即興地貼在國外、例如我目前生活的日本的中文網站上，即「網文」。因為我的出版經歷告訴我，我的寫作至少會給編輯乃至出版社帶來不必要的麻煩。這一點，中國凡有一點獨立思考能力的寫手都很清楚。

富察先生的勇氣在激勵我的同時，也給我帶來了困惑。其一是立腳點的問題：一個中國人卻長年生活在日本，並且要在台灣出版書籍。既是「局外人」又是「當局者」。為此我只能選擇一個「自我安慰」的說法「一個中國人對中國文化的反思」。其二是風格的問題：隨筆還是論文？特別是本文的主題是哲學。隨筆可以憑著直覺行雲流水，對於一些大家心知肚明的概念不必深究；但是論文卻不然，它對於提出的每一個概念都要給出根據。風格如何統一？難！我只好給自己定下一個原則：盡可能行雲流水，在分歧較大的人物、思想、概念上，進行一定程度上的「深究」。這難免給人一種高低不平、忽深忽淺的感覺。還有什麼更好的方法嗎？一時還真想不出。聊以自慰的是我總是盡可能簡明扼要、適可而止。

還有，本文如果有一個副標題，那麼它就是「如何避免被忽悠」。相對於尼采認為哲學的任務是重估一切價值，我認為哲學的任務首先是告訴人們如何避免被忽悠。當然，這並不違背尼采的意願。為此，我不得不例舉古今中外的各種「忽悠」。看上去，這好像偏離了主題「中國有哲學嗎？」，而我的用意是把忽悠放在一個更加廣闊的領域裡，以避免逃避了一種被忽悠，又落入了另一種被忽悠。文中涉及了一些哲學課題，如果深究，每一個課題都需要巨大的篇幅。為了不「跑題」，只能掛一漏萬。這樣就可能會給讀者帶來「餘興未盡」的遺憾，只能請求原諒。唯一希望的是這個「一」說到了點子上。忽悠也有動機和效果之分，除了有意的忽悠，還有的是由於社會效果而成為了忽悠，例如我所喜愛的哲學家維特根斯坦。這裡的「效果」還意味著作品和其社會效應的比例問題。例如有些人並沒有得到應有的評價，而有些人卻獲得了超越本人價值的評價。當然，這不是誰說了算的問題，而是隨時間的流淌而水落石出的問題。遺憾的是我們只能生活在時間的某一階段。因此，對忽悠的評價也是相對的，例如叔本華和黑格爾、卡西爾和海德格等等。

哲學不但提供思維的手段，甚至提供交流的語言。在沒有哲學的國度，那裡的社會現象就像一盤散沙，毫無秩序可言。人們只是根據源自遠古的習慣，或曰本能，日出而作、日入而息。他們沒有深刻思想的可能，甚至缺乏社交的共同語言。他們就像使用著不同語言的人們很難互相交流，即使當他們使用同一種地方語言，例如漢語，也無法互相理解。因為他們的概念有著不同的含義或定義，甚至沒有經過定義或是隨機隨意的定義。

宏觀地說，如果語言是表達和交流的媒介，那麼，哲學就是為人類提供「共同語言」的「工具書」，就像詞典。而哲學家就像詞典的編寫者。他們為了追求「忠實的表達」而不斷修繕、增刪，針對已有的知識，運用想像力、創造力、思辨力，做出更為接近事實的描述、建立更為科學的概念、定義。在此意義上，哲學是精神文明的前提。缺乏哲學的民族可能使用同一語言，但是卻沒有「共同語言」（除非強制），因為他們的語言沒有經過科學的界定、歧義紛呈。這就像聖經故事中企圖建造通往天堂的巴別塔的人們因為沒有共同語言而最終不歡而散。無法交流的根本原因更是因為他們使用的概念有著不同的、甚至相反的含義。而這種現象在很大程度上是人為造成的，就像上帝不希望人們掌握一種共同語言一樣。

這不單指同一個民族，在不同的民族之間也是如此。他們不可能達成「共識」，這在宗教方面表現得更為明顯，儘管使用同一種語言。任何「共識」只是暫時的妥協和新一輪紛爭與戰亂的開端，正如歷史表明的那樣。這也是因為所謂的「共識」並非建立在真正的共同語言的基礎之上。

中國的情況正是如此。如果非說中國有哲學，那麼春秋戰國時期應該是「中國哲學」的萌芽時代。之後便遭遇了長時期嚴酷的乾旱。明代，在野草叢生的荒原，又綻放了一支美麗的曇花。我們至今還在懷戀那些求賢若渴的戰亂時代和那些開明君主就是證明。此後，又是一片荒原。根據一個簡單的邏輯可以這樣說：正因為長時期中國只許有一個所謂的「哲學家」，所以就沒有了產生哲學的土壤。或者這樣說：正因為沒有哲學，所以有很多官方的所謂「哲學家」。這就是「中國有哲學嗎？」的答案。邏輯很簡單，但是，隨著對哲學的曲解，中國人越來越難以明白這麼簡單的一個道理了。

最後，如果說本書有什麼意義，那麼其意義就在於希望通過中國的所謂哲學的分析，來瞭解中國人一般的思維方式和思想狀態，進而瞭解中國人到底是怎麼一回事。這種研究方法並非筆者的獨創，而是卡西爾哲學的基本方法。不得不提及的是，在本書的編輯過程中，責編洪源鴻先生糾正了許多我所不易察覺的錯誤，使本書增色。當然，在概念和邏輯方面肯定還有不少疏漏，懇請讀者不吝賜教，以便改進提高。

中國有哲學嗎？

NO！中國只有為政治服務的漢字忽悠術！

作者　張喚民

總編輯　富察
責任編輯　洪源鴻
企劃　蔡慧華
封面設計　許紘維
排版　宸遠彩藝

社長　郭重興
發行人兼出版總監　曾大福
出版發行　八旗文化／遠足文化事業股份有限公司
地址　新北市新店區民權路 108-2 號 8 樓
電話　○二～二二一八～四一七
傳真　○二～八六六七～○六五
客服專線　○八○○～二二一～○二九
信箱　gusa0601@gmail.com
臉書　facebook.com/gusapublishing
部落格　gusapublishing.blogspot.com
法律顧問　華洋法律事務所／蘇文生律師
印刷　成陽印刷股份有限公司

出版日期　二○二一年二月（初版一刷）
二○二一年三月（初版二刷）

定價　四五○元整

中國有哲學嗎？
NO！中國只有為政治服務的漢字忽悠術！
張喚民著／新北市／八旗文化出版／遠足文化
發行／2021.02

ISBN 978-986-5524-35-7（平裝）

一、哲學

100

109018908